中国写作学会"十四五"重点教材

总主编 方长安

主编 田源 凌孟华

大学艺术写作

DAXUE YISHU XIEZUO

中国教育出版传媒集团
高等教育出版社·北京

内容提要

本书是中国写作学会"十四五"重点教材。

本书内容包含艺术写作概述、艺术写作原理、艺术展览写作、艺术访谈写作、艺术推介写作、艺术评论写作、艺术论文写作、数字时代艺术写作。本书以通识教育为根本理念指导,立足文本的写作核心要素,以艺术门类为抓手,以经典案例为写作教学起点,以分析盘点为方法技巧,致力于使艺术院校学生掌握基本的写作知识,提高艺术写作实践能力。

本书可作为普通高等院校相关课程的教材,也可供广大社会读者参考阅读。

图书在版编目(CIP)数据

大学艺术写作 / 田源,凌孟华主编. -- 北京:高等教育出版社,2025.1. -- (中国写作学会"十四五"重点教材 / 方长安总主编). -- ISBN 978-7-04-063271-2

Ⅰ. H15

中国国家版本馆 CIP 数据核字第 2024RU5116 号

策划编辑	张晶晶	责任编辑	叶也琦	封面设计	张文豪	责任印制	高忠富

出版发行 高等教育出版社	网　　址 http://www.hep.edu.cn
社　　址 北京市西城区德外大街4号	http://www.hep.com.cn
邮政编码 100120	网上订购 http://www.hepmall.com.cn
印　　刷 浙江天地海印刷有限公司	http://www.hepmall.com
开　　本 787mm×1092mm 1/16	http://www.hepmall.cn
印　　张 15.75	
字　　数 327千字	版　　次 2025年1月第1版
购书热线 010-58581118	印　　次 2025年1月第1次印刷
咨询电话 400-810-0598	定　　价 40.00元

本书如有缺页、倒页、脱页等质量问题,请到所购图书销售部门联系调换

版权所有　侵权必究

物　料　号　63271-00

本书编委会

主　编　田　源　凌孟华

编　委（以姓氏笔画为序）

　　　　　刁　颖　王建树　石志如　田　源
　　　　　张　望　张　媛　徐　臻　凌孟华
　　　　　高静波　郭峙含　陶永莉　廖茹菡

撰稿者（以姓氏笔画为序）

　　　　　刁　颖　马晨燕　王建树　石志如
　　　　　石　纯　卢贝贝　田　源　江　涵
　　　　　吴婧瑀　宋慧羚　张　望　张　浣
　　　　　张　媛　陈寒玥　周俊锋　赵　炜
　　　　　徐　臻　凌孟华　高静波　郭峙含
　　　　　郭　俣　陶永莉　黄　波　常伶俐
　　　　　梁　琪　焦璐雁　廖茹菡

总　　序

写作活动贯穿整个人类文化史,古今中外浩如烟海的著述,无论哪个领域、哪种类型,也无论是在什么语境中所作,皆蕴含着丰富的写作学思想与问题。人与世界、社会、他人尤其是与自我的关系,始终变动不居,写作学的内容在这种变动中拓展与沉积,构成写作学基石的教材也随着这种变化而不断发展。

一

当前,我们面临世界百年未有之大变局,为实现中华民族伟大复兴,需加强中国特色社会主义文化建设,增强文化自信,面向世界讲好中国故事。在此背景下,中国的写作学术体系须放在中国与世界、当下与历史的坐标中进行思考与研究,将具体的写作学科体系建设问题,拓展到社会政治、经济、文化背景中思考,拓展到不同学科的语境中思考,拓展到中国与世界关系范畴里人的德智体美劳全面发展的高度思考,使学科体系、学术体系、话语体系充分体现中国特色、中国风格和中国气派。因此,重新构建具有中国特色和普遍学科意义的写作学科体系极为重要。

以培养新时代创新人才为目标的写作类课程,在目前高等教育体系中的地位越来越突出。全国高等院校,不论是综合性大学,还是理工农医艺等专业性学校,大都重新重视写作学科的建设,要么恢复写作学专业,开设写作学专业课程;要么以自设方式建设写作学硕士、博士学位点;要么建立全校性写作中心,开设写作学通识课。

学科体系同教材体系密不可分。在中国写作学会成立 40 周年之际,我们系统梳理了写作教材建设情况,评选出新时期 40 部优秀写作学教材。这些教材的编写原则、体例与结构,各有特色,反映了改革开放以来写作教材建设的基本状况与成就,在写作教学、人才培养方面,作出了突出贡献,有一些堪称经典。但如今面对新的社会形势与新的学科构建理念,我们亟须探索编写与新时代特征相适应的、能够满足写作人才培养新要求的新型教材。

中国写作学会是以推进全国写作学研究、提升写作人才培养质量为宗旨的国家一级学会。当今形势下,要解决写作学科面临的问题,中国写作学会责无旁贷。自 2020 年始,在几次学科建设会议期间,我与高等教育出版社的张晶晶女士就当前教材建设问题进行了多次深入交流,彼此理念一致,决定共同立项建设一套体现新时代特征的写作学教材。我提出的教材编写思路、建设构想与实施方案,也得到了高教社领导和中国写作学会同仁的认同与支持,并将这套教材列为中国写作学会"十四五"重点建设教材。

二

我们的共同理念是:立足新时代,突出立德树人观念,以培养新时代创新人才为目的,建设一套面向全国高校的开拓性、创新型写作教材,满足各高校写作教学的新需要。基于这一理念,在总结既有写作教材编写经验的基础上,结合当前的新形势、新要求,本套教材建设突出三大特征。

一是突出立德树人目的。写作,是复杂的精神活动,在写作教学中,要将价值引领、知识传授、能力培养相结合,以文化人,以写塑人。本套教材以社会主义核心价值观为立场,重视价值引领,向学生传递中华民族优秀的传统文化,培养学生的爱国情怀、奉献精神和社会责任感,提升学生讲好中国故事的意识与能力,将写作教学过程变成立德树人的过程,变成涵养现代科学精神的过程,使学生通过写作这一复杂的精神活动,形成正确的世界观、人生观与价值观。

二是体现新文科特征。新文科主张打破学科壁垒,强调各学科交叉融合,使学生形成跨学科的视野和意识,成为新时代创新型人才。因此,这套教材在写作知识范畴、文体边界、写作训练方法上,努力突破既有写作学科观念与边界,拓展写作空间。例如,在案例设计上,拓展传统写作教材的边界,列举典型的艺术学、法学、经济学、管理学、生物医学等不同学科的书写案例,使得本套教材成为彰显新文科特征的教材。

三是满足混合式教学需要。混合式教学模式将课堂教学与课下学习实践相结合,目的是充分发挥学生学习的主动性、积极性和创造性。尤其是在新技术革命的背景下,为适应教学模式的变革,本套教材在知识编排、体例设计、案例选择等方面,既考虑课堂教学的需要,又适应网络教学特点,将知识叙述的简洁性与问题的研讨性相结合,将有限的纸媒文字和无限的网络知识相链接,大大拓展了教材的边界和功能。在内容上,注重概念原理清晰,强调提升学生的问题意识,使之成为引导学生进行自主性、创新性学习的教材。

三

本套教材的编写,注重处理好以下三对关系:教学性与学术性的关系、通用性与专门性的关系、繁复性与简约性的关系。教材与一般学术著作最大的区别是其"教"的属性,需要向学生较为完整地展示、传授被普遍认可的学科知识,使学生获得专业知识与能力;同时又必须融入最新研究成果,引导学生进入学科研究前沿,思考、研究新问题。因此,教材编写必须以教学的普遍适用为前提,融入学术的专题探索性,删繁就简,进行简洁而逻辑清晰的叙述。

在体例安排上,本套教材吸收了武汉大学文学院教材编写的经验,每章除了基本知识,还设计了导练平台、课堂研讨和拓展链接等板块,每本教材根据教学实践,各有特色。

基本知识板块是教材的主体部分,是"固本创新"之"本"。该板块需要讲述清楚课程的基本内容,突出普遍性的写作知识与特征,将不同文体的基本概念界定与系统性知识梳理相结合,做到观点明确、难易适中、结构合理、重点突出、层次清晰。

导练平台板块就是围绕基本知识的"导"与"练"。清晰地介绍基本知识学习的背景材料,分析基本知识构造特征,指导学生掌握基本知识学习规律,指出课堂教学的重点、疑点与难点,介绍课外自主学习的方式、方法,并设计思考题,引导学生思考和训练。

课堂研讨板块是为学生课堂研究讨论问题搭建的平台,包括两个方面的内容:一是研讨的问题,二是研究的参考资料。研讨的问题包括课程中涉及的写作学老问题和新时代出现的写作新问题,它们或者属于写作学术史维度上的问题,或者属于当前写作热点问题。问题的设计具有学术性、思想性、前沿性,目的是提高学生的写作理论素养,尤其是提高写作能力与思维创新能力。围绕研讨的新老问题,辑录相关文献资料,对这些文献资料,可以作个案性展示与分析,揭示其特征,引导学生围绕问题,使用文献资料进行研讨。

拓展链接板块是学生的拓展性学习指南,是在学习深度、广度上拓展,包括知识的深广、问题研讨的深广、写作训练的深广等方面。该板块研讨的问题更开阔,更富有专业性与学术含量,将具体的写作学科问题,拓展到人文学科语境中和现代化建设的高度,而资料文献由经典性著作、论文、案例、范文拓展到与新的研讨问题相匹配的相关中外文书籍和期刊,还链接相关学术网站、公众号以及慕课等,为学生提供海量的写作资源库。

四

中国写作学会和高等教育出版社,共同负责本套教材的立项规划与编撰管理工作。教材分批次建设。每种入选教材,都是经由书面申请、匿名评审、团队答辩与专家论证等严格程序而遴选出来的,并按照套书理念、体例编写完成。

本套教材计划出版30余种,以满足综合性大学、理工类大学、师范大学、艺术院校、农业大学、医科大学、警官大学以及高职高专等各类大专院校不同学科写作教学的需要。它们有的属于中文专业写作学教材,有的属于非中文专业写作通识教材;有的属于文学创作类教材,有的属于应用写作教材;有的属于传统写作学范畴教材,有的则是新兴创意写作教材,具有跨学科特征。本套教材定位为教学用书,但也可供社会人士阅读参考。

作为新时代一项重要的文化建设工程,"中国写作学会'十四五'重点教材"的立项建设、编撰出版与高等教育出版社的深度参与、鼎力支持分不开。在这里,要特别感谢高等教育出版社和中国写作学会的同仁,他们为本套教材建设贡献了智慧,尤其要感谢本套教材的各位主编和所有参编人员,没有他们的付出,就没有这套教材。

当然,作为探索性、创新型教材,本套教材的体例设计与编写一定存在着不完善的地方,希望使用本套教材的师生反馈意见,我们将根据大家的建议结合不断变化的时代和人才培养需求,优化教材建设规划,修订完善教材,提升该套教材建设质量。

方长安
于珞珈山

序　言

艺术专业需要写作吗？当然需要，依据马克思主义关于艺术生产的基本原理，艺术是一种特殊的精神生产，是人的审美意识形态的文本生产。艺术文本，一是艺术作品本身，二是对艺术进行理性之思和审美观照而形成的文字文本。艺术作品是创作主体的精神、思想、观念、情感、心绪"物化"的结果——实践形态，而文字文本是对艺术的诸多问题进行思考，对艺术的发展历程与规律进行梳理与探讨，对艺术现象、艺术家、艺术作品，以及关于艺术理论构建本身进行评价与反思的语言呈现——理论形态。正是实践形态与理论形态两方面的共存互动，构成了完整的艺术学科。正因为如此，艺术院校一般既有艺术实践类专业，也有艺术理论类专业（史、论、评和艺术管理、策划等）。

艺术理论类专业人才培养最重要的内容之一就是写作能力的培养。写作能力不仅涉及写作的技巧，还涉及写作的思维训练、方法训练、能力训练等方面。即便是实践专业的学生，也应该而且必须具备一定的艺术写作能力，因为对于一个艺术人才而言，"艺"与"术"不可分离，"思"与"行"必须并存。因而不仅艺术理论专业必须开设艺术写作课，实践专业也应该通过课程和其他的方式来提升学生的艺术写作能力。

从艺术史发展历程来看，古今中外许多优秀的艺术家不仅具备卓越的艺术技艺，也拥有很强的关于艺术之思的文字表达才能，因而他们的作品与文字文本，使得艺术史更加鲜活而丰满。从当代艺术发展的态势来看，艺术家的观念、精神建构与表达更加重要，这种表达包含诉诸感观的形式表达，也包括文字表达。而对艺术理论家和批评家而言，介入文化现场、发挥评论力量、增强回应现实的能力尤为重要，也就是说新时代艺术的发展呼唤着艺术的复合型人才。

2020年11月，新文科建设工作会议发布的《新文科建设宣言》提出以跨界创新为特点，大力发展新文科，此种背景为艺术学的学科建设与艺术院校的人才培养带来了诸多启示。从人才培养的角度来看，分析艺术专业学生写作的现状，探究其写作能力提升的策略，激发学生的科研精神，是培养复合型人才的重要途径。从教学改革的角度来看，探索艺术写作教材的创新途径，扩充教学资源、优化教学体系，是推动教材建设的关键举措。那么在此情境下，如何从艺术专业学生的写作现状出发，通过探索艺术写作的方法和要点，在原理与实践、教学与研究的相互融通中培育新时代大学生的综合写作能力,成为时下艺术专业教材建设的关键问题。

当然,在重视写作学科建设、不断提出提升大学生写作能力的当下,有关艺术写作的方法型著作及成果已经十分丰硕。然而,着眼于艺术写作的整体构架,通过融通艺术理论谱系与创作实践系统,将写作实践贯穿艺术活动各个面向的教材,还有待于深化。正是在这个意义上,《大学艺术写作》在遵循"从原理到实践"的基本编写原则的基础上,将艺术写作的范畴进行了三个面向的划分。第一个面向"概述与原理"力图在新学科的总体性视野下厘清大学艺术写作的定义、功能、属性及类型,并基于传播学的立场勾勒艺术写作的要素、构思与表达之间的内在逻辑;第二个面向"展览、访谈与推介"旨在从实践层面建立起艺术写作与展览、访谈和推介之间的紧密联系,并通过具体案例的分析充分挖掘艺术写作的方法和要点,引导学生思考自身专业与写作实践之间的关联;第三个面向"评论、论文与数字时代"则将艺术写作放置在艺术批评、艺术研究等更为专业的层面,让学生建立起独立的写作认知与价值判断,并在数字时代的风向下拓宽艺术写作的边界。

总之,本教材在紧跟时代潮流、回应现实需求的理念倡导下,通过多元视野的对话与融通,建立了一支来自不同学术领域、教学经验丰富、科研能力突出的教师编写队伍,并通过扎实的规划与论证,形成了一套既能强化学生写作能力,训练学生写作思维,也能激发学生写作动力的编写策略。因此,本教材不仅在系统的宏观层面把握艺术写作的广度,又能在更为具体的微观层面贯彻艺术写作的深度,充分发挥了本教材在教学与研究之间的中介作用,从而创建了科学研究与人才培养的整体机制。因此,这本教材的出版,能够有效地解决大学生艺术写作中的具体问题,并为写作类教材的培育与建设贡献力量。

我们期待此教材的出版与使用,产生它应有的效应。

四川大学艺术研究院院长　黄宗贤
2024 年 8 月

前　　言

　　大学的艺术写作训练是探索新文科建设的一种尝试。党的二十大报告指出："坚持以人民为中心发展教育,加快建设高质量教育体系,发展素质教育,促进教育公平。"人民主体的办学定位凸显以大学生为中心的高等教育新发展格局,写作课程改革势必重组不同学科的优势资源,结合艺术发展的基本规律,训练提升大学生的基本写作能力,践行"深化教育领域综合改革"与"加强教材建设和管理"的战略方针,把准人文学科教育内涵式发展方向。艺术写作涉及多种艺术门类,书写内容立足艺术形态的文字转换,体例格式遵循写作基本规范,风格理念突破泾渭分明的学科界限,思维模式衔接感性与理性的空间场域,鉴赏批评充盈瞬间与恒久的智慧思想。作为高等教育的新兴课程,艺术写作亟待一本重组知识碎片的体系化写作学教材,打通艺术学理论谱系与实践创作间的文字要塞,利用写作学的方法梳理艺术风格的演变脉络,再现艺术场域的信息交互,传播艺术潮流和前沿热点。

　　教材命名为"大学艺术写作"具有通识教育的理念指向,既适用于艺术院校的大学生,也适用于非艺术院校的大学生。一方面,艺术院校学生往往沉浸于感性的艺术创作氛围,忽视了理性的文字阐释,艺术作品很难得到有效推介,相对薄弱的写作素质,阻碍了艺术创作的成果转化。另一方面,非艺术院校的大学生渴求艺术的欲望愈发强烈,这唤醒了他们追寻艺术的兴趣与意识,但是,由于缺少艺术实践经验,他们在面对抽象模糊的艺术概念和支离破碎的艺术片段时,很难真正触及丰富多彩的艺术风景,需要借助文字表述,了解艺术形态的成因,掌握艺术运作的机制,建立艺术审美的标准。《大学艺术写作》以通识理念搭建写作与艺术的学科桥梁,各类艺术文章撰写的本质不止于语言表达,其核心是创新思维的激发与传播,塑造大学生的批判思维与创新能力。

　　艺术写作还具备对大学生美育浸润和品格涵养的作用。艺术品的基本信息、艺术家的创作感想、评论者的阐释解析和读者群的审美接受组成艺术写作的时空经纬。艺术写作将以具有美感体验的真挚文章,点燃大学生极具创意的思想火花,实现人文关怀的艺术媒介功能。艺术写作训练能发掘大学生讲好中国艺术故事的潜能,协同推进中华优秀传统文化的创造性转化。《大学艺术写作》将充分践行高等教育立德树人与培养英才的使命,推进学科融合发展,把培育时代新人的目标同"润物细无声"的方式灵活结合，促进新时代大学生综合能力的全面提升。

整部教材共分为八章，依次为艺术写作概述、艺术写作原理、艺术展览写作、艺术访谈写作、艺术推介写作、艺术评论写作、艺术论文写作和数字时代艺术写作。开篇两章为理论部分，后六章为实践部分。本教材编撰特色主要表现为知行合一、学科统整及体例创新三个方面。首先，参与教材编写的教师均接受了严格的学术训练，在各自的学术领域有较为完备的理论积淀，且多为教学一线的青年骨干，能够深切体会当代大学生的写作痛点和艺术盲区，切身经历的写作实践和相关代表性著述支撑着教材方法论的知识叙述；其次，学科的交叉融合在各自学科内部呈现彼此渗透的趋势，大艺术观念汇集美术、音乐、舞蹈、戏剧、影视等多种艺术门类，这与当前高等院校艺术改革的教育方针契合，教育部制定的《艺术课程标准》和印发的《高等学校公共艺术课程指导纲要》，都强调跨学科艺术资源的融合运用，艺术写作教材有利于实现艺术教育核心素养从审美感知到文化理解的逐步深化；最后，教材精心设计了适合艺术学科写作的模块，解答大学生对艺术写作"写什么""怎么写"的疑惑。每章开篇的"案例导入"激发大学生对后续知识点的学习兴趣，消除理论先行的枯燥乏味感，"例文解析"把知识与案例相结合，"导练平台"和"课堂研讨"不是拼凑式的课后练习，而是植入课堂主题讨论、小组翻转、展示评价的教学环节，匹配艺术写作训练循序渐进的步调。

《大学艺术写作》教材编写各章节具体分工如下：

第一章"艺术写作概论"的作者为田源、陶永莉、陈寒玥；第二章"艺术写作原理"的作者为廖茹菡、高静波、常伶俐、马晨燕、梁琪；第三章"艺术展览写作"的作者为郭峙含、黄波、郭俣；第四章"艺术访谈写作"的作者为徐臻、卢贝贝、周俊锋；第五章"艺术推介写作"的作者为张望、凌孟华；第六章"艺术评论写作"的作者为刁颖、石纯、石志如；第七章"艺术论文写作"的作者为张媛、石志如；第八章"数字时代的艺术写作"的作者为王建树、张望、吴婧瑀。另外，张浣、赵炜、宋慧羚、焦璐雁、江涵参与教材早期框架搭建编写，谢亚平、向雪、董红霞、何桂彦、黄淋等教师为教材编撰提供了丰富的案例，对他们的贡献表示感谢。

田 源

2025 年 1 月于重庆

目 录

001 第一章 艺术写作概述
002 第一节 艺术写作的定义与功能
009 第二节 艺术写作属性
020 第三节 艺术写作类型
027 导练平台
027 课堂研讨
028 拓展链接

029 第二章 艺术写作原理
030 第一节 艺术写作要素
037 第二节 艺术写作构思
044 第三节 艺术写作表达
052 导练平台
053 课堂研讨
053 拓展链接

055 第三章 艺术展览写作
056 第一节 艺术展览写作概述
057 第二节 艺术展览写作方法
065 第三节 艺术展览写作类型及要点
090 导练平台
091 课堂研讨
091 拓展链接

093　第四章　艺术访谈写作
096　　第一节　艺术访谈写作概述
098　　第二节　艺术访谈的素材准备
105　　第三节　艺术访谈的沟通要领
111　　第四节　艺术访谈的写作提要
121　　导练平台
121　　课堂研讨
123　　拓展链接

124　第五章　艺术推介写作
126　　第一节　艺术推介写作概述
130　　第二节　艺术推介的写作技巧
139　　第三节　艺术推介的写作场景
150　　导学训练
150　　课堂研讨
151　　拓展链接

152　第六章　艺术评论写作
154　　第一节　艺术评论写作概述
156　　第二节　艺术评论写作要旨
162　　第三节　艺术评论写作实践
173　　导练平台
174　　课堂研讨
174　　拓展链接

175　第七章　艺术论文写作
176　　第一节　艺术论文写作概述
178　　第二节　基本要求与方法
183　　第三节　流程设计与研究
192　　第四节　框架结构与要素
199　　导练平台

200	课堂研讨
200	拓展链接

201	第八章　数字时代艺术写作
204	第一节　数字时代艺术写作概述
211	第二节　数字时代艺术写作要点
218	第三节　数字时代艺术写作实践
229	导练平台
230	课堂研讨
230	拓展链接

231	后记

第一章　艺术写作概述

学习目标

1. 理解艺术写作的定义,领会艺术写作的介绍艺术家及作品、宣传现场信息、分析思想内涵、陶冶审美情操等主要功能。
2. 理解艺术写作的个体性、实践性、创意性、媒介性、批评性、反思性等特征。
3. 掌握艺术写作的类型,领会艺术展览、艺术访谈、艺术推介、新媒体艺术写作、艺术评论、艺术论文等写作特征。

案例导入

梵　高[①]（节选）

吴冠中

每当我向不知梵高其人其画的人们介绍梵高时,往往自己先就激动,却找不到确切的语言来表达我的感受。以李白比其狂放？不适合。以玄奘比其信念？不恰当。以李贺或王勃比其短命才华？不一样。我童年看到飞蛾扑火被焚时,留下了深刻的永难磨灭的印象,梵高,他扑向太阳,被太阳熔化了！

先看其画,唐吉老父像画的是胡髭拉茬的洋人,但我于此感到的却是故乡农村中父老大伯一样可亲的性格,那双劳动的粗壮大手曾摸过我们的小脑袋,他决不会因你弄脏了他粗糙的旧外套或新草帽而生气。医生迦歇,是他守护了可怜的梵高短促生命中最后的日子；他瘦削,显得有些劳累憔悴,这位热爱印象派绘画的医生是平民阶层中辛苦的勤务员,梵高笔下的迦歇,是耶稣！邮递员露林是梵高的知己,在阿尔的小酒店里他们促膝谈心直至深夜,梵高一幅又一幅地画他的肖像,他总是高昂着头,帽箍上夺目的"邮差"字样一笔不苟,他为自己奔走在小城市里给人们传送音信的职业而感到崇高。露林的妻子是保姆,梵高至少画了她五幅肖像,几幅都以美丽的花朵围绕这位朴素的妇女,她不正处于人类幼苗的花朵之间吗！他一系列的自画像则等读完他的生命史后由读者自己去辨认吧！

[①] 为尊重文献的历史原貌,本书引文保留原文用语用字习惯,与现行汉语规范有差异之处不作更改。

梵高是以绚烂的色彩、奔放的笔触表达狂热的感情而为人们熟知的。但他不同于印象派。印象派捕捉对象外表的美,梵高爱的是对象的本质,犹如对象的情人,他力图渗入对象的内部而占有其全部。印象派爱光,梵高爱的不是光,而是发光的太阳。他热爱色彩,分析色彩,他曾从一位老乐师学钢琴,想找出音和色之间的契合关系。但他在自己夜咖啡店一画的自述中反对单纯作色彩的音乐师。他追求用色彩的独特效果表现独特的内心感情,用白热化的明亮色彩表现引人堕落的夜咖啡店的黑暗景象。我从青少年学画时期起,一见梵高的作品便倾心,此后一直热爱他,到今天这种热爱感情无丝毫衰退。我想这吸引力除了来自其绘画本身的美以外,更多的是由于他火热的心与对象结成了不可分割的整体,他的作品能打动人的灵魂。形式美和意境美在梵高作品里得到了自然的、自由的和高度的结合,在人像中如此,在风景、静物中也如此。古今中外有千千万万画家,当他们的心灵已枯竭时,他们的手仍在继续作画,言之无情的乏味的图画汗牛充栋;但梵高的作品几乎每一幅都透露了作者的心脏在跳动。

(资料来源:《吴冠中谈艺集》,人民美术出版社1995年版,第152—153页)

第一节 艺术写作的定义与功能

一、艺术写作的定义

艺术写作是关于艺术实践的文字书写,涉及美术、音乐、舞蹈、影视等多种艺术门类,通过文字描绘艺术品的形态意蕴,记载艺术家的创作历程,传递读者群的接受心声,融汇研究者的评论话语,既聚焦艺术现场,又回溯艺术史,提炼艺术现象,梳理艺术脉络,总结艺术规律,整合艺术资源,实现艺术领域的语言表达与文化传播。

艺术写作具有跨学科、情理兼容和审美性的特征。首先,艺术与写作的学科互渗,艺术写作遵循写作学的基本规范,将艺术样式转化为文本内容,用规范简明的语言展现丰富多样的艺术风格,用通识理念打通泾渭分明的学科壁垒;其次,写作训练中感性与理性的思维创造,情趣驱动的创作鉴赏将感性思维张扬,智慧充盈的反思批评令理性思维兴盛,让艺术写作在思辨能力养成方面成为"实现人的思维独创性的一条根本途径"[①];最后,感官与心灵的辩证统一,使艺术写作能够重塑大众"审美的判断",使

---

① 於可训、乔以钢:《写作》,高等教育出版社2013年版,第8页。

其体悟艺术生命"与审美再造的统一"①。

艺术写作不等同于艺术创作,以艺术家为主体的艺术创作是融合体验想象、灵感构思与技术制作的游戏。艺术创作与艺术写作的区别主要表现在三个方面:第一,媒介不同,颜料画材、音符乐器、姿态舞台、银屏光影等多元材料场景构成艺术创作的介质,纯文字的语词、段落和篇章是艺术写作的核心形式;第二,表达方式不同,艺术创作基于天马行空的想象,创作者的主观色彩较为浓厚,其艺术表达呈现出自由开放的格局,艺术写作受文字约束,写作者的主观判断与客观分析是逐步显现的,信息传播具有相对统一的路径;第三,形成阶段不同,艺术创作通常先于艺术写作,创作的成品往往是艺术写作的素材来源,创作思想在写作观点之前萌生。艺术写作植入并延伸艺术创作,成为衔接创作者与接受者的桥梁。

二、艺术写作的功能

介绍艺术家及作品、宣传现场信息、分析思想内涵和陶冶审美情操,是艺术写作的四项功能。艺术家和艺术品是艺术写作的基因,人与物的结合奠定艺术写作的基石,空间场域的生成与更替给予受众独特的艺术氛围,恰如苏珊·朗格所言:"艺术品也就是情感的形式或是能够将内在情感系统地呈现出来以供我们识认的形式。"②艺术创作具有纷繁复杂的主观情感,而艺术写作能对其进行理性规约,用分析与陶冶的写作功能深入艺术品的肌理,进一步发掘精髓内容,艺术家和评论者利用艺术写作"厘清和解释我们对艺术品的兴趣、激动和沮丧等反应"③,进而实现感化大众与抚慰心灵的效用。

(一)介绍艺术家及作品

艺术写作的出发点是艺术家的现实定位与艺术品的基本面貌。艺术家是谁?艺术品是什么?艺术家和艺术品的关系如何?这些问题是艺术写作初期需要解决的疑惑。"表达自己欲望是人类共同的意愿,也是产生艺术和写作的灵感源泉。"④无论是艺术家的生平经历,还是艺术品的形态特征,都是观众想要了解的对象,艺术写作对其进行再现与阐释,承载了介绍艺术家及作品的功能,契合观众的视听诉求。

艺术家与艺术品绝非割裂的个体,除对其进行分别介绍外,艺术写作在整体介绍时还需考虑对创作脉络的梳理与制作技艺的提炼。介绍艺术家的创作过程,需基于真实的制作过程,一方面注重叙述的客观性,为读者如实复原创作点滴,另一方面则要考虑主观与客观的张力平衡,适当融入艺术家的主观创作感受,让艺术品的鲜活生命力得以呈现。

---

① [意]克罗齐:《美学原理》,朱光潜译,作家出版社1958年版,第109页。
② [美]苏珊·朗格:《艺术问题》,滕守尧、朱疆译,中国社会科学出版社1983年版,第24页。
③ [美]希文·巴内特:《艺术写作简明指南》,张坚等译,上海人民美术出版社2014年版,第8页。
④ [美]赫德森、[美]莫里西:《如何撰写艺术类文章》,潘耀昌等译,上海人民美术出版社2004年版,第1页。

艺术想象需要通过技术落地实现,而艺术写作的介绍功能记录并升华这一过程。艺与术相辅相成,技术至上的呼声甚至成为当代艺术的显著特征。艺术家在继承传统技艺的同时,发掘掌握新兴技术,获取炉火纯青的艺术技巧,艺术写作通过介绍作品的技术含量展示了"实际制作即可巧妙地取得所需成果那样被陶冶的技术能力"①,蕴含助力艺术进步的文本力量,将助推未来的艺术发展。

例文解析

佟睿睿大型舞剧创作述评(节选)

佟睿睿的大型舞剧创作,起始于2005年的《南京1937》。对,就是这部一个地名和一个时段组合成的剧名,谁都明白这个"组合"的明确指向就是"南京大屠杀"——那一年是世界反法西斯战争胜利六十周年。不过佟睿睿以编导身份进入我们视野时并没有这么沉重。记得是2001年,由她创作的女子独舞《扇舞丹青》获得了第五届全国舞蹈比赛的创作金奖,独舞表演者王亚彬也同时获得表演金奖。这个作品的最初亮相,是2000年的第六届"桃李杯"舞蹈比赛,是为邹亚童而编的参赛作品。那时笔者正担任北京舞蹈学院主持院务工作的副院长,审看作品时只记得舞者在柔曼中有刚韧,在流畅中有顿挫;舞者单手持扇,但扇舞之中隐行着剑法,用我的话来说,叫作"以戎装心态舞闺门情致"。《扇舞丹青》的创编,使参赛选手获得了极大的成功,以致北舞的那些高才生一到参赛"桃李杯"就盯上了佟睿睿。为此,她先后又为陈颖洁创编了《绿带当风》,为单文霞创编了《如梦年华》,为唐诗逸创编了《碧雨幽兰》,为汪小舟创编了《梅花三弄》,为周丽君创编了《春江花月夜》,为杨晶晶创编了《似水流年》……为参赛"桃李杯"的舞者创编节目,我历来认为是一件吃力不讨好的事情,因为作品的形象构成和情感咏叹要受到舞种风格与舞者技能的双重限制。前一个限制,在于编导的主题衍展不能超越舞种风格的审美内质;后一个限制,则是要求编导的语言叙述必须运用高人一筹的舞者技能。看佟睿睿为参赛舞者创编的上述作品,我觉得就总体而言还是得心应手、通情达理的。上述作品中,《绿带当风》《碧雨幽兰》《梅花三弄》《春江花月夜》与《扇舞丹青》一脉相承,《如梦年华》和《似水流年》则有些"变奏"的意味。②

【解析】例文介绍了艺术家佟睿睿的舞蹈身份与创作履历,在代表性作品的选择上凸显艺术家获奖的精华部分,避免长篇大段的赘述,"柔曼中有刚韧"和"流畅中有顿挫"提升舞台感染力,两个"限制"道出舞蹈编排的技艺瓶颈,从《绿带当风》到《扇舞丹青》的作品谱系传承,将对舞蹈艺术的介绍化作一个有机体。

---

① [日]竹内敏雄:《艺术理论》,卞崇道等译,中国人民大学出版社1990年版,第55页。
② 于平:《佟睿睿大型舞剧创作述评》,《北京舞蹈学院学报》2022年第1期。

(二）宣传现场信息

艺术现场作为展现当代艺术发展的重要场域,是艺术信息交互中不可忽视的组成部分。艺术现场的艺术家、艺术品简介,展览现场用于引导的文本信息,访谈现场的对话信息分享和推介现场的综合信息传播,都在实现艺术写作宣传现场信息的功能,使信息辐射更广阔的时空和更多的受众。

口耳相传模糊含混,手抄本孤立费时,这些传播媒介的弊端更彰显规范书写的文字在宣传中的稳定度,加之印刷技术的效率提升促使"艺术不再局限于狭小的受众群,针对大众的传播已不可避免"①,扩大了传播覆盖面。报刊、书籍等印刷的纸质媒介比口语、手抄本等原始传播媒介先进。电子媒介令宣传方式更多样化,包罗万象的艺术信息通过灵活的新媒体涌入大众视野。艺术写作宣传现场信息的功能"为艺术的传播逻辑取代艺术的审美逻辑埋下伏笔"②。

对现场信息的宣传不应是程式化的记载,而应表露艺术写作的价值立场与生命活力。例如艺术展览的文本解释暗含当代艺术思潮的新动向,艺术访谈的对话书写潜藏经验智慧的新火花,艺术推介的立体呈现蕴含深度融合的新路径,宣传与发布信息的同时,艺术写作也在实践与总结。

例文解析

以展览的方式看设计扶贫与社会创新
——"设计介入精准扶贫案例展"侧记（节选）

谢亚平

由国家艺术基金资助,四川美术学院承办的"设计介入精准扶贫案例展"于2019年11月、2019年12月、2020年1月分别在重庆四川美院美术馆、北京中外文化交流中心、杭州良渚梦栖小镇设计中心三地巡展,展示来自高校、企业、NGO等不同领域提供的二十余个典型案例。

最初的策展思路

2017年,四川美院举办过一次"设计介入精准扶贫案例展",分别从参与贫困地区传统工艺活化、利用互联网改善贫困地区农产品资源流通、跨学科参与村落文化建设、贫困地区手工艺与奢侈品合作的角度展示了四个案例。2019年,受到国家艺术基金资助,展览从四个案例扩容到二十余个案例,呈现更多维的设计扶贫模式。

2020年是中国脱贫攻坚战的最后一年,即将开启乡村振兴战略。因此展览以"问题概念—设计案例—设计方法"为基本框架,适当添加乡村振兴的相关案例,不再拘泥于案例中简单涉及成效数据的展示,而将绝对贫困、相对贫困、基尼系数、致贫原因、

---

① 王廷信:《媒介演进与艺术传播》,《美育学刊》2020年第6期。
② 朱虹子:《艺术传播、艺术史写作和当代文化》,《美术观察》2012年第6期。

贫困代际传承等基本概念进行梳理，重点展示"为贫穷而设计"背后的方法和模式，展现设计如何让脱贫攻坚、乡村振兴战略变得更加透明、友好和包容。

展览的五个板块

展览分为"序·曲""互·联""人·本""物·道""家·缘"五个板块，全面阐释中国脱贫攻坚中"两不愁三保障"的承诺，从当代设计的视角向公众讲述中国扶贫的故事。

……

当下，设计正在不断扩大其在社会变革中的参与度，它不只是一种简单的技术与工具，更多呈现为一种思考方式与价值观。设计的目标，从引导转变（Guide Transformation）变成了整合式思考者（Hybrid Thinker）。设计的角色从产品到服务，从城市到农村，从商业到社会，从文化到价值，正作为强有力的催化剂，探求价值创造与道德意义之间的平衡，持续于人类生活的整个社会空间生态研究，修复贫困人群或贫困村落的弹性生态系统，建立可持续的协作式社会创新体系，在实践智慧中呈现设计的善。①

【解析】艺术设计的展览宣传契合国家乡村振兴的战略方针，作者介绍了展览缘起与资源脉络，其中既有真实时空的彼此关联，也有不忘初心的思路回顾，引领读者走进艺术介入乡村建设的奇妙世界，依次介绍展览主题引导读者逐步揭开艺术建设乡村的层层面纱，进而明白艺术介入脱贫攻坚的重要作用，文末对当代设计理念的概述升华了描述性的宣传信息，激发读者对城乡智能发展、生态伦理文化和中国式现代化进程的思索。

（三）分析思想内涵

艺术品的形态样式蕴含艺术家的思想精神，具有独立自由的艺术内涵。对于进入公共空间的艺术景观，揭秘作品背后的思想内涵往往成为受众群体的共同心理诉求，毕竟观众"在观看作品时，含义和内容并非总是非常明显的"②，基于"这种敞开性的自我建立，思想将会触及此处无法解释的地方"③，需要语言文字表达图像、音符、姿态、媒体等视听刺激中的象征意味，借助精确的文字剖析将某些模糊、晦涩甚至抽象的艺术符号，转化为清晰明朗的段落文章，重组纷繁复杂的艺术符码，萃取艺术精华，凸显艺术写作分析思想内涵的功能。

分析思想内涵的艺术写作将实现艺术阐释的研究价值。无论是艺术家自述，还是评论者解读，文章大都饱含思辨批判的属性，客观理智的分析阐发能整合个人的思想

---

① 谢亚平：《以展览的方式看设计扶贫与社会创新——"设计介入精准扶贫案例展"侧记》，《美术观察》2020年第5期。
② [美]赫德森、[美]莫里西：《如何撰写艺术类文章》，潘耀昌等译，上海人民美术出版社2004年版，第28页。
③ [德]海德格尔：《诗·语言·思》，彭富春译，文化艺术出版社1991年版，第59页。

活动与群体的社会观察,提炼人类普遍感受的思想结晶,令人反思艺术的类型规律与价值归宿,为后人创作提供参考依据。

例文解析

艺术作品的本源(节选)

海德格尔

图1-1 凡·高《农鞋》(油画),44.1 cm×53 cm,1886年

从鞋具磨损的内部那黑洞洞的敞口中,凝聚着劳动步履的艰辛。这硬邦邦、沉甸甸的破旧农鞋里,聚积着那寒风料峭中迈动在一望无际的永远单调的田垄上的步履的坚韧和滞缓。鞋皮上粘着湿润而肥沃的泥土。暮色降临,这双鞋底在田野小径上踽踽而行。在这鞋具里,回响着大地无声的召唤,显示着大地对成熟谷物的宁静馈赠,表征着大地在冬闲的荒芜田野里朦胧的冬眠。这器具浸透着对面包的稳靠性无怨无艾的焦虑,以及那战胜了贫困的无言喜悦,隐含着分娩阵痛时的哆嗦,死亡逼近时的战栗。这器具属于大地(Erde),它在农妇的世界(Welt)里得到保存。正是由于这种保存的归属关系,器具本身才得以出现而得以自持。

然而,我们也许只有在这个画出来的鞋具上才能看到所有这一切。①

【解析】 海德格尔把凡·高《农鞋》(图1-1)中的鞋子当作农妇的鞋子,视鞋子为器物,将其作为理论推理的起点。海德格尔认为器物一旦被艺术的框架框起来,就会显示出与平日普通用途不同的意味。画中的鞋昭示了田野大地的呼唤,在农夫的世界中得到保护。因此它已由普通的鞋转化为能展示无尽诗意的艺术品。

(四)陶冶审美情操

艺术写作是一场寻觅、感知、回味、辨析美的旅行。写作主体借助对文字的遴选与组织,培植美学鉴赏涵养。审美感知的强化、审美文化的沉浸与审美价值的融汇,合力促进大众审美能力的提升。

艺术写作离不开艺术欣赏的直观感觉,如果写作主体缺失基本的感官体验,文章

---

① [德]海德格尔:《林中路》,孙周兴译,商务印书馆2020年版,第20页。

内容将变得毫无生气,读者的内心亦将成为一潭凝滞的死水。反之,丰富的审美感知可将热烈情感从写作起点传递至接受终点,读者阅读富含审美感受的文章时便能收获"强烈的美感,从而提升审美情趣,使精神得到陶冶、心灵得到净化、思想得到升华,在神奇的审美想象天地里充分领略、欣赏美"①。

艺术视听为艺术写作提供素材,艺术写作为读者奠定批判性的审美基石,读者的审美感知恒久浸泡其间,有利于滋润孕育深厚的文化素养。

例文解析

中国音乐:中和之美与生生之美(节选)
曾繁仁

生生之美的中国音乐及其美学,是在中国传统文化土壤上孕育生成、在中国思想文化历史中茁壮成长的独一无二的文化艺术审美形态与观念。审美是一种特有的艺术生存方式,具有极为鲜明的民族性。包括审美在内的文化,只有类型之别而没有先进与落后之分。中国古代音乐是在悠久的中国文化语境中产生的特有的文化艺术形态,具有中国审美与艺术的源头性质,对中国传统文学艺术审美特征的形态有深远影响。《诗经》三百篇在当时都是入乐的;《离骚》可以吟唱,《九歌》也亦歌亦诗;汉乐府来源于民间歌谣,也是乐歌;唐代古诗中大部分是歌诗,律诗也有明显的音乐特征;宋词也是一种歌诗;元曲无疑是歌唱,元明戏曲是戏剧性的歌舞。

总之,从古至今,中国文学艺术都与音乐有着密切的关系。如此悠久、丰富的音乐审美文化,何来"落后"之说?何况,中华民族还有着大量绵延时间更长、生命力更加旺盛各民族的民歌。中国传统音乐的中和之美与生生之美也融入民歌,使之成为一种生命之歌,扣人心弦,动人心魄。这样的音乐审美文化,传承着中华文化的精神血脉,渗透着人民的喜怒哀乐,是民族的瑰宝,足以使我们为之自豪。在美学原则上,中国古代音乐美学遵循着"一阴一阳之谓道"的美学原则,蕴含着"阴阳相生""言外之意""弦外之音""象外之象"的特殊审美意味。这使得中国艺术在情与理、黑与白、浓与淡、虚与实等相反相生的关系之中,产生不可穷尽的"神韵""意境",成为世界艺术之特殊景观。中国古代乐曲尽管是单旋律的,却包含着无限的意蕴。古琴曲《高山流水》以清韵悠远的高山流水之音寓含"知者乐水,仁者乐山"的精神,激越澎湃的《十面埋伏》是对于英雄壮士气概的歌颂,二胡曲《二泉映月》在凄凉的乐曲之中蕴含着对于人生的感叹,如此等等。中国传统的各类艺术都力图运用简洁的艺术语言,导向深邃的意象、意境,具有不同凡响的东方意味。②

---

① 徐中玉:《新编大学写作》,复旦大学出版社2004年版,第5页。
② 曾繁仁:《中国音乐:中和之美与生生之美》,《文艺研究》2020年第2期。

【解析】 六艺中的"乐"承接"礼"而出现,儒家文化的讽喻教化功用,悄无声息地潜入从《诗经》到元曲的千年音乐史的流变谱系,婉转和谐的音律给予大众悦耳的听觉感知,契合古典礼乐、易理、历法等审美文化的传承媒介。中国古典音乐"生生之美"的审美魅力,通过艺术写作的文字传递给受众,增进其文化积淀,引发民族美学的精神共鸣。

守正创新的艺术写作将引领当代审美文化的转型发展,使文明互鉴视域里的中国主体地位坚若磐石。以文化自信为内驱力的艺术写作,具有介绍艺术家及作品、宣传现场信息、分析思想内涵的艺术写作功能,利用文字"将中国文化的创意基因独立指认出来,让全世界可以识别"①。

第二节 艺术写作属性

艺术写作的属性关乎整个艺术领域的存在对象,从一件件具体的艺术品出发,延伸至一切艺术现象、艺术活动和艺术观念。艺术写作主体需要了解艺术品,细细观赏品味,把对它的感受、理解、分析、评价、判断等反应,运用具有策略的语言文字进行表述,与读者交流互动。

艺术品渗透着艺术家天马行空的灵感,自由表现的独立精神奠定艺术写作的个性化风格。艺术创作的创意或许令读者陷入陌生化漩涡,但写作者"选择恰当的话语样态,采用对应的文本表达沟通意识,达成创作者与接受者双向交互效应"②。总结归纳艺术创作的个体特征,将其纳入艺术群落的生态语境,将激发艺术写作的批评特质。综上,艺术写作具有个体实践、创意媒介、批评反思等属性。

一、个体实践

艺术写作鲜活的创作能量源自艺术家、观赏者和评论者的个体生命,它连接着一件件精美的艺术品。对艺术现场的细微刻画与评判艺术价值的冷峻分析,被独辟蹊径的写作实践激活。灵感是触发艺术品生成的神秘原型,在模糊的图式轮廓、旋律片段、身姿剪影等初创素材转入具体写作的轨道前,艺术写作主体"规划一篇文章要用到很多写作前的策略",其中"突发奇想的方法就是自由书写"③,不受约束地扩散写作思维。

主体的自由不等同于凭空臆想和胡乱拼凑,践行灵感需要脚踏实地。艺术家的创

---

① 葛红兵:《创意写作学理论》,高等教育出版社2020年版,第131页。
② 田源:《沟通与交互的融合:艺术写作教学要旨》,《写作》2020年第2期。
③ [美] 赫德森、莫里西:《如何撰写艺术类文章》,潘耀昌等译,上海人民美术出版社2004年版,第17页。

作回忆录是对创作实践的经验总结,观赏者的散文札记是审美心得的抒发,评论者的批评论文是艺术再创造的实践研究,艺术写作的个体实践属性"渗透着人类模仿的需要、表现的冲动和游戏的本能"①。

(一) 个体性

艺术写作的个体性,是指写作者的主人公特质,即个人情感、意志、思想的主观表达。无论是艺术家的想象创作,还是欣赏接受者的情感思绪,都以个人的认知视域、感官体验、知识储备、逻辑结构为中心,尽管文章构思、立意或可寻求集体建议,最终的执笔者却只能是具体的个人。进入文字层面的编撰时,艺术品、艺术现象、艺术思潮等碎片信息尚待归类整合,具有个性化文字风格的作者"既要确定写作的方向和目标,又要给写作客体赋予灵魂和生命"②。

艺术写作的个体性特征主要体现在两个方面。一方面,写作主体制作、玩味、推荐艺术品的审美视点往往有别于他人,具有独特的思维驱动与立场判断。如鲁迅对《红楼梦》读者的身份分类,认为"经学家看见《易》,道学家看见淫,才子看见缠绵,革命家看见排满,流言家看见宫闱秘事……"③经典文学对于不同的接受个体,会生成截然不同的意义,受众的立场、谱系、阅历、体验、审美,乃至性别、年龄等因素,导致其认知与理解有天壤之别。绘画、音乐、舞蹈等艺术作品的传播与此情况相似,与之关联的艺术写作常常具有不同的见解,甚至引发激烈的争论,但文字交锋的火药味也逆向证明了艺术写作的个性魅力。

另一方面,在执笔写作阶段,材料的选择、主题的确立、结构的安排、语言的表达,也会因写作动机的不同而呈现个体性差异。德国哲学家莱布尼茨说"世上没有两片完全相同的树叶",单子论的特殊化哲理同样指涉写作个体独一无二的艺术修养,个性化笔墨造就缤纷绚丽的艺术文章,艺术写作因此具有多样性。我们拒绝千篇一律的文章,力求带有个人印记的写作,诠释心灵耕耘的自由属性。作为个体写作秘密花园的"文学、音乐和艺术是首要的、最敏感的区域,那个向精神因素的转折最容易在这些领域里以现实的形式为人发现"④。

例文解析

格尔尼卡:毕加索的愤怒与人类战争反思(节选)

詹姆斯·艾德礼

自从公众第一次看到这幅画那一刻起,评论家就对《格尔尼卡》(图1-2)里的公牛的象征意义看法不一。在弗朗西丝·莫里斯录制的录音带中,多拉·马尔在追溯她

---

① 彭吉象:《艺术学概论》,北京大学出版社2013年版,第16页。
② 路德庆:《普通写作学教程(第五版)》,高等教育出版社2015年版,第18页。
③ 鲁迅:《〈绛花洞主〉小引》,《鲁迅全集》第8卷,人民文学出版社2005年版,第179页。
④ [俄]康定斯基:《艺术中的精神》,李政文等译,中国人民大学出版社2003年版,第24页。

的记忆时声音坚定,为了强调,她用英语和法语两种语言讲述:"毕加索说,'公牛就是西班牙人民'——C'est le peuple Espagnol。"阿尔弗雷德·H.巴尔把这头公牛关进纽约的现代艺术博物馆里很多年,他认为,公牛"站在那里,以明显的胜利的神情观察现场……那是不可动摇的力量的象征"。对于克里斯蒂安·泽尔沃斯来说,它是一个"不可一世的梦想家,其强大的力量不受死亡支配,却被时间与命运掌控"。这幅画抵达北美时受到苛刻的评论家弗农·克拉克的猛烈抨击,但是,即使这样,克拉克仍然坚称,"这头公牛,画中的反派,是这幅壁画中唯一有尊严的角色"。安东尼·布兰特认为,公牛站在那里,"似乎被那盏灯催眠了,挑衅却又害怕地瞪着灯"。①

图1-2　毕加索《格尔尼卡》(油画),349.3 cm×776.6 cm,1937年

【解析】阿尔弗雷德·H.巴尔、克里斯蒂安·泽尔沃斯、弗农·克拉克等评论家对毕加索《格尔尼卡》中公牛的象征意义的阐释各有侧重,评价截然不同。这是艺术写作的个体性的表现。正如常言道,"一千个读者就有一千个哈姆雷特"。

(二) 实践性

实践贯穿人类改造世界的活动。原始人类为获取生存物资进行的劳动是初级实践形态,随着社会文明进步,现代人类的精神文化需求愈发强烈,脑力劳动的高阶实践逐渐渗透原来由体力支配的外部空间。人类智慧不断进化拓展实践领域,同理,艺术的"写作知识、理论在与写作实践相结合的过程中,逐渐内化为作者的写作能力"②,塑造着作者的思想风貌。

---

① [英]詹姆斯·艾德礼:《格尔尼卡:毕加索的愤怒与人类战争反思》,吴亚敏译,北京燕山出版社2020年版,第89页。
② 尉天骄:《基础写作教程》,高等教育出版社2017年版,第9页。

首先,艺术写作的产品——艺术文章——离不开实践经验的积淀。以舞蹈的产生为例,追溯源头,常任侠比照古汉字"舞"与"巫"的相同含义,指出:"歌舞艺术,应该出现在有巫之前,为劳动的群众所创造,因为敬神的巫善于歌舞,成为他专门的职业,所以就称为巫。"①原始的劳动实践促使舞蹈艺术诞生,同样,艺术写作只有深入艺术实践的真实场域,才可能具有感人肺腑的力量。

其次,艺术写作的对象与文章之间需要用实践方法进行衔接。直观的艺术品进入视听领域时只是官能的游戏,只有写作者不断进行写作实践,才有可能将其转化为一篇条理清晰的文章。艺术写作既要有艺术实践的理论建构,又要符合写作学科的语言规范;在掌握艺术写作技巧与阐发艺术理论观点的同时,贯通艺术表达的沟壑。

最后,艺术写作的实践特征培养写作主体素养和能力。"纸上得来终觉浅,绝知此事要躬行",知行合一的艺术写作强调长期反复的练习,以思辨的写作态度探索未知领域,更新替换陈腐滞后的观念,缓解思索的焦虑心理。老舍倡导道:"自己动了笔,再去读书,或看刊物上登载的作品,就会明白一些写作的方法了。"②勤写多练的写作实践才是锻造敏锐思想的利器。

例文解析

致蒙佛烈的信(节选)

保罗·高更

我认为这件作品比以往的任何作品都更为优秀,且今后或许无法完成比它更好或同样好的作品了。我临终之前,将毕生的精力贡献于此画。在恶劣的环境中,以痛苦的热情及清晰的幻觉来描绘,因此画面看起来毫无急躁的气氛,反而充满了生命力,没有模特儿、没有画技,更没有一般所谓的绘画规则……

右下沉睡的幼儿旁边,蹲着三个女人及穿着紫红色长袍的两个人,正谈论着她们的人生观。不依远近法故意夸大那蹲着并举起手臂的人,惊讶地回头看着那两个为自己命运而叹息的人。中央的人正在摘水果,一个孩童旁边有两只猫和黑色的山羊;一座偶像神秘而带有韵律地举着双手,指着海岸,另一个半坐半卧的人物好像在倾听这偶像说教;最后就是濒临死亡的老妪,她好像已看破忧烦的往事,坦然地接受自己的命运;而她脚旁抓着蜥蜴的奇异白鸟,则象征着人类语言的虚无。这一切发生于森林树荫的小溪流旁,背景是海岸连接着岛上的高山,虽然色调有变化,但整体景物始终使用翠绿色调,而所有的裸体人物都大胆地呈现出橘红色……③

---

① 常任侠:《中国舞蹈史话》,北京出版社2013年版,第13页。
② 老舍:《别怕动笔》,《老舍谈写作》,百花洲文艺出版社2019年版,第4页。
③ 岳鑫、张书珩:《世界名画快读》,远方出版社2004年版,第233页。

图1-3 保罗·高更《我们从哪里来,我们是谁,我们往哪里去》
(布面油画),139 cm×375 cm,1897年

【解析】作者高更在《致蒙佛烈的信》中阐释了他的画作《我们从哪里来?我们是谁?我们到哪里去?》(图1-3)的构图与象征。这封信是一篇典型的回溯实践的艺术文章,基于艺术家的人生体验与创作经历写成。它蕴藏着高更1981年在塔希提岛生活时的艺术理想与生命思索,尤其是在贫病交迫和世俗否定的打击下自杀未遂后生成的强烈的创作欲望,信函中体现的实践反思饱含着高更一生的哲学思考与艺术追求。

二、创意媒介

随着个性化实践的深入,艺术品的创造价值逐渐被艺术家群体和海量受众认同,蕴藏其间的思想意识借助艺术写作文章形成更加开阔的创意通道。广泛传播的文字不断放大艺术品与艺术家的创意空间,各种艺术潮流被保存在艺术写作的创意阵地中。置身其间的作者转译艺术创作的过程,挣脱知识谱系的固有框架,吸收创意精华,既推陈出新地运用素材,还综合"文章的立意、结构的谋划、表达方法及语言的运用",使艺术写作具有作者的独特创造。

艺术写作的创意内核绝非精英化、抽象化的孤立表征,而是交流开放的辐射状的大众化沟通格局。大众视角的介入,丰富了艺术写作的意义建构,使艺术写作具有千差万别的观点而非千篇一律的褒奖或贬斥,潜在对话的互动需求,促使作者的思维蜕变,通过写作反哺的"艺术的真正生命正在于对个别特殊事物的掌握和描述",令艺术写作主体完全"不用担心个别特殊引不起同情共鸣"①。

(一)创意性

艺术写作的创意性"强调创意写作主体与客体实现建立在服务他人与自我实现

---

① [德]爱克曼:《歌德谈话录》,朱光潜译,人民文学出版社1988年版,第10页。

基础上的平等、民主关系"①。从某种程度上说,艺术品的价值需要观赏者去发现、挖掘、赋予,乃至再创造。

艺术写作的创意性主要体现在写作主体对艺术品的创造性的解释上。面对同一件艺术品,不同的写作主体因其个体差异,以及时代、文化、政治等,会有不同的解释。如果仅仅是重复已有的解释,艺术写作将变得枯燥无味,毫无意义。只有在创造性的解释中,艺术的价值才得以深化,艺术写作才会散发出鲜活的生命力。以伦勃朗的《与莎斯基娅在一起的自画像》为例。作为伦勃朗最缺乏吸引力的画作之一,它的欢乐气氛似乎是被迫营造的,表现得有点粗野和可笑。如保罗·祖克尔在《绘画的风格》中认为它"过分热烈",约翰·博格在《观看之道》中说"整幅画是对画中人物的运气、声望和财富的宣扬(这是伦勃朗自己的写照),所有这些宣扬又都是无动于衷的"。然而,肯尼斯·克拉克则对画作的主题做了新的论述,"画作的意图不在于群体肖像,而是再现回头浪子挥霍他继承的遗产……在主题之外,画作也许还表达了伦勃朗揭示他们夫妻二人截然不同性格的心理需要"。② 显然,肯尼斯·克拉克对伦勃朗画作的意义的解释,丰富了我们对该画的认识。只有追求更为深刻的意义解释才能有效推动艺术写作的开展。

艺术写作正是开发艺术宝藏的普遍方式,其创意性可以通过具有文字创意的作者与兼具艺术审美创意的观赏者加以表现,他们不仅能用语词句段表述内涵,还能让更多人通过阅读培养艺术审美创造力。

―――― 例文解析 ――――

公共空间作为艺术协商与抵抗的场所
—— 以羊磴"土而奇"乡村艺术博览会为例(节选)

焦兴涛

"土而奇"源自当地的一句土话。有趣的是,用一个国家的名字的谐音来形容……"土"和"洋"构建和描述了近代中国和世界的关系。同时,"土耳其"对于中国文化来讲,又是一个异域和遥远的存在,这真是个有趣的名字!稍加改动之后,成了"土而奇"——乡土而新奇。……"乡土而新奇"是来自农耕文明绵延不绝的传统,通过专业艺术家和乡村艺术爱好者的合作协商,转化为充满想象力和生命力的创造,乡土而新奇,呈现的是最广大的乡土社会绵延千年的基因和活力。"土"是中国的,也是世界的,更是创新的。③(图1-4)

---

① 葛红兵、许道军:《创意写作教程》,高等教育出版社2017年版,第12页。
② [美]希文·巴内特:《艺术写作简明指南》,张坚等译,上海人民美术出版社2014年版,第12页。
③ 焦兴涛:《公共空间作为艺术协商与抵抗的场所——以羊磴"土而奇"乡村艺术博览会为例》,《美术观察》2023年第10期。

第二节　艺术写作属性

图1-4　贵州省桐梓县羊磴镇的吊桥桥头

【解析】这是一篇充满创意性的艺术写作文章。首先，作者从羊磴乡村艺术博览会命名切入艺术写作，写作视角别致、新颖。其次，作者对博览会名称的解释也具有创造性。"土而奇"源自地方俚语，通过谐音和语义的巧妙转换，作者将一个地方俚语转化为充满新奇感的符号。最后，作者揭示了全球化背景下如何通过创新和创意来重新审视和评价乡土艺术，以及如何在传统与现代、本土与全球之间找到平衡和融合的深刻主题，从文字层面升华了公共艺术的创意能量。

（二）媒介性

艺术写作的媒介性，即写作主体通过对艺术品的系统阐释，填补艺术家和大众之间的裂缝。一方面，艺术家之于作品意义的解读不再权威；另一方面，大众对作品的理解深度有限，有的甚至完全处于懵懂的混沌状态。高质量的艺术写作介绍、普及前沿知识，能有效串联艺术家、艺术品与观赏者，深入挖掘艺术品价值，给予理性评价，从而引导大众审美素养的提升。数字媒体等智能化媒介更将促使艺术写作"增强人类的经验知识和记忆认知，增强人类的沟通与交互能力，弥补人类自己的失误、偏见和局限，使得人类更具创造性"[1]。

观赏者的视觉焦点往往与创作者的初衷构想错位，需要艺术写作的矫正与深度对接，帮助观赏者掀开朦胧的纱幔，走出思维误区，到达艺术家的内心世界。

---

[1]　周建设：《大学写作与智能训练》，首都师范大学出版社2021年版，第235页。

> **例文解析**

行动与难以行动的人（节选）

王　林

图 1-5　王韦《给世界一个拥抱》（雕塑），288 cm×110 cm×286 cm，2021 年

在最近一批新作特别是《给世界一个拥抱》（图 1-5）系列作品中，王韦爆发出惊人的创作能量，一口气做了数十件大大小小的雕塑。他不是在风格上固化某种样式，而是以不可遏制的冲动投入创作，其强烈的表现性无处不在，有明显而突出的新表现主义或新写意主义艺术倾向。他的作品强悍而倔强，充满介入与救赎的力量……秉持着绝不屈服的精神意志。其作或者以高大、强健的合体人构成与众不同的巍峨形体，或者以地狱之门的人物身姿去体现命运与宿命的冲突，或者以夸张扭曲的肌肉塑造来表达生存意志的顽强与无奈。不管是痉挛的手势，还是蜷曲的躯体，肉身正在挣扎，生命正在呐喊，而雕塑形体有意而为之的在地性乃是最真实的见证——牢固站立的双脚仿佛生长在地上难以自拔，紧贴地面的人体仿佛和大地融合在一起。

【解析】王林从艺术传播的角度，揭示王韦《给世界一个拥抱》雕塑作品蕴含的顽强生命力。例文深入雕塑作品的内生价值领域，给予其理性的评价，从而引导大众对雕塑作品进行深度解读，促进大众艺术交流。

三、批评反思

动态循环的交互，更新拓展着艺术认知的疆域，寓于其中的艺术写作主体以思辨、质疑、批判的目光审视艺术现象，运用犀利笔锋透视艺术品，搭建文章的框架结构，统筹写作的逻辑要素。条理清晰的批评脉络绝非一蹴而就的，写作时，作者应以逆向思索消解部分激进观点，修正烦琐晦涩的表述路径，积极推导崭新的问题，努力调动读者的思考能力。互有裨益的批评反思同时表明艺术学与写作学的现代性征象，和谐共生的艺术写作将"运用现代观念和现代科学方法去研究和揭示现代写作行为活动的特点、过程和规律"[①]。

[①] 杜福磊：《中国写作学理论研究与发展》，中央编译出版社 2004 年版，第 118 页。

(一)批评性

在日常生活中,批评有纠正谬误的含义,甚至携带抱怨责难的负面情绪。然而,艺术写作的批评属性有别于传统日常的释义,蕴含更为丰富的意味。在艺术展览、艺术推介、艺术评论等写作场域中,作者运用敏锐的观察视点和深厚的理论素养,针对艺术品及一切艺术活动、现象的"长处和短处都要有判断和阐述,而不仅仅是挑剔和求疵"①,这里的批评实际就是评判、评论之意。

艺术写作的批评性不是空中楼阁般的虚无想象,也不是对理论资源的照搬照用。其作者应长期浸润于艺术现场,对于艺术品的创作背景、流变经历和价值定位了然于胸,凭借艺术史学视野和艺术市场嗅觉的综合评判,抽丝剥茧地分析艺术发展的来龙去脉,避免强制性阐释的尴尬境地,正如英国学者雷蒙·威廉斯的界定,批评"需要被解释为一种具特殊性的反应",高水准的艺术写作"在复杂而活跃的关系与整个情境、脉络里,这种反应——不管它是正面或负面的——是一个明确的实践(practice)"②。

例文解析

波提切利的《春》(节选)
吴冠中

波提切利《春》

图1-6 波提切利《春》(木板蛋彩画),203 cm×314 cm,1841—1842年

---

① 邬乾湖:《当代写作教程》,高等教育出版社2013年版,第251页。
② [英]雷蒙·威廉斯:《关键词:文化与社会的词汇》,刘建基译,生活·读书·新知三联书店2005年版,第97页。

波提切利的作品不仅富于诗的想象,文学意味隽永,在造型手法方面更是独树一帜。他不仅是卓越的色彩画家,还是极结实的素描画家。他在造型中不依赖明暗的效果来表现立体感,主要是严格刻画形象的组织结构和性格特征,达到笔笔不苟而且整个形象洗练统一,在人体和肖像中是如此,在大幅构图中亦是如此。他的女人体的造型主要是表达姿态动作的节奏美,其修长匀称的腿不是在地面上走,而是在舞,在飘。看《春》中那三个正在跳舞的少女的臂膀,上下左右的动作被巧妙地安排后,要细心辨认才能弄清楚谁和谁的臂膀,这样,予人一种错觉:她们的臂膀忽上忽下,具有连续动作的效果。并且,为了衬托这些风前人物的波状动态,背景那一排排深色的树干画得分外坚硬,而且几乎都是垂直的。这一隐藏着的对照手法作者同样用在《维纳斯的诞生》中。①

【解析】作者对《春》(图1-6)的形式、色彩、结构、技术、细节处理及波提切利的创作习惯、创作思路等方面均作出深入分析,结合自身绘画经验,对艺术作品的艺术价值给予理性的评价与判断,使读者充分认识到《春》的内涵和价值,富有专业广袤与理论深邃的艺术批评色彩。

艺术写作的深度批评对写作主体的艺术修养要求较高,细腻的艺术感受能力尤为重要。正如马克思所言:"对于没有音乐感的耳朵来说,最美的音乐毫无意义。"②迟钝匮竭的感知,会令写作探析的纵深感荡然无存。作者还需灵活运用艺术理论文献,才能对艺术品价值作出见地深刻的阐释。此外,丰富的生活阅历、缜密的思辨力、严肃的批评态度等质素都不可或缺。

(二)反思性

艺术写作不止于敏锐深刻的批评,还需要回望思索的反思,即对创作意图、审美路径、思路方法等环节逐一反省,总结过往的经验教训。人类对自我从身体行为到精神观念的反观内省,呈现出再认识、再思考、再探索、再评判的螺旋上升趋势,进而运用文字表达对既有认知图谱的追问、澄清、质疑与批判。反思是"对任何一个信念或假定的知识,均以积极的、执着的和用心的态度考虑它所依据的根据是否成立,若能成立,再考虑它所导致的进一步的结论"③。

反思闪烁冷峻沉潜的睿智光芒,认知与情感被理性升华,以文字内驱力传递思想的艺术写作深层肌理蕴含反思特质。艺术写作不是仅以文字符号描摹艺术作品,或机械地复制、描述与展示,而是以写作主体的主观能动性综合吸纳各种艺术信息,全面处理理论与创作的关系。精深的写作反思旨在"建立或批判一种哲学观点的理智经验",

---

① 吴冠中:《波提切利的〈春〉》,《吴冠中谈艺集》,人民美术出版社1995年版,第146—147页。
② [德]马克思:《1844年经济学哲学手稿》,人民出版社2000年版,第87页。
③ [美]杜威:《我们如何思维》,伍中友译,新华出版社2010年版,第7页。

渗透反思哲理的优秀艺术文章抹平了"哲学写作与诗歌或艺术写作之间的区别"①。

1917年,纽约独立艺术家协会举办了一次展览。杜尚向展览提交了一只小便池,取名为"喷泉"(图1-7),遭到策展团队的拒绝。这只小便池是否应该展出,展出的意义何为,引发广泛争议。观众或一般学者都认为,艺术是手工制作的,艺术是独特的,艺术应该看上去是美观的或美的,艺术应该表达某种观点,艺术应该需要技巧或技术。《喷泉》因此遭遇众人否定。比特里斯写了一篇关于"理查德·莫特案"②的评论,发表了独特见解,认为《喷泉》是有"意义"的,它是一件"艺术品"。《喷泉》的横空出世向传统的艺术边界发起挑战,刺激人们对传统艺术观念展开反思:究竟什么是艺术?艺术的标准是什么?艺术应该是美的吗?没有技巧或技术能称为艺术吗?……一系列追问使往日牢不可破的"艺术"知识与信念动摇,新奇怪丽与晦涩深奥的"抽象艺术需要更深入的视觉形而上学逆反能力和提问能力"③,那些经不起追问与质疑的观点将被抛弃,新的价值理念被建构完善。回溯杜尚《喷泉》的艺术反思,可谓艺术史上的哥白尼式革命,关于它的艺术文章也成为世界艺术史的文献组成部分。经受时间淘洗而被经典化的艺术作品,借助反思再次滋润枯竭的创作灵感,形成艺术写作动态循环的效率保障。

例文解析

达达怪才:马塞尔·杜尚传(节选)

托姆金斯

他们说任何艺术家只要付六美元就可展出。理查德·莫特先生送来一个《喷泉》(图1-7),没有经过任何讨论,这件作品就消失了,而且没有被展出。

为什么要拒绝莫特先生的《喷泉》呢?

第一,有些人认为它不道德,粗鄙。

第二,另一些人认为是抄袭,原本就是一个马桶。

莫特先生的《喷泉》没有什么不道德的,那很荒唐,正如说浴缸是不道德的一样。这是一件你每天在生活用品商店橱窗里都能见到的东西。

是否由莫特先生亲自制作这件《喷泉》并不重要。他选择了它。他从日常生活用品中挑出来。在一个新

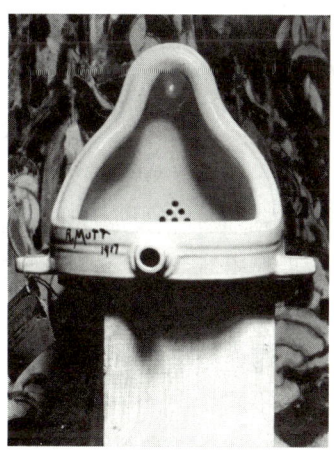

图1-7 杜尚《喷泉》

---

① [英]罗宾·乔治·科林伍德:《艺术原理》,王至元、陈华中译,中国社会科学出版社1985年版,第304页。
② 在1917年纽约独立艺术家协会举办的展览中,杜尚用理查德·莫特的笔名,将小便池当作雕塑作品提交。比特里斯目睹了小便池被拒绝及引起的轰动,且将此过程记录下来,以致此事广为流传。
③ 周宪:《艺术理论的文化逻辑》,北京大学出版社2018年版,第173页。

的题目下,从一个新的观点看来,它原有的功能消失了,但为它创造了一个新意义。

至于马桶,那是荒唐的。美国提供的唯一的艺术品是她的马桶和桥。①

【解析】 当《喷泉》遭遇众人否定时,比特里斯反其道而行之,认为《喷泉》是一件有"意义"的"艺术品"。《喷泉》的出现不仅向传统艺术观提出了挑战,还引发人们对传统艺术观展开反思,直接影响了二战后西方艺术的发展历程。在杜尚之后,艺术与非艺术的边界变得模糊。

第三节 艺术写作类型

所谓文体就是文章的体裁、样式。它是一篇文章实际呈现出来的关于语言、结构及篇幅等外在的整体样式和面貌。文体的分类标准多种多样。例如,以文体形态和社会作用为分类标准,文体可以划分为新闻、理论、文学、应用四大类;以内容和功能为分类标准,可以分为文学作品和文章两大类;以押韵为标准,可以分为韵文和散文两大类。

根据不同的分类标准,艺术写作文体也可以有不同的类型。艺术写作有着丰富多样的文体,除了艺术访谈写作,常见的还有艺术展览写作、艺术推介写作、艺术评论写作、艺术论文写作、数字时代艺术写作等。为了初学者更好地掌握写作技巧,我们可以功能和用途为分类标准,将艺术写作分为艺术交流型、艺术传播型和艺术研究型三种类型。

需要注意的是,上述对文体的划分是为了初学者更好地理解与掌握写作技巧而采取的一种大体分法。文体在不断演变发展,新的文体随着社会经济文化的发展而产生,不适应时代发展的旧文体会被历史淹没。因此,文体的类型划分也会随着社会的发展而不断变化。此外,有些文体兼有几种文体特征,难以归为某一类型。这种文体又被称为边缘文体或交叉文体。因此,在文体分类时需辩证看待,不宜做机械分割。

写作者需要掌握一定的艺术写作类型方面的知识,明确不同的艺术写作类型所具有的不同特点、作用和要求。选择什么样的艺术写作类型进行写作就会受到什么样的艺术写作类型的制约。一个写作者如果选择艺术交流型写作,那么他就要接受艺术交流型写作的制约,而非艺术传播型、艺术研究型写作的制约,写出的文本要符合艺术交流型的特征与文体要求,否则就违背了写作规律,难以实现写作者与读者之间有效的信息交互。因此,写作者如果在动笔写作前对文体类型没有理性的认知与把握,要想使写作走向成功几乎是不可能的事。

---

① [美] 托姆金斯:《达达怪才:马塞尔·杜尚传》,张朝晖译,上海人民美术出版社2000年版,第156—157页。

一、艺术交流型写作

交流是指人与人之间的信息交换。艺术展览写作、艺术访谈写作在艺术写作中能起到交流与沟通艺术信息的作用,因此我们把这类型的写作叫作艺术交流型写作。

艺术展览是建立在艺术家与公众之间的一种交流方式。艺术家的作品通过展览呈现在公众面前,供大众欣赏、品评,乃至收藏。一个成功的艺术展览能使艺术家与大众之间产生良性互动。面向国际的艺术展览更是世界各民族艺术文化之间最直接、最有效的交流方式。主办国通过展览向全世界展示本国艺术,使世界各民族认识和了解本国艺术,促进本国与世界各民族之间的艺术对话。艺术展览写作通过展览引导墙板、展厅索引手册、展品注解标签等具体写作文本,与公众交流展览信息,它是艺术展览的一部分。

如果说艺术展览是通过作品展出来沟通艺术家与公众的话,那么艺术访谈则是通过提问的方式进行艺术交流。艺术展览在场地、经费、宣传等方面有较高的要求,艺术访谈则在外在条件上要求相对偏低。因此,艺术访谈是最为常见便捷的艺术信息交流方式。艺术访谈的写作则以语言文字、图片等为媒介呈现访谈的过程与内容,实现与公众的交流。

艺术交流型写作具有互动性特征。它是写作者与广大受众之间艺术思想、审美观点的相互交流、碰撞或争鸣。参加交流的一方试图影响另一方,同时也不断地被另一方影响,以致双方的思想观点在相互影响的过程中得到一定的修正与完善。有效的交流是一个双向的、互动的反馈和理解的过程。然而,有的时候艺术展览、艺术访谈提供的艺术信息因超越公众的接受能力,而遭受公众拒绝。例如,1910年、1912年,英国艺术批评家罗杰·弗莱先后在伦敦举办了两次"后印象派"展览,主要展出了马奈、高更、凡·高、塞尚等艺术家的作品。然而,这两次展览遭到了猛烈攻击。英国的公众认为展览的作品完全动摇了文艺复兴以来确立的传统写实艺术的基础,认为后印象派"是发生在欧洲大陆的激烈的反传统中最为晚进、最为暴烈的事件",塞尚是"'一个弄错了职业的屠夫',一个永远完成不了一幅画的笨蛋"[1]。在当时,英国社会还没有完全接受后印象派的绘画思想。这两次"后印象派"展览超越了当时英国公众的接受能力,因此遭到拒绝。但另一方面,这两次展览在某种程度上"教训"了英国公众,修正了英国公众对后印象派的看法及美学观点,最终塞尚被尊称为"现代绘画之父",后印象派得到高度肯定。

此外,艺术交流型写作还具有沟通性特征。它要求写作者一方面关注公众的审美需求,另一方面挖掘艺术家和艺术品的价值与意义,在艺术家与公众之间建筑起一座沟通的桥梁,促进艺术信息交流。写作者需要明确公众的审美需求,以通俗的文字形态介入艺术展览与艺术访谈,以文字实体推动活动的进程。例如谢亚平在四川美术学

---

[1] 沈语冰:《后印象派画展与现代主义批评理论的奠基》,《世界美术》2010年第3期。

院2022年"开放的六月"本科生毕业展上的发言,她指出:"美育无界,是在知识圆融的时代,圆周遍之义,融通和之义,发掘艺术学科的独特价值,以艺术教育推动个体把握知识间的内在联系,建立新的知识网络。不只是艺术知识,更在于对那些在中学阶段没接受过专业艺术训练的同学进行适合他们的艺术训练和培养,再通过他们的知识体系去帮助基础教育阶段孩子建构对创造力和跨学科的新理解。"[1]艺术写作主体需要考虑:读者想了解哪些展览信息?读者对哪些艺术家的创作感兴趣?如何吸引读者的观展兴趣?如何用通俗易懂的语言文字向读者介绍艺术展览?如何有效地挖掘艺术家与艺术品的艺术魅力与独特价值?否则,艺术交流型写作就难以达到交流沟通的效果。

例文解析

归 去 来 兮
——吴冠中访谈(节选)

赵权利

赵权利(以下简称赵):吴先生,作为中国当代最著名的艺术家,您在油画、水墨画的创作上都取得了很大成就,对于中、西绘画的融合,艺术与生活,形式美和抽象美等都有自己独到的见解。当然,也正因此,您也成为二十世纪末中国美术界最具争议的人物之一。但不管怎么说,您所取得的成就是无可非议的。那么,能否请您谈谈自己的艺术学习、成长经历?

吴冠中(以下简称吴):我觉得我的学习过程比较幸运的是杭州艺专。那是抗日战争以前,当时林风眠是校长。林风眠的艺术思想,开始我们也不懂,就是喜欢美术考进去的。他的主要观点,也就是杭州艺专的观点,是中西结合。艺专不分国画系、油画系,叫绘画系,也有附中,叫预科。中国画和西洋画课的分量不能比,主要画西洋,素描、油画写生,每天上午都是,国画课一星期有两个半天。年轻人还是喜欢西洋画,觉得是生活里来的。国画呢,请的最好的老师,就是潘天寿。林风眠之所以能够看中他,我现在想起来,觉得就是潘天寿的国画里面有很多现代成分,有很多西方的构成,这也许潘先生自己不觉得。潘先生是说要把中国画和西洋拉开距离,要发展民族的,这是他的立场。而实际上,他的画恰恰有很多西洋的现代成分,因此他在西方也很受欢迎。林风眠懂得西方的,选这个教员大概就是从这个角度考虑的。那时候的教授,一个月三百大洋,不得了的,很多画家想进都进不去。所以林风眠选的教员,完全是从学术上看,要比较高水平的。像吴大羽,还有法国的画家、英国的雕刻家等,中西结合,两方面都有。我们那个图书馆里西方的画册、现代画册很多,完全开放。在这样的背景下,我们两面都学,比较宽,觉得道路非常好。这一点,林风眠跟徐悲鸿不一样。徐悲鸿也吸

---

[1] 谢亚平:《未来已来,美育无限亦无界》,《重庆日报》2022年6月22日。

收西方的,也要中西结合,但他排斥西方现代的。林风眠呢,古典的也要,现代的也要,所以我们艺专的学生对西方现代的都比较了解。林风眠对基础的要求也很严格,讲求准确性。我们先是三年的写实基础,后三年就放开了,因此杭州出来的学生,绝大多数都有现代意识。比方我,还有赵无极、朱德群、罗工柳、彦涵、李可染,都是这样。①(图1-8)

图1-8 吴冠中《周庄》(布画油画),150 cm×300 cm,1997年

【解析】 在《归去来兮——吴冠中访谈》一文中,我们通过采访者赵权利了解到当代中国著名美术家吴冠中的艺术学习、成长经历,以及对吴冠中影响最大的老师等信息。这是一篇典型的艺术访谈文章,在艺术家与公众之间起到艺术信息的交流与沟通作用。

二、艺术传播型写作

传播是指在一定社会条件下两个以上的人参与信息的传递的过程。传播是一种普遍现象,艺术写作中也不乏它活跃的身影。如艺术推介写作、数字时代的艺术写作等,往往起到集成式、大规模传递艺术信息的作用,被称作艺术传播型写作。

艺术推介的主要功能是传播艺术信息。它向大众推广、介绍艺术作品的基本形态、创作构思、创制过程及美学内涵等信息,希望获得大众的关注、了解与认可,以满足大众的审美需求,达成艺术传播的目的。

数字时代的艺术写作是一种即时传播信息的写作方式。它主要以电脑、手机等为媒介,以文字、图片、音频、视频等为手段,在微信、微博、博客、小红书等网络平台上进行互动式的写作。相对传统写作而言,数字时代艺术写作的信息传播更加便捷、容易,不仅传播速度快,而且传播范围广、信息量大。

---

① 赵权利:《归去来兮——吴冠中访谈》,《美术观察》2002年第2期。

艺术传播型写作具有以下几个特征。

首先,艺术传播型写作具有可信性。它要求写作者传播的信息真实可靠,不允许歪曲信息,或凭空捏造信息,甚至欺骗大众的行为。例如,艺术推介不能为了推广艺术品,扩大影响,而捏造事实,或随意夸大艺术品价值意义,传播虚假信息。然而,在当今互联网时代,人们身边每天充斥着海量零碎信息,虚假信息非常容易混迹其中,乃至大行其道,严重影响真实信息的传播。一般情况下,普通大众辨析信息真伪的能力有限,因此,从信息传播源头上杜绝虚假信息的产生尤为重要。不制造虚假信息是艺术传播型写作的首要准则。

其次,艺术传播型写作具有针对性。写作者针对不同的受众群体采用不同的写作策略。艺术推介面向不同的受众,如面向策展人、画廊老板、专业评论家,或面向普通大众,在写作内容、结构的安排及语言文字的表达等方面就有所不同。写作主体需要对受众做深入的调查与研究,然后才能有针对性地进行具体的写作。而数字时代的艺术写作通过网络、手机、电脑等新兴技术传递艺术信息,受众面达到了前所未有的广度。为了把艺术信息更精准、更有效地传达给需要的人群,务必提前锁定有效的受众群体。因此,数字时代艺术写作的第一步就是要瞄准受众群体,对受众做深入的调查与研究,然后才是针对不同受众选择不同的写作策略。

总之,艺术传播型写作要求有针对性地传播真实可信的艺术信息。不真实的虚假信息会导致大众对艺术形成歪曲的审美判断,使艺术传播渠道、准度、效率偏离接受正轨。因此,艺术传播型写作应从不同维度对艺术作品进行精准高效的展示,使大众全面深刻地认识艺术。

例文解析

上天入地 野心飞翔(节选)

陈 默

孟涛做艺术的材料技术方式分作两类:布面油彩与综合材料装置。布面油彩的长处是在平面尺度里,尽可能拓展个人意志的深度与广度,宣泄不断生长的精神欲望。若要充分保证表达的视觉质量,对思想积累和手工技术则提出了很高的要求。这通常也增加了艺术门槛进入的高度,并对深入拓展的可能性加大了难度。他在这些方面有着深厚的功力和丰富的积累,使得其在布面的材料制作实验得心应手。在他的"禽殇"系列和"水妖"系列中,我们看到的已不仅仅是禽鸟鱼类的自然属性,而是附着了人世间太多的哀怨恩仇情欲冷暖,和欲说还休的无尽长叹。物性与人性,在艺术的语境里彼此相融,得道升华。他之所以又钟情于综合材料实验,是因为平面尺度的局限性,常常不能满足其构想另类出格的创意表达。比如近期的"涸"系列,就动用了包括现成品的多种塑形材料,甚至苏绣技术样式的挪用,使得作品的现场视觉张力得到更大程度的调动,也大大拓展了他的艺术释放场域,和精神诉求的无尽欲望。在有限生命和无限创造之间,艺术家的选择只能是后者——唯有创造,生命才有了意义和价值。①

【解析】《上天入地 野心飞翔》一文从"艺术的材料技术方式"的角度切入孟涛的作品,介绍了孟涛画作的材料、技术、艺术风格、艺术价值等信息,是一篇专业性、文献性、可读性较强的推介文章。

三、艺术研究型写作

研究是指采用科学的方法对未知或未完全知道的事物的真相、性质、规律等进行探索。它是一种可以产生新知识的创新性行为。在艺术写作中,我们主要将艺术评论写作、艺术论文写作归为艺术研究型写作。

艺术评论具有一定的研究功能。在日常生活中,人们看完一场艺术展览、一部电影,听完一场音乐会后,常常会发表自己的感想与看法。然而,这仅是一种随意性很强的观后感,从严格意义上讲还不是艺术评论。艺术评论是按照一定的标准对艺术家、艺术作品及艺术现象所作的分析和评价。因此,艺术评论被划入艺术研究型写作。

与艺术评论相比,艺术论文是最典型的研究型文体。写作主体需要用较长时间全面系统地关注相关领域的研究现状,找到既有研究成果所未曾关注到的学术空白,或有所关注但未彻底解决的地方,发现问题,解决问题。因此,从本质上讲,艺术论文写作就是研究活动的一部分,没有研究价值的论文毫无意义。

艺术研究型写作有较强的理论性,它需要写作者具有一定的理论知识。艺术评论要求以一定的理论背景和理论原理为出发点,作出客观、公正的判断与评价。它要求写作者拥有一定的艺术理论、艺术发展史、艺术批评及其他人文社会学科知识。而高水平的艺术评论能影响艺术家对艺术的认知,影响艺术创作的走向;帮助读者理解艺术品的价值与意义,提高读者的鉴赏能力;甚至影响一个时代的艺术风尚。如果写作者没有较高的理论修养,艺术评论难以发挥这些作用。此外,艺术论文写作对理论知识的要求更高。艺术论文以艺术领域中的专业性问题为研究对象,具有明显的专业性和学术性特点。写作者需要具备艺术学学科知识背景,熟悉艺术理论、研究方法及艺术前沿问题。一般说来,艺术论文写作者是经过艺术学专业训练的研究人员。

艺术研究型写作还有创造性特征,需要写作者具有创见。艺术评论写作要求写作者能够发现评论对象独特的艺术价值与意义,有独到的看法和创造性的见解,不落俗套。而艺术论文写作对创新性的要求更高,在理论、观点、方法、材料、视角、选题等方面要有新的突破与发现,不能人云亦云,重复没有学术价值的研究。写作者要善于开

---

① 陈默:《上天入地 野心飞翔》,《陈默自选集》,北岳文艺出版社 2014 年版,第 270 页。

拓新领域,发现新问题,探索新方法,运用新材料,发表新观点。创新是衡量艺术论文价值高低的根本标准。

艺术研究型写作本着探究钻研的精神,深层剖析艺术家、艺术作品和艺术现象,展现写作者精湛的理论水平。

例文解析

伦勃朗:一种阐释(节选)

罗杰·弗莱

作为一个插图画家,伦勃朗显示了那样一种高度的想象力,以至于能立刻以直接而又简洁的方式抓住本质,揭示它们,而无需任何附加或装饰。这一点总能在瞬间就使我们产生愉快的惊奇感,赋予我们一种被揭示事物既自然又必然的感觉。伦勃朗与莎士比亚及其他极罕见的人物身上共同拥有的,就是这种品质。伦勃朗与莎士比亚都拥有这样一种彻底而又坚定地创造可信生命,并呈现在人们面前的近乎神奇的能力——正如,在伦勃朗的情形中,这幅《大象》(图1-9)所表现的那样——以及以无与伦比的简洁言词或寥寥数笔就完成壮举的能力。莎士比亚三言两语就可以为我们刻画一个栩栩如生的人物形象,伦勃朗呢,他三笔两笔就能暗示脑袋的转向或是手臂的伸展。他们二人都是从内部进行创造,也就是说,通过一种本能移情而不是外在观察的方法。①

图1-9 伦勃朗《大象》(素描)

【解析】 弗莱被誉为"现代艺术批评之父",晚年的艺术研究造诣更具美学革新趣味。通过弗莱对《大象》的分析,我们看到弗莱高超的理论水平与卓越的创见力。通

---

① [英]弗莱:《弗莱艺术批评文选》,沈语冰译,江苏美术出版社2013年版,第261—262页。

过将伦勃朗与莎士比亚进行审美关联,弗莱发现了绘画与戏剧的融通关系,而神秘的艺术想象论展现了弗莱精准的逻辑定位与犀利的批评特质,其顺势得出的"本能移情"观点令人信服。

导练平台

一、学习建议

艺术写作覆盖各个艺术领域,具有利用文字书写衔接现实、思想与审美的功能,具有个体实践等属性,可分为艺术交流型、艺术传播型、艺术研究型三种类型。学习者需要树立正确的价值观念,明确写作目标,结合艺术实例综合理解,甄别不同类型的基本形态,抓住写作重点,为完成优秀的艺术写作类文章奠定坚实的理论基础。

二、复习思考题

1. 何为艺术写作?艺术写作的主要功能有哪些?
2. 艺术写作的基本属性有哪些?彼此的关系是什么?
3. 艺术写作有哪些常见的文体?这些文体可以分为哪些类型?
4. 杜尚向纽约独立艺术家协会展览提交一只小便池,引起巨大反响,结合这一艺术现象及相关文章,阐明艺术写作的反思性意义。
5. "现代艺术批评之父"罗杰·弗莱曾对伦勃朗的《大象》作过精湛的艺术批评,结合弗莱的艺术批评文章,阐明艺术批评写作的特点。

三、实践训练

1. 细读吴冠中的《波提切利的〈春〉》,提炼核心观点,搜集其他关于《春》的评论文章,比较它们在对作品感受、理解、分析、评价、判断等方面的写作异同。
2. 假设你接到为自己的艺术家朋友撰写推广文案的任务,要求彰显其艺术创作的精髓,让读者感受其艺术特色与艺术魅力,请根据以上要求撰写一篇艺术创作类短文。

课堂研讨

1. 请扫描二维码,阅读黄宗贤《谱写老区新貌的视觉诗篇》一文,以小组为单位探讨其思想品格和价值内涵。
2. 2019年中国美术学院院长许江在《祖国不老 油画长新——新中国油画成长之路》一文中,回顾了中国油画与中华人民共和国成立70周年同行同向的发展历程,并慷慨激昂地写道:

谱写老区新貌的视觉诗篇

无论如何，这70年的发展历程，油画作为现代意义上的"世界画种"，上承中华文化根源，下立时代生活大地，不仅在中国艺坛扎下了根，而且栉风沐雨，迎嫁接枝，茁壮成长，产生广泛的社会影响，借助此起彼伏的创生力量，渐渐形成饱含中国气息，深涵中国气蕴的创作特色和创作方向。这种自主创获的历史与活力，在世界文化史上是少见的，在今天的全球环境中，更是孤例。中国人民奋斗历史的写照，革命先烈光辉形象的塑造，艺术教育自主体系的开创，从20世纪50年代到新世纪的民族化问题的一系列思考，掀动改革开放思想启蒙意义的形式美、抽象美的大讨论，以学会方式推进语言研究与创造的发展模式，这一系列深刻影响中国文化艺术的大事件，无不与油画密切相关。岁月不居，名画代序。《开国大典》之于新中国、《父亲》之于伤痕美术与新乡土、"八五新潮"之于中国新时期的解放征候与思想启蒙，新古典、新表现、新具象、新写意的实验力量之于文艺拓新的生力推进，让油画不断走进时代艺术的头版，走进青春的梦想，成为历史表叙的重要节点，成为新中国现当代文化史的结构标志。文艺复兴的使命担当、放拓弘毅的眼界胸怀、踔厉奋发的实验精神、反思内省的批判意识、人文湖山的诗性气质，让油画成为中国70年来最具创新活力、最具思考深度的艺术力量。

结合上述材料内容，以小组为单位，深入文中的某件作品、某位艺术家、某个事件，扩写一段感想文字，彰显艺术所传输的中国形象与中国智慧。

3. 艺术传播型写作具有针对性，面向不同的受众，如策展人、画廊老板、专业评论家、普通大众等，其写作策略都有所不同。以小组为单位，每组选取一种受众，研究受众特征，探讨写作策略。

拓展链接

1. 於可训、乔以钢：《写作》，高等教育出版社2013年版。

2. ［美］希文·巴内特：《艺术写作简明指南》，张坚等译，上海人民美术出版社2014年版。

3. ［美］赫德森、［美］莫里西：《如何撰写艺术类文章》，潘耀昌等译，上海人民美术出版社2004年版。

4. ［法］丹纳：《艺术哲学》，傅雷译，人民文学出版社1981年版。

5. 李泽厚：《美的历程》，生活·读书·新知三联书店2009年版。

6. 彭吉象：《艺术学概论》，北京大学出版社2013年版。

7. ［美］卡里尔：《艺术史写作原理》，吴啸雷等译，中国人民大学出版社2004年版。

8. ［德］席勒：《审美教育书简》，冯至、范大灿译，人民文学出版社2022年版。

第二章 艺术写作原理

学习目标

1. 熟悉艺术写作的四个基本要素,理解艺术写作主体、客体、载体、受体的内涵和类型。

2. 理解艺术写作构思的含义和作用,熟悉形象触发——运思炼意——布局定型的构思过程,并掌握综合、突出和简化等构思方法。

3. 理解白描、叙述、议论、抒情等四种艺术写作表达方式的含义,并能结合写作场景,熟练运用这些方式。

案例导入

欧洲现代画派画论选(节选)

宗白华译

我曾经想摹写下自然,而我未能做到,无论我从那一方面来下手。

但是我对自己满意了,当我发现人们必须通过某一别的东西来代表它,即通过色彩自身。人们不须再现自然,而是代表着自然。通过什么呢?通过造型的色彩的"等值"。只有一条路,来重现出一切,翻译出一切,色彩!色彩是生物学的,我想说,只是它,使万物生气勃勃。

……

我迄今设想色彩是伟大的本质的东西,是诸观念的肉身化,理性里的各本质。我画的时候,不想到任何东西,我看见各种色彩,它们整理着自己,按照它们的意愿,一切在组织着自己,树木、田园、房屋,通过色块。那里只有色彩,而在这里面是明晰,是存在,如它们所思维的。

……

我所画的每一笔触,就好象从我的血流出的,和我的模特的血混和着,在太阳里,在光线里,在色彩里。我们须在同一节拍里生活,我的模特,我的色彩,和我。——但是大概在静物画里我最接近事实。——各物相互渗透着。各种反光包围着物体。我们为什么分割世界?在那里只有对比和色调中的关系。

(资料来源:《宗白华美学文学译文选》,北京大学出版社1982年版,第215—219页)

第一节 艺术写作要素

在本章的案例导入中,我们不仅能直观地看到生动鲜活的语言文字,还能透过文字想象出色彩绚丽的丰富笔触,并体悟到作者对绘画投入的浓厚情感。这便构成了艺术写作的四大基本要素——主体、客体、载体和受体。作为读者的"我们"是艺术写作的受体,文字是艺术写作的载体,绘画笔触是艺术写作的客体,这段文字的创作者则是艺术写作的主体。它们相互关联,共同描画出艺术写作的要素版图(图2-1)。

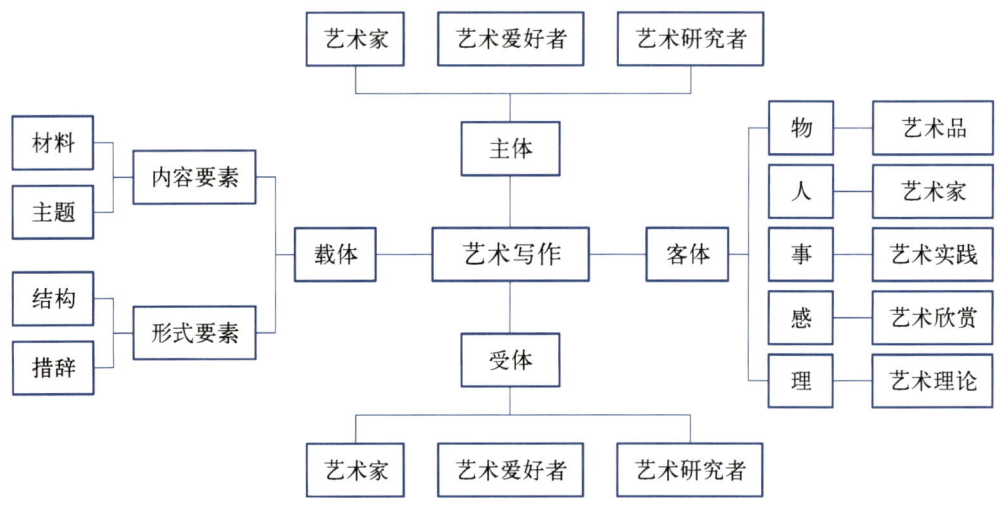

图2-1 艺术写作的要素版图

一、艺术写作主体

艺术写作是一种综合性的认知和实践活动,它必然需要具有能动性的人作为活动的施行者。这些施行者就是艺术写作主体,是艺术写作的四大基本构成要素之一,是艺术写作活动的关键推动力量。

(一)艺术写作主体的定义

艺术写作主体是围绕艺术话题,进入艺术写作思维模式,展开艺术写作行为的人。艺术写作主体是艺术写作活动的起点,既是艺术写作客体的发现者和观察者,又是艺术写作载体的创造者,还是与艺术写作受体交流的沟通者。他是艺术写作活动的主宰者,其能力高低是写作活动成败的决定性因素之一。艺术写作主体的专业学识、文化内涵、人格修养、生活阅历等个人特质都会在写作活动中得到多方面的展现。因此,各个类别的艺术写作主体都应该充分发挥自己的优势,尽力弥补自己的不足,以此提高自己的综合能力,进而提升艺术写作的水平。

(二) 艺术写作主体的类型

艺术写作主体主要包括三种类型:艺术家、艺术爱好者、艺术研究者。他们既是艺术领域中最为常见的三种角色,也是艺术写作中最为常见的三类主体。他们通常拥有不一样的专业知识储备,对艺术也有不一样的认知,并且持有不一样的写作目的。因此,他们的艺术写作作品会呈现出不同的特征和风格。

1. 艺术家

对于艺术家而言,艺术写作是他们记录创作过程、阐述创作思路、剖析创作技法的一种重要方式。同时,艺术写作也是他们抒发创作志向、表达创作心绪的一种有效渠道。此外,艺术家还可以通过艺术写作描述自己的作品、推广自己的成果。由于艺术家对艺术创作过程有亲身体验,他们通常掌握着大量与写作主题相关的一手材料;因此,他们对创作过程和创作思路的记录会更加全面,对创作志向的抒发会更加真实,对艺术作品的描写会更加细腻。

2. 艺术爱好者

艺术爱好者是对艺术感兴趣的群体,他们的专业知识储备相对有限,更注重阅读体验的直接性与审美感悟的生动性。对于艺术爱好者而言,艺术写作可能是有感而发的缘情之作,或是艺术审美后的心得体会。因此,他们的写作形式相对通俗化,文风轻松活泼,语言表达通俗易懂,更容易被公众接受。他们的写作通常从艺术审美的视角,陈述艺术风貌,叙述艺术实践过程,探寻艺术背后的故事,容易引起读者的兴趣和共鸣。

3. 艺术研究者

艺术研究是针对艺术学科领域中的某些现象或问题作出的系统性深度探索,它要求研究者具备大量的专业知识。对于艺术研究者而言,艺术写作是探讨艺术问题、进行艺术研究的重要手段,也是表达研究见解、分享研究心得、呈现研究成果的重要方式。研究者的艺术写作既可以用于专业学者之间的交流对话,也可以用于专业知识的传播。它要求研究者在进行写作活动时要保持相对理性、冷静的态度,观点表达尽量客观、真实,论据表述力求典型、充分,行文逻辑严谨、缜密,话语表达专业、规范。

当然,艺术家、艺术爱好者和艺术研究者的主体类型划分并非泾渭分明的。艺术家有可能也是艺术研究者,艺术爱好者也可能转变为艺术家或者艺术研究者。而艺术家和艺术研究者往往也是艺术爱好者,他们同样可以用艺术爱好者的身份进行写作,通俗易懂地用艺术写作与人交流沟通。

而无论哪一种类型的主体,都需要具备观察与感受能力、思维与语言能力、批评与创新能力。观察与感受能力可以让主体积累写作素材,思维与语言能力可以让主体整合素材并表达思想,批评与创新能力则可以让主体的写作内容和思路具有独创性。

二、艺术写作客体

艺术写作客体是艺术写作的第二个基本构成要素。它既是主体和受体的共同关注对象,也是载体的表达对象。它拥有丰富多样的形式,也具有多元且重要的功能。

(一)艺术写作客体的定义

艺术写作客体是主体在写作活动中所面对的相关的艺术世界,是主体想要用文字描述、讲述或阐述的对象。艺术写作客体虽然以客观存在的艺术品、艺术创作经验、艺术欣赏活动等为具体呈现形态,但它不能脱离艺术写作主体而独立存在。艺术写作客体是写作主体的观照对象,只存在于主体的观察和认知当中。如果主体不将某一艺术事物当作认知对象,它就无法成为艺术写作客体。

艺术写作客体虽然不像主体那样具有能动性,但它在写作活动中的重要作用也不容忽视。艺术写作客体是艺术写作活动开展的前提,是触发写作活动的灵感火花,它能激发主体的写作动机,划定写作材料的选择范围,影响主体的写作思路。

例文解析

陌生的罗丹(节选)

陈列的作品太多了,也太纷杂了,从一个地区跳到另一个地区,从一个时代跳到另一个时代,从一个文化跳到另一个文化,观者的心理、眼睛要不停地作调整,这是非常疲劳的。

我忽然在一个小橱窗中看见了一个小的石膏头像,我所熟悉的风格,同时我感到陌生极了,一件罗丹的作品……

罗丹的雕塑是写实的。在那许多展品中间,写实主义就显得相当怪异,甚至荒谬。写实是仿制,仿制眼睛,仿制鼻子。仿制有什么意思呢?写实艺术家做出一个鼻子来,要我去核查模特儿的鼻子,然后点头说:"你做的鼻子是对的。"塑得很对,有什么意思呢?即使和真的一模一样,又有什么意思呢?

……

当然罗丹的写实并非机械地复制自然。艺术家把握实在的某一方面,把这方面加以突出,加以提升,而有效地表现出来。罗丹所把握的是一个什么样的方面呢?我们可以说是:生命之所以为生命。生命是跳动的,时时刻刻在变化的;生命是容易受伤的,可以死掉的。人的肉体那样柔软,那样脆弱,时时有欲求的风风雨雨,有情绪的地震,有信心的坍陷,有笑和哭的断裂,泪的流失。罗丹要捕捉的正是雕刻所难以捕捉的,他要使艺术贴近人生,他把西方摹仿自然的传统推到逻辑的极限。他取消了雕刻的坚实与静止,雕刻的建筑感,纪念碑感,永恒感。他使物质更趋向肉,趋向柔软,趋向朝露的鲜美,使雕刻更趋向灵动,趋向刹那,趋向不定。他的塑造法要再现肌肤表面的颤栗,这颤栗所牵引起来的光与彩的闪烁浮游。如此顷刻变化的生命现象该用电影机、录影机去拍摄,雕刻如何能追踪呢?他鞭策石头和青铜去追逐风的来去。他做一桩不可能的作业,然而,奇迹般,他成功了;然而,注定的,他也失败了,他的雕刻是生动的;他的雕刻也终于只能是破碎的,断裂的,塌陷的,支离的,未完成的。有芳香新鲜,也有萎谢与衰朽。他的人体活起来;而雕刻走向它的反面,走向死亡……

如果回到罗丹美术馆,回归到他的美学体系中,也许我仍能赞赏他的捏塑的神技,仍能玩味他述说人体的故事,然而今天我从另一个角度去侧视,却看见他的作品的负面:雕刻的死灭,生命的虚幻。①

【解析】例文的文字简洁明了,却灵动有力。我们仿佛能亲眼看到充满活力的雕塑,感受到艺术家高超的创作技艺,也体会到生命的持续跃动。文中提及的罗丹及其作品就是艺术写作客体。同时,作为客体的罗丹作品也是写作主体、载体和受体的交汇点。它既是主体和受体的共同关注对象,也是载体的表达对象。它激发了主体的写作欲望,也勾起受体的无尽遐想。

(二)艺术写作客体的类型

艺术是一个包含了事物、人物、实践过程等多维度的领域,因此,艺术写作客体也具有多种不同的类型。不同的艺术写作客体可以催生出不同类型的艺术写作。总体而言,在艺术写作中,客体主要分为物、人、事、感、理五种类型,分别对应艺术品、艺术家、艺术实践、艺术欣赏和艺术理论。不同的艺术写作客体需要采用不同的观察方式、构思模式和表达手法。

1. 艺术品

艺术品是关于具体物品的艺术写作客体。面对这一类客体时,写作主体既需要关注艺术品的主题、形式、内容等基本构成要素,也需要了解其所处的时代背景、历史语境,以及艺术品携带的民族特色与文化内涵。在不同文化语境中,艺术品的呈现方式与内涵意蕴各有差异。艺术写作应该清晰呈现每一件艺术品的特质。

2. 艺术家

艺术家是关于人的艺术写作客体。艺术家是艺术作品的创作者,是一个涉及因素较为复杂的写作客体。首先,艺术家的主体性特质会直接反映在其艺术创作过程和艺术作品当中。因此,艺术家与艺术品是一个整体,二者互为支撑。其次,艺术家是社会中的一员,社会生活既为其艺术创造提供了素材和灵感,又对艺术家的思想情感和创作风格产生了深远的影响。因此,当写作客体为艺术家时,写作活动既要关注艺术家自身的艺术风格、创作技法和作品特色,又要注意其成长经历对艺术创作的复杂影响。在这个过程中,我们的写作活动既可能需要涉及具体艺术作品的案例分析,也可能需要在多位相关艺术家之间做对比,在相应的时代背景中分析他们的关联和差异。

---

① 熊秉明:《看蒙娜丽莎看》,百花文艺出版社1997年版,第63—66页。

3. 艺术实践

艺术实践是关于事件的艺术写作客体。在当代艺术中,艺术的划分界限正在不断消解,艺术实践也成为艺术观察与写作的对象。艺术实践包括艺术创作的过程或以实践过程为主的艺术形式,具有时间延续性和空间占有性。当写作客体为艺术实践时,写作主体需要关注艺术实践的时间性与过程性,注重对过程的真实描述与客观记录,注意艺术实践与艺术品、社会文化之间的有机关联。

4. 艺术欣赏

艺术欣赏是关于感受的艺术写作客体。艺术欣赏是观赏者感受、理解、赏析艺术品或者艺术实践的过程。艺术欣赏既可能是他人的欣赏体验,也可能是写作主体自身的经验。在艺术欣赏的过程中,观赏者并不是消极地、被动地观赏艺术,而是带着自身的审美趣味、审美理想参与到艺术共情中。因此,艺术欣赏是观赏者积极地、主动地审美再创造的过程。这个过程既携带了时代、社会的烙印,又体现了审美主体的个体特质。这些特质都应该在艺术写作中展现出来。

5. 艺术理论

艺术理论是关于事理的艺术写作客体。艺术理论是最具逻辑性、体系性和结构性的艺术写作客体。当写作客体为艺术理论时,写作主体需要考究相关艺术理论涉及的具体概念,对其定义追根溯源,将前人研究、历史观点详细考证,通过逻辑性的思考,在具体的分析中呈现自己的观点与见解。同时,写作中需以具体的作品、案例作为论据基础,否则对艺术理论的范畴、原理、标准的阐释就会成为空中楼阁,空泛无依。

当然,艺术写作客体的类型划分边界也不是绝对清晰的。关于艺术家的写作往往不能脱离艺术品,对于艺术理论的写作通常需要艺术品和艺术家作为支撑。同时,随着艺术的持续发展,艺术品和艺术实践也开始相互交织在一起。不少艺术作品已经脱离了传统的艺术"品"形式,从静止的物转变为动态的行为和实践过程。因此,本节提及艺术写作客体的类型划分并不是要提供一把绝对的分类标尺,而是指出艺术写作客体中相对常见的种类,进而为我们把握艺术写作的原理指出一些具体的方向。

三、艺术写作载体

艺术写作载体是艺术写作活动结果的直接呈现,是写作四要素中最直观、最易识别的要素。它是对内容与形式、思想与符号的充分整合,是艺术写作主体、客体和受体的最终汇集场所。

(一)艺术写作载体的定义

艺术写作的载体就是我们看到的文章,包括文章中的字、词、句,以及它们形成的组织系统。艺术写作载体虽然看似只是客观的、固定的、明晰的字句,但它的背后却凝聚着写作主体的能力、态度、思想和情感。载体既是主体表达信息的渠道,也是受体接收信息的窗口,还是客体展现自身的媒介。

(二)艺术写作载体的要素

艺术写作载体是艺术写作主体的能力、思想、情感与艺术写作客体相互交融后的成果产出,是人的思想与艺术的世界在文字领域碰撞的结果。因此,艺术写作载体包含了两大构成要素,一是与客体交融后的主体思想,二是表述这种思想的文字。前者是艺术写作载体的内容要素,后者是艺术写作载体的形式要素。艺术写作载体就是形式与内容的统一。

艺术写作载体的内容要素包括材料和主题两个方面。材料是最基础和具象的内容要素。主题则是对材料的提炼、总结和提升,是相对间接和抽象的内容要素。材料主要包括艺术品的图像、艺术家的访谈记录、艺术分析的实验数据、艺术欣赏的感受记载等。它们既是艺术写作载体的内容构成要素,也是写作主体的论点的有力支撑,还是文章结构安排的重要依据。材料的收集和筛选应该具备真实性和充足性。真实性是质量方面的要求,充足性是数量方面的要求。

主题是艺术写作主体在文章中表达的主要内容和中心思想,"是文章的统帅,在文章的构建中起着主导的作用"[1]。主题以艺术写作客体和相关具体材料为支撑,是对素材的总结、提炼和凝聚。如果说材料是从外部收集而来的内容要素,那么,主题就是由写作主体通过自己的分析和论述创造出来的内容要素。主题既可以是在写作之初就预先设定好的,也可以是在收集材料的过程中逐步凝练出来的。主题的设定需要考虑两个关键要素:正确性和集中性。正确性是艺术写作价值观的体现,集中性则是艺术写作明确性的保证。

与载体的内容要素相比,艺术写作载体的形式更加直观。我们看见的文字组合方式、语言用词风格等就是艺术写作载体的形式。载体的内容要素必须通过形式要素才能展露出来。具体而言,艺术写作载体的形式要素包含结构和措辞两个方面。

结构是艺术写作载体形式要素的宏观层面,它指文章各个部分的组合方式,是"文章部分与部分、整体与整体之间的内在联系和外部形式的统一"[2]。结构需要注重完整性、层次性和合理性。完整性指文章应该包含完整的开头、主体和结尾。它是对载体结构的统筹性要求。层次性是指不同的组成部分之间既具有一定的区分度,又具有一定的关联性,它是对载体结构的内部性要求。合理性则是对层次性的进一步提升,它指文章结构的安排应该具备逻辑性,即各个组成部分应该有条理地依次展开。

措辞是艺术写作载体形式要素的微观层面。它指文字的组合方式和风格,是写作客体的文字化形态,也就是艺术写作的语言表述的具体表现。措辞是写作主体的用语风格和语言能力、目标读者群的阅读习惯、写作内容的特定需求之间的和谐统一。在艺术写作中,措辞应该兼具准确性、简明性和生动性。准确性是信息有效传达的保障。简明性是信息高效传达的保障。生动性是提高作品吸引力的保障,也是艺术写作的特

---

[1] 路德庆:《普通写作学教程》,高等教育出版社2013年版,第161页。
[2] 徐中玉:《新编大学写作》,复旦大学出版社2004年版,第29页。

殊性的表现。

四、艺术写作受体

艺术写作受体的存在让艺术写作活动真正地具有了交流意义。如果没有受体的存在，艺术写作活动将是主体的孤独自白。不仅写作的客体无法在众人面前展露自身，写作的载体也将被逐渐淡忘。如果没有受体的存在，不仅艺术写作中的现实观照将缺失具体的方向，其中凝聚的思想也将失去对话的伙伴，同时，它的审美培育功能也会缺少接纳的人群。

（一）艺术写作受体的定义

艺术写作受体是艺术写作成果的接受者。受体不是被动的接受者，而是能动的接收者。艺术写作受体在阅读文字时，会带着主动的态度和自己独特的认知去积极接受、理解和阐释文本。由此，艺术写作受体成为制约写作活动的关键因素。写作受体的评价是评判写作活动成功与否的重要参考。因此，写作主体需要根据不同受体的特点来进行选题、构思和措辞。可以说，"认识和顺应受体的接受心理，是每一个追求成功的写作主体始终应当关注的"。[①]

例文解析

《美的历程》前言（节选）

中国还很少专门的艺术博物馆。你去过北京天安门前的中国历史博物馆吗？如果你对那些史实并不十分熟悉，那么，作一次美的巡礼又如何呢？那人面含鱼的彩陶盆，那古色斑斓的青铜器，那琳琅满目的汉代工艺品，那秀骨清像的北朝雕塑，那笔走龙蛇的晋唐书法，那道不尽说不完的宋元山水画，还有那些著名的诗人作家们屈原、陶潜、李白、杜甫、曹雪芹……的想像画像，它们展示的不正是可以使你直接感触到的这个文明古国的心灵历史么？时代精神的火花在这里凝冻、积淀下来，传留和感染着人们的思想、情感、观念、意绪，经常使人一唱三叹，流连不已。[②]

【解析】 这段文字中反复出现的"你"就是主体在写作时所考虑到的艺术写作受体，也就是《美的历程》这本书的所有潜在读者。艺术写作主体想要把自己的所思所想告诉作为受体的"你"，想要带领"你"遨游于中国艺术的世界。

（二）艺术写作受体的类型

与艺术写作主体相对应，艺术写作的受体也分为艺术家、艺术爱好者和艺术研究者三种类型。由于他们的艺术知识储备程度、阅读的动机等都具有差异，他们对同一

[①] 尉天骄：《基础写作教程》，高等教育出版社2017年版，第97页。
[②] 李泽厚：《美的历程》，生活·读书·新知三联书店2009年版，前言页。

份写作作品也会有不同的理解。

1. 艺术家

艺术家是艺术品的创作者或艺术实践的亲历者,他们本身具有深厚的专业知识和熟练的专业技法。作为写作受体,他们对专业艺术知识的接受度较高,重视艺术品描述的精准性、艺术家介绍的准确性、艺术欣赏解读的可靠性、艺术技艺阐释的有效性。

2. 艺术爱好者

艺术爱好者对专业艺术知识的接受度相对较低,更注重写作内容的趣味性,写作语言的通俗性。当我们面对这类写作受体时,写作目标是推动艺术的传播与交流,不能让这部分群体因深奥的专业知识对艺术望而却步。因此,我们的写作内容应该尽量浅显易懂,语言表达需要尽量直白生动,呈现一定的趣味性,以此唤起读者的阅读兴趣。

3. 艺术研究者

艺术研究者是专门从事艺术学术探讨的专业人员。对于他们来说,艺术写作是探索艺术本质,梳理艺术规律,建构理论体系的研究方式。他们关注写作内容的学理性与专业性,强调写作视角的客观性与独立性,注重文章观点的创新性与合理性,重视行文的逻辑性与思辨性,着眼写作论据的真实性与充分性。在他们看来,艺术写作不仅要"言之有物",还需要"言之有序""言之有理""言之有文"。在阅读过程中,他们会关注结构编排合理性,写作文章格式规范性,语言表述专业性与流畅性。

相关例文

第二节　艺术写作构思

构思是一系列的艺术思维活动,极富创造性,其主要目的在于突破艺术实践本身的载体,打破学科壁垒,形成集艺术感知、鉴赏、审美、交流于一体的文章,重塑艺术生命。总而言之,构思是文章写作的中心环节,是决定作品思想价值和艺术水准的关键。①

一、构思的概念与作用

艺术写作构思是写作构思大类概念下的分属种概念,是以艺术实践为直觉触发机制,在相关艺术知识的基础上,对目标材料进行深入分析、综合、提炼和概括,并将有关艺术家的实践创意、艺术品的外延内涵,以及接受者的感受审美等各种元素碎片剪裁缝合、组合排布的思维过程。

---

① 王光祖、杨荫浒:《写作》,华东师范大学出版社1999年版,第182页。

(一) 构思的概念

写作构思是营构谋划与观点表达的思维活动。就微观而言,所谓写作构思,是作者在获得生活感受之后,进行深入思索,积极调动平时生活积累和经验,经过反复酝酿和提炼,对文章内容和形式的全面构想和设计。① 艺术写作构思亦属此类,但因行为施动者的创作动机与目标对象不同,整体构思概念的个别要素有所变化。

艺术写作者构思活动的独特性体现在三个方面:艺术触发、边界突破和思维重塑。首先,艺术写作构思活动的主体是"写作者","艺术"是写作者进行写作活动的根基,是整个思维活动的焦点,艺术实践给予写作者写作欲望和构思冲动;其次,在创作动机的驱使下,写作者调动自身储备的专业艺术知识,在纷繁复杂的主观情感生长扩散的同时形成理性规约,剖析艺术品的肌理,进一步发掘精髓内容;最后,将经历了理性剖析的"艺术碎片"倒模重塑,以语言文字形式表达呼之欲出的形象序列和中心意念,勾勒文章整体框架,完成艺术与文字的融合新生。

(二) 构思的作用

"驭文之首术,谋篇之大端"②,在整个写作过程中,构思阶段处于积累材料和文字表达这两个阶段的中间环节,具有承上启下的作用。从承上的角度讲,在积累材料的量和质都达到必要限度之后,要想进入写作,必须经过构思阶段;从启下的角度讲,构思的结果是文字表达阶段的根据。③

图 2-2 八大山人:《瓜鸟图》

构思的总体任务是,按照一定的创作意图对原始形态的生活表象进行改造创作,使之升华为具有一定审美价值的艺术意象,把零散的审美感受,凝聚为体现审美评价的审美理想。艺术写作者通过构思活动,从审美意识发端,经由严密的逻辑思考,环环相扣,最终完成其对目标对象的审美阐述。正如选文《落花无言》讲述"无言之美",即《二十四品·典雅品》写的一种无言独会的境界:"落花无言,人淡如菊。"④以八大山人的画作(图2-2)为情感触发点,其画作及相关史料是原始素材,朱良志教授对其进行合理提炼,将史料所载八大山人有"语疾"这一点加以选用,因为这种巧合与"无言"一词奇妙地结合在一起,能够引出对其后画作的深度赏析,最后通过解剖八大山人艺术创作的心理历程进一步具体阐明"无言之美"。中国艺

---

① 左培俊、曹世麟、张鹏:《写作构思艺术》,长江文艺出版社1990年版,第5页。
② 刘勰:《文心雕龙注》,范文澜注,人民文学出版社1962年版,第493页。
③ 于冰:《写作构思技巧》,中国青年出版社1991年版,第2页。
④ 朱良志:《中国美学十五讲》,北京大学出版社2006年版,第134页。

术家常以无言之心体验幽绝的世界,创造无言之艺术世界,建构一个审美意象世界,实现对艺术构思阶段思维活动和心理活动的梳理。

可见,构思就是在思维过程中形成一个文学艺术作品的心理过程,其最终作用在于使艺术作品从审美上深刻地揭示现实生活的本质和规律,塑造成功的艺术典型,为作品的思想内容寻找尽可能完美的艺术形式,达到高度的思想性和完美的艺术性的统一。①

二、构思的过程

一部文学作品或一个文学形象的生命就是在创作构思阶段中形成的。② 构思是艺术写作的中心环节,主要经历形象触发、运思炼意和布局定型三个阶段。审美主体(艺术写作者)接触审美客体(艺术创作),情绪波动而产生反应,促发审美冲动;接着审美冲动与审美主体思维发生交融、提炼、改造等一系列深层次思维活动;最后运用逻辑思维将各类元素碎片裁剪缝合,组合排布,重塑艺术生命。艺术写作的构思过程呈直线性状态发展,即为构思三阶段:形象触发—运思炼意—布局定型。

相关例文

(一)形象触发

艺术写作者受到艺术实践的触发,深受感动或偶得妙悟,便产生一种强烈的创作欲望,即为构思的第一阶段。

在形象触发这一过程中,直觉思维是核心驱动力,能将细微的感触瞬间捕捉并加以内化,以感觉情绪影响审美活动的纯粹性。所谓"直觉",它省略了烦琐的推理过程而对事物本质做出直截了当的揭示和判断,在迅疾的顿悟中含有深刻的辩证内容,在感性的感知活动中渗透着理性的理解因素,刹那的直觉沉淀着人类历史的成果和个人一生知识和经验的储存。③"直觉"是形象触发的基础,是引发构思的首要因素。这种独特的思维活动虽然省略了推理过程,但其产生的基础依旧是过去积累的一切知识和经验,根植于深厚的生活积累和更严谨的推理训练。艺术写作者要想顺利进入直觉思维领域,需要在生活经验中达到审美妙悟的境界,以审美创造和性灵优游为目的,对生命本来力量进行观照。

总之,艺术写作者只有凭借丰富的知识积累和经验、炉火纯青的判断能力和推理能力,并与目前所专注的思想趋向、情绪趋向相结合,才能对某种事物或现象做出突破性的顿悟,进入直觉思维领域。

(二)运思炼意

艺术写作者需调动全部艺术知识积累,选用那些最能表现创作意图的理想材料,对繁杂发散的审美感受加以整合凝练,使目标对象在头脑中逐渐清晰明朗。

---

① 庄涛、胡敦骅、梁冠群:《写作大辞典》,汉语大词典出版社1992年版,第57页。
② 张弓:《艺术构思新解——以深层审美心理学为视角》,《学习与探索》2016年第7期。
③ 皇甫修:《美学与艺术构思》,东北师范大学出版社1989年版,第2页。

在运思炼意中,写作者的思绪于纷繁复杂的艺术审美体验中逐渐凝实,围绕中心主题,组合调控材料碎片,以寻找一种平衡的契合点。整个锤炼凝结的思维流程以写作者对艺术知识、艺术材料的积累与运用为基础,创作主体精神思维的审美特质贯穿其中。艺术写作者掌控着从无到有的思维奥秘,转换过程虽然无质无形,但写作者的知识素养和审美体悟在运思炼意过程中起促进生成作用。

艺术素材的积累和审美体验的凝实是该阶段的两个关键步骤。艺术写作者应注重专业艺术知识的日常积累,重视审美体验的整合凝聚,以一定的审美意识为指向,以澄明之心去观照,在非功利的体验中感受生命的律动,在思维领域中进行情、景、理的交融。在知识积累的基础上,艺术写作者才"有米可炊",按照典型的艺术要求,对艺术实践进行审美的体悟,使其转化提升成为具有独特个性和意蕴的艺术生命体。"夫神思方运,万涂竞萌,规矩虚位,刻镂无形"①,多数写作者运思初期文思泉涌,气势如虹,到凝实阶段则茫无端绪,思维发散。这种现象主要因为炼意阶段未能守虚静,将思绪凝合,精练意蕴,导致情满于山、意溢于海,却如掌中流沙。对审美感悟的提炼,是继艺术实践直觉触发后思维的又一次深入开掘。它要求作家像采矿那样,穿透被表象掩盖着的"地质层",抓住那潜藏着的意蕴,用自己的灼见、创见、独特之见引起读者心灵的震荡。② 因此,艺术写作者在运思中,需要以多种思维方式综合活动,直觉、联想、想象、灵感、判断、推理、分析、综合等思维方式共同作用,将艺术素材和审美体验反复多次加工,逐步凝练。

(三)布局定型

艺术写作者需运用逻辑思维,通过脑内想象建模,把已提炼凝实的艺术材料和审美感悟进一步组合排列,使之集艺术感知、鉴赏、审美、交流于一体,形成成熟的文章框架。

所有纷繁复杂的构思,艺术的矛盾和思辨,最终走向统一。艺术写作者打碎艺术实践的载体,在解剖分析中提取相关艺术素材,裁剪缝合,倒模重塑。构思过程的最后阶段是炼意的进一步深化,以言语理解和表达的逻辑思维模式对已具雏形的艺术素材和审美感悟进行糅合,最终运用想象进一步确定文章结构。

想象建模是完成布局定型的重要环节。想象是一种有目的的主动的创造性思维活动,是人们在原有的形象的基础上创造新形象,或独立创造新形象的心理过程和心理能力。③ 在布局定型阶段,艺术写作者确立审美基调,运用想象对各类已整合精炼的艺术素材进行脑内排布建模,使之符合语言文字表达的思维逻辑,从而进一步梳理文章脉络,凝实文章结构。艺术写作者应重视沉思想象和审美感知的提高,虽然想象不是构思的目的,但写作构思经由想象建模才能上升成含有创作逻辑的精粹内容,精

---

① 刘勰:《文心雕龙注》,范文澜注,人民文学出版社 1962 年版,第 493 页。
② 杨匡汉:《创作构思》,长江文艺出版社 1988 年版,第 49—50 页。
③ 潘大华:《构思与创造——写作技巧论》,华中理工大学出版社 2000 年版,第 28 页。

粹内容进行加工调整最终生成艺术写作成品。可以说,想象是贯穿艺术写作构思过程始终的一种心理机制。想象建模不是凭空产生的,艺术写作者情感的发生是源于对艺术实践的感受,是以勤学苦练为基础的,写作者只有具备了充分的审美体验,丰富的知识修养等基本要素,才能"思接千载""视通万里"。

艺术写作者在确立文章主体和艺术素材之后,还要对所选择的材料进行安排组织,这个过程就叫作组材,又称谋篇布局。布局要围绕中心进行,要根据表达的需要把分散零乱的材料贯穿起来,使之成为一个系统化、条理化的整体。在构思最后成形阶段,首先,艺术写作者应计划好段落和层次,做到层次清楚,有条不紊;其次,安排好所选艺术材料的详略,即分清主次,使文章错落有致,相得益彰;再次,安排好过渡与照应,使文章各要素之间有机衔接起来,结构严谨周密;最后,注意开头和结尾部分,要强调突出文章主题,精确简练、言简意赅,使之有利于文章结构的完整,有利于读者明确全文的内容并从中受益。总而言之,构思布局定型的总体要求是有序、连贯、统一。

例文解析

"山水"没落与现代中国艺术的困境(节选)

北宋著名的山水画家李成,他是先唐的宗室,但是在五季艰难的时候,流离于四方,但他气调不凡,磊落有大志,在现世无道的时候,他"放意于诗酒之间,又寓兴于画",追寻和构建一种完整的士人精神。李成即使落魄如此,也从来没有卖画为生,不像今天,艺术已经沦落到了何种地步。我们看后人对李成的理解里,才知道"山水比德"这四个字的分量。刘道醇讲的很多话,郭若虚讲的很多话,都说明,只有李成这种经历,只有李成这种人格,才能画出"气象萧疏,烟林清旷,墨法精微"之意境。

北宋的全景山水,包括南宋的半景山水(当然我们知道马远、夏圭这些画家,他们笔下的半景山水依然是全景山水,因为是用禅宗呈现的全景),以及元代的用心象呈现的山水,这都是士人内心精神的写照,而不是今天意义上的职业画作。就像王维所说的:"云峰石迹,迥出天机,笔意纵横,参乎造化。"今天,我们在雾霾里当然看不到自然的造化,但没有心胸,更看不到自然的造化。"外师造化,中得心源"。自然与人为一体,自然是人的参照和心象。所以米友仁才会说:"山水心近自得处高也"。人只有站在人心的高处,才能得山水的精神。《广川画跋》说:"盖心术之变化,有时出则托于画以寄其放,故云烟风雨、雷霆变怪,亦随以至。方其时,忽乎忘四肢形体,则举天机而见者皆山也,故能尽其道。"郭熙所说高远、深远、平远,那是对宇宙世界的体会和描绘,高远是无限高的山,是观画中无限高的心理过程。深远是无限的深,广袤天地,千山万水。平远是把自己拉近到整个世界的居中位置,体会那种势运与无限。

古人讲什么叫胸中沟壑,什么叫胸中气味,什么叫胸中磊落,讲的都是人的境界。倪瓒"逸笔草草"中的"胸中逸气",今天泯灭的人心里怎会盛得下?把自己挥洒在整个世界里,浸没在整个世界里,山林中的那份自然,是士人全心的构造,是超越性的,是

纯粹精神性的。他们永远不会只在现实里去关照,中国人没有了这种内生性的心意心境,我们的文明便早就覆灭了。① (图2-3)

图2-3 黄公望《剩山图》

【解析】例文以中国山水画为艺术材料,阐述士人畅意山水的情怀与理想,士人所寄托的纯粹精神追求,以及现世一些人内生性的心意心境的泯灭;旨在重新构建完整的山水,重新塑造宇宙观,重新建立整全的超越世俗的价值观,找寻中国艺术的真正出路。细推选文布局,例文以"如何认识山水社会"为主题,从乡园田居过渡到山水世界,阐述山水的情怀与理想,通过北宋、南宋及元代山水画深入解析中国士人的内在修养,并与现代画家的心境进行对比,警醒现代艺术家尊古人、取古法,体会世界的势运与无限。全文前后关照,起伏自洽,穿插自如,结构严谨。伏笔不着痕迹,用在暗处,看似不经意,当照应出现才明其深义。可见写作者构思周密,其前呼后应的巧思妙构能反映出事物的复杂性和真实性。

三、构思的方法

构思的方法指作家在艺术构思中表现主题、塑造形象,发展、完善意念,并建构作品整体的具体措施。借助于这些方式,不同艺术写作者或同一写作者对不同艺术素材,甚至于同一写作者对同一素材,进行改造和加工,能够创造出五花八门、千姿百态的新作品。

---

① 渠敬东:《"山水"没落与现代中国艺术的困境》,《文化纵横》2017年第2期。

(一) 综合

综合,指围绕某种中心意念,从事物内部出发,在掌握个别的、局部的事物及其整体联系的基础上去认识事物的全局、整体或现象,是化零为整。① 艺术写作者通过运用综合的构思方式,能够最大化利用艺术素材,组合调控思维碎片,使艺术形象丰满立体。

艺术写作者在运用综合这一构思方法时,需要明确其三个特性,即定向性、选择性和创新性。在艺术构思中,艺术写作者的想象虽天马行空,但必须确立中心收束点,这个收束点即直觉妙悟催生的整体意念,它由想象串起,是为总纲。综合的选择性体现在形象孕育阶段对艺术素材的筛选过滤,大脑里的材料纷繁杂乱,飘忽无定,经过综合之后,素材被写作者按照中心意念进行筛选排列。众多艺术素材从写作者的记忆中调出,可能比较陈旧,艺术写作者运用综合将其创新,使之符合中心意念,形成新的意境。

例文解析

听香(节选)

前人有所谓"山气花香无著处,今朝来向画中听"的诗句。到画中"听香",真是奇妙。……北宋画院常常出诗题考那些入画院的考生,据俞成《萤雪丛说》记载:"又试'踏花归去马蹄香',不可得而形容,无以见得亲切。一名画者,克尽其妙,但扫数蝴蝶飞逐马后而已,便马蹄香出也。夫以画学之取人,取其意思超拔者为上。"马蹄香不是要将香气画出,而是要发挥想像力,画出神韵来。

清恽南田就是一位于画中嗅"香"味的高手。他在评赵子昂的一幅画时说:"朱栏白雪夜香浮,即赵集贤《夜月梨花》,其气韵在点缀中,工力甚微,不可学。古人之妙在笔不到处。然但于不到处求古人之妙,又未必是也。""朱栏白雪夜香浮"的描绘,真是微妙精致。朱栏和如雪的白花是色的层次,夜在此起烘托背景的作用,在夜色朦胧中,梨花暗自绽放,这一切都是形,而那无影无形的清香浮动,才是这幅梨花图的灵魂,正所谓:梨花一枝夜含烟。

香味是画不出的,正如南田所说"曲终人不见,化作彩云飞,非笔墨之所可求也",但一个高明的画家就要于不可出处用心,于不可出处出之,才能得微妙之韵。前人有诗云:"匆匆纵得邻香雪,窗隔残烟帘映月。别来也拟不思量,争奈余香犹未歇。"艺术要给鉴赏者以余香。赵佶的《腊梅山禽图》颇有南田所说的"朱栏白雪夜香浮"的意味。此图色彩幽淡,格调迷濛,风味独特,尤其是那白色的小花,传达出幽幽的神韵,真使人有"暗香浮动"的感觉。陈眉公有诗云:"香吹梅渚千峰雪,清映冰壶百尺帘。"这幅画有此意韵。②

---

① 于冰:《写作构思技巧》,中国青年出版社 1992 年版,第 78 页。
② 朱良志:《曲院风荷:中国艺术论十讲》,安徽教育出版社 2003 年版,第 6—7 页。

【解析】 本文品味神韵之美,以"踏花归去马蹄香"考题和清恽南田评赵子昂《夜月梨花图》"朱栏白雪夜香浮"为依据,详述"有质无形"的神韵之美,赞其画深得灵魂。两个艺术素材经由写作者的积极加工,神韵一词从抽象概念转化为可感可知的形象。

(二)突出

突出,指作家在构思时从纷繁芜杂的思绪中抓住一个形象(或意念),调动各种材料和加工手段为其服务,使之明确、清晰、与众不同的构思方式。① "踏花归去马蹄香"的画作得魁者即采用突出的方式,以香味为底稿,寻求与之密切相关的材料——蝴蝶,使之有机融合,将无形无色的香味画活。艺术写作者运用突出这一构思方式,意在使艺术形象达到生动立体的效果。但采用突出方式时,必须注意中心意念的多样性和丰富性,否则素材的叠加只会使中心意念概念单一化,失去突出方式应有的效果。

(三)简化

简化,指作家有意精简语言,略去具体细节而勾勒主干,强调形神兼备,传达出意念的大致轮廓与内在精髓的构思方式。传闻毕加索画牛,先画了一头很具体形象的牛,但并不满意,又画了第二头,仍然是一头形象真切的牛,只是细节有所简化,仍不满意,于是画到第八头,牛的形象不断改进,细节被逐渐删去,线条越来越简约,最后的那头牛只有简单的几笔,但形体却似乎更为活脱。这其实就是一种简化,这种简化虽然抛弃了如实再现所需要的细节描写,却给欣赏者以巨大的想象空间,成为每一个欣赏者都能根据自己的体验而想象出来的牛。艺术写作者与绘画者相同,文学艺术形象创造中的简化,能使阅读者从外层感受进入一种内在的思悟,从而使读者从文学艺术的欣赏中得到大大超出作者创作意图的意味。

通过采用综合、突出、简化的构思方法,写作主体可以明确艺术写作的主要思想,凸显艺术写作的核心对象,以简明的文本带领读者进入充满想象色彩的阅读空间,这个空间的创造离不开艺术写作表达。

第三节 艺术写作表达

艺术写作表达以语符文字为媒介,运用适理合情的表述手法,形成信息交流的载体,赋予艺术写作活动物质形态。一方面,语言表述是写作中最基本、使用频率最高的表述方式;另一方面,当完成从内部言语到外部言语的最终转换时,就形成了完整的表述,也就完成了艺术写作的闭环。因此,要顺利地完成这一步骤,就要加

---

① 童庆炳:《文学理论教程》,高等教育出版社 2004 年版,第 141 页。

强语言的积累和锤炼,训练驾驭语言的能力,争取最大限度跨越语言的障碍,实现有效表述。

语言表达是艺术写作的关键环节。没有语言作为媒介传递表达,艺术就会沦为无法"落地"的虚空之物,无法从客体转化为实实在在的艺术写作载体。艺术写作中的语言表达方式主要有四种,分别为白描、叙述、议论以及抒情。

一、白描

白描是我国传统的艺术技巧,原是绘画中纯线条勾勒、不着色彩的技法。作为绘画手法的白描,特征是用简练的墨线勾描人物和各种景象特征,突出其神韵,以形象本身简洁的特征表露唤起观者联想。文学上则借用白描这个术语,与工笔并称为描述事物的两种主要表现方式。

(一)白描的含义

工笔的特点是细腻、准确、细致,其经常使用无数细致的画笔,通过仔细雕刻和逐层渲染,用一种竭尽全力的方式描述事情。而白描是指用简洁、朴实的笔调,描写景物,叙述事件,刻画人物。"不加渲染烘托,仅用简练笔墨勾画事物形象的描写手法。"①状物绘景时,白描可以抓住特征,简洁描绘,创造意境。《五马图》被称为"天下第一白描",画家李公麟几乎纯用白描,将人和马的轮廓、肌肉、褶皱、毛发传神地描绘出来,画出了充满精神活力、个性鲜明的马。五匹马各有各的特征,虽然没有奔跑,但仍然可以感受到它们绽放的活力。白描不对经验、个性、习惯等进行一般抽象的分析和解释,却通过个性化细节以简胜繁、以少胜多。白描手法贯穿了各类文艺写作的实践,鲁迅用"有真意,去粉饰,少做作,勿卖弄"②对其做出了诠释,叶圣陶认为这四条不仅是白描手法的要领,也是一种写作思想和艺术风格。白描手法简单而笔直,自由而明亮,节俭而平凡,却从本质上创造了一种"艺术空白",让读者可以二次创作,产生联想,完成一幅广阔的艺术画卷。

(二)白描的运用

一是以简为要。白描难在用笔精简。要做到简洁精粹,则必须"选材要严,开掘要深",精选细节,抓特殊、抓关键。白描来源于对细节的观察。汪曾祺说细节积累有两条原则:其一,用心地体验;其二,有心地记忆。用心地观察才能有真正的白描。③而所用之心,在于对写作对象倾注了巨大的热忱与关切。策展人尤永写好友著名画家张恩利:"张恩利四处出击,不见阵地,大开大合,只攻不守。他起先画人——屠夫、小知识分子,餐厅酒吧,吸烟跳舞,大吃大喝;然后画物……他不仅在画布上画,他在墙上画,在柱子上画,在天花板上画,在地上画;他在包装箱上画,在地球仪上画,在塑料布

---

① 周姬昌:《写作学高级教程》,武汉大学出版社2009年版,第151页。
② 鲁迅:《作文秘诀》,《南腔北调集》,人民文学出版社2006年版,第200页。
③ 汪曾祺:《小说笔谈》,《天津文艺》1982年第1期。

上画;总之,天地间生民与造物,人弃我取,不入画者皆可入画。"(图2-4)以画写人,画到人出,跃然纸上,笔下流动着对画家生存状态的真切关照,令人印象深刻。

图2-4 "张恩利:有颜色的房子"展览现场,龙美术馆(重庆馆),2021年

二是贵在传神。白描终极目标是"以形传神"。所谓传神,是指白描不以形似为目的,而是要抓住最能表现对象本质特点的"透神"之处进行勾勒,通过去背景衬托凸显主体,去繁复修饰呈现线条勾勒,去华丽渲染还原真实素朴,构建出精练立体的文本世界,达到"并不细化须眉,并不写上名字,不过寥寥几笔,而神情必肖"[1]的艺术效果。罗贯中写曹操"见叔父来,诈倒于地,作中风状",十二个字,很有特征,故能激发读者丰富的想象,把二次创作的空间留给读者,启人联想。

二、叙述

叙述是一种最基本的、使用频率最高的表达方式,需要具备人、事、时、地等多种要素。叙述者可以选择不同的视角,采用不同的方式来处理事件情节的因果链,用不同的叙述风格完成各种描写目的。

(一)叙述的含义

叙述是把人物的经历、事件的发展和事件的变化过程交代、陈述出来的一种方式。人物、事件、时间、地点、原因、结果,是叙述应具备的要素。完整的叙述离不开这六要素。在记叙抒情文中,其"叙述""描写"往往是黏附在一起的,即所谓叙中有描、描中有叙,难解难分。

---

[1] 周姬昌:《写作学高级教程》,武汉大学出版社2010年版,第152页。

（二）叙述的人称

叙述的人称是以叙述者的立足点确定的。① 人称问题，就是作者的立足点问题，是叙述主体站在什么地位，从什么角度，用什么口气去叙述的问题。

在文章中用"我"（"我们"）的口吻叙述所见、所闻，是第一人称的叙述。这是艺术创作回忆录、艺术推介、艺术评论等艺术写作实践常用的叙述人称。用第一人称叙述，可以增强文章的真实感，使读者觉得亲切自然，也便于作者抒发自我的感情。不足之处是，这种叙述囿于所见所闻的范围，使作者反映生活时不能不受到时空的限制。

作者站在第三者的立场，以局外人、旁观者的身份，用"他"（"他们"）的口吻叙述人物经历和事情经过，是第三人称的叙述。这种叙述不受叙述者见闻的约束，因而也不受时空的限制，可以展现丰富多彩的艺术作品和复杂多样的艺术创作过程。

人称转换是艺术写作中常见的一种技法②，常规的转换方法是显性过渡，即使用过渡句、过渡段或空行、起小标题。如果要更自由灵活地展现艺术交流的过程、强调艺术事件的波澜和曲折，则可以使用隐性过渡，使行文富有变化和生命力。

例文解析

乔治亚·欧姬芙：独立灵魂（节选）

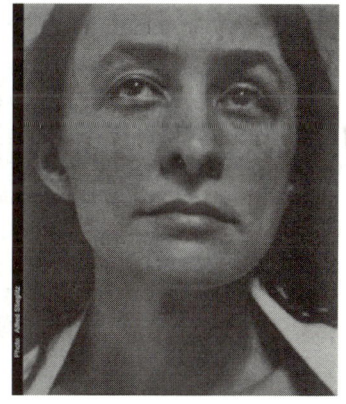

图2-5 乔治亚·欧姬芙

乔治亚·欧姬芙（图2-5）被誉为当代艺术之母，这离不开她的爱人阿尔弗雷德·斯蒂格里茨——另一位颇具影响力的艺术家兼策展人。当斯蒂格里茨第一次看到乔治亚的作品时，他沉默良久，说道："终于，有女性出现在了艺术界。"（Finally, a woman on paper.）但是后来，当人们把乔治亚称作"史上最好的女性艺术家之一"时，她

---

① 何宗文等：《现代通用写作学》，重庆大学出版社1997年版，第135页。
② 周姬昌：《写作学高级教程》，武汉大学出版社2010年版，第126页。

却纠正道:"史上最好的艺术家之一"——她讨厌人们强调她的女性身份。在看完乔治亚不同时期的作品之后,我想我理解了她的特别之处——大胆。从她的早期作品到她生命结束时的画作,无一例外地,她都在赤裸地、不加任何修饰地进行着纯粹的内在表达,她绕过了头脑和技巧,让内在的一切如实地呈现在画布之上。她一点都不害怕去拥抱内心的一切,她把这一切大胆且忘我地表达着,就像她没有什么能失去的——毫无恐惧。时至今日,她似乎已经从一个具体的人变成了一个无所顾忌的自由象征。

【解析】在文中,第一人称和第三人称交替使用,作者运笔自如,看似随意变换,但脉络清晰,即"我"对乔治亚·欧姬芙的生命历程的沉浸式关注,这种写作自信建立在对写作对象有较为充分、准确的把握的基础之上,个人的体悟和对象的呈现自然交替在其中,最终形成写作主体与写作对象的一种对话,体现了艺术写作最为普遍的文本开放意识。

(三)叙述的方式

叙述的方式多种多样,实质是对情节因果链的处理[1],可将其分为两组关系。

第一,顺序与倒叙,按照线性方式处理情节因果链条。依照客观事物发展的先后顺序进行的叙述,是顺叙,这是最常见、最基本、使用频率最高的叙述方式;倒叙是一种特殊的顺序,即先叙述结局或事件中的突出片段,然后再按照事件发生、发展的顺序叙述。运用这一组叙述方式,能凸显流畅贯通的文气,使行文逻辑比较清晰明显,有一种井然有序的美感。

第二,插叙与补叙。这一组叙述方式,打破线性情节链条,运用中断、增设、穿插、闪回、补缀等方式,对文本进行陌生化处理,凸显其形式美感。插叙体现了写作者丰富的想象创意能力。插叙的前提是中断现有的顺序,增设一条与主要情节因果链关系密切的次要情节因果链。

至于补叙,即"叙中所阙,重缀于后"[2],即主要情节顺序完成后,再补充叙述相关环节。这个环节是被刻意隐藏的,而且恰恰是整个情节链条中最关键的环节,当补叙完成,会有一种解惑释疑、恍然大悟的效果,对读者形成强有力的审美冲击。

例文解析

构 思(节选)

老画家站在房中央,对着破桌面发愣。根据构思,他要钉一只 1 米×1.5 米的油画内框,翻遍家里的破烂,最后总算物色到这张破桌面。

画油画要内框,就像绣花要绷子一样。每逢这时,画家总后悔自己为什么不改画

---

[1] 杨星映:《中西小说文体比较》,中国社会科学出版社 2008 年版,第 104 页。
[2] 周姬昌:《写作学高级教程》,武汉大学出版社 2010 年版,第 127 页。

国画。国画,铺张宣纸就可运笔。可每逢构思成熟,画家还是绞尽脑汁搜寻做内框的材料。

【解析】 例文出自作家铁凝的作品《构思》,第二段插叙画家寻找内框的原因:一是专业需要;二是老画家对专业的执着。"后悔"的心理描写,反衬老画家"绞尽脑汁"寻找画框的专注态度,使读者对老画家有了初步的印象。

(四)叙述的要求

第一,要素清楚。叙述应具备六要素,有时根据表达的需要可以省去原因和结果,但人、事、时、地这四个要素不能省。

第二,适当剪裁。叙述,最忌平铺直叙,要围绕写作中心线索,详略清晰、隐显得当、呼应一体,增强审美效应。

第三,反映本质。叙述是写作最基本的语言表述方式,但写出本质、让规律和本质在文本中明晰地体现出来,这是叙述的根本要求。

三、议论

议论指作者对客观事物进行评价,发表见解,表明观点和态度。人们认识客观事物继而评论客观事物,对客观事物丰富的现象和材料进行分析综合、概括抽象,形成一定的思想观点,把这些意见诉诸语言文字时,便成为议论。

例文解析

艺术教育:审美与创新的辩证统一(节选)

总之,艺术教育既要培养学生的审美能力,也要培养学生的创新能力,这是艺术教育教学的两种基本指向。但这两种能力并非完全统一的,甚至存在着一种对立性,或者说我们社会普遍认同的审美观念和规范告诉学生什么东西是美的时候,可能压抑的正是创新能力,反过来,我们鼓励学生大胆创新的时候,实际上又可能对社会普遍认同的审美观念和规范造成了破坏。尽管如此,我们仍可以找到它们之间的关联性,一方面我们可以将审美能力拓展为包括发现独特美的能力,另一方面通过创新成果被逐渐地认同,拓展我们的审美观念和规范。在一个社会中,继承与发展是必须面对的两大主题,只是有的社会更强调继承,有的社会更强调发展而已。因此,在艺术教育中也需要通过对审美能力和创新能力的强调对应继承与发展两大主题。[①]

【解析】 文章论题就是观点"艺术教育:审美与创新的辩证统一",经前文论证,行至结尾,作者总结了艺术教育教学的两种基本指向,非常富有辩证性地指出了两种能

---

① 尹少淳:《艺术教育:审美与创新的辩证统一》,《光明日报》2021年08月22日11版。

力虽然存在对立性,但是也有内在的关联性,并将其深化为艺术教育要对应继承和与发展两大主题这一结论。

(一) 议论的功能

第一,情理交融。思想和感情密不可分,在以抒情为主的文章中,往往表现为情理交融,情理相生。这类议论会饱含着浓郁的感情色彩,且具有形象性。

第二,以理明事。思想是事件的升华,在记叙类文章中,叙议结合往往就是点睛之处。

第三,以理服人。如果前两者更多的是体现写作者的感受和评价,在析理类文章中,议论则是一种主要的表达方式。作者理性判断阐明观点、纲举目张构建逻辑证据,条分缕析展开逻辑论证,这就是议论三要素。

(二) 论证的方式

论证的方式是指用论据证明论点时所运用的推理形式,是一种综合运用概念、判断、推理等思维形式及规律的较为复杂的思维过程。这在写作过程中则物化为语言表述的方式。常见的论证方式有:

第一,演绎论证,即从一般规律推论到个别事物的事理论证方法,体现为由总到分的行文方式。

第二,归纳论证,即从个别事例中推论出一般规律的事实论证方法,体现为由分到总的行文方式。

第三,类比论证,即从已知的特殊事物推论到相类似的特殊事物的论证方法。类比法富于启发性,它深入浅出,使读者易于领悟抽象的道理。

第四,反驳论证,用事实或道理去证明对方观点的错误,体现为驳论文。

四、抒情

抒情,即抒发感情,是作者主观感受和内心情绪的文字表露。抒情可以运用在不同文体中,对叙述、描写、议论的依附性很强。而在纯抒情文本中,抒情甚至会占到主体地位,它既是主要表述方式,本身也是写作目的。[①]"文章不是无情物",情感是各类文章不可缺少的基本因素。作者在文章中表达出来的带有强烈主观感情色彩的感受、认识评价,会使读者受到感染,引起共鸣,从而产生共情效果。

(一) 抒情的含义

朱光潜认为,"一切艺术都是抒情的",这点出了抒情是艺术的本体特征,也是最重要表达手段,他在文中这样写道:

> 一切艺术都是抒情的,都必表现一种心灵上的感触,显著的如喜、怒、爱、恶、

---

① 张杰:《写作》,北京大学出版社2011年版,第59页。

哀、愁等情绪,微妙的如兴奋、颓唐、忧郁、宁静以及种种不易名状的飘来忽去的心境。文学当作一种艺术看,也是如此。不表现任何情致的文字就不算是文学作品。文字有言情、说理、叙事、状物四大功用,在文学的文字中,无论是说理、叙事、状物,都必须流露一种情致;若不然,那就成为枯燥的没有生趣的日常应用文字,如帐簿、图表、数理化教科书之类。不过这种界线也很不容易划清,因为人是有情感的动物,而情感是容易为理、事、物所触动的。许多哲学的、史学的甚至于科学的著作都带有几分文学性,就是因为这个道理。我们不运用言辞则已,一运用言辞,就难免要表现几分主观的心理倾向,至少也要有一种"理智的信念"(intellectual conviction),这仍是一种心情。

情感和思想通常被人认为是对立的两种心理活动。文字所表现的不是思想,就是情感。其实情感和思想常互相影响,互相融会,除掉惊叹语和谐声语之外,情感无法直接表现于文字,都必借事理物烘托出来,这就是说,都必须化成思想。这道理在中国古代有刘彦和说得最透辟。《文心雕龙》的《熔裁》篇里有这几句话:"草创鸿笔,先标三准。履端于始,则设情以位体;举正于中,则酌事以取类;归余于终,则撮辞以举要。"①

抒情具有物感性,这也是中国传统文化的核心审美特征之一。抒情的要求是真挚和谐、自然生动、细腻个性。情感、情绪与外物、环境联系紧密,与思想更是交互影响,融汇一体,要把这种情感表达出来,则需要一定的环节和步骤。对此,朱光潜也有过论述,他说:"行文有三个步骤,第一步心中要先有一种情致,其次要找出具体的事物可以烘托出这种情致,这就是思想分内的事,最后要找出适当的文辞把这内在的情思化合体表达出来。近代美学家克罗齐的看法的具体意象(刘彦和所谓'事'),即借那个意象表现,然后用语言把它记载下来。"

(二)抒情的方式

具体到文本中,常见的抒情方式有:

第一,寄情于事。作者即事生情,寄情于事,在叙事之中处处饱含感情。

第二,融情于景。这是一种借助描写而抒情的方式,以情染景,情景交融,托物言志,以物抒情,使文章蕴含深厚,情深意远。大多数抒情类文章都运用此种抒情方式。

第三,寓情于理。这是一种借助议论而抒情的抒情方式,即把情与理融为一体,既是论理,又是抒情,情理交融,使议论染上感情色彩。

第四,直抒胸臆,即把喜怒哀乐忧爱憎等情感直截了当地表达出来的抒情方式。它不用借托,直陈肺腑,真切率直,是一种高度性格化的抒情方式。直抒胸臆需激情充沛,抒情要有深厚的内涵,应尽量避免浅、空、浮的毛病。此种方式在文章中不可多用,更不可滥用,"蓄势"后才可勃发。②

---

① 朱光潜:《情与辞》,《朱光潜全集·第四卷》,安徽教育出版社1988年版,第269—270页。
② 何宗文等:《现代通用写作学》,重庆大学出版社1997年版,第148页。

 **导练平台**

一、学习建议

　　艺术写作是写作学的一个分支,它以一般写作学的基本原理为基础,以艺术学的特殊性为核心。首先,学习者需要把握写作的四大基本要素,并需要理解这些要素在艺术写作领域的特殊意义。其次,学习者应该明确艺术写作过程与文学创作的一般过程的同源性和差异性,结合艺术实例综合理解,掌握构思整体过程,甄别各类语言表述。

二、复习思考题

　　1. 何为艺术写作主体、客体、受体和载体?它们分别有什么作用?
　　2. 什么是构思?构思有怎样的作用?
　　3. 艺术构思是艺术写作的中心环节,它主要经历哪三个阶段?
　　4. 请简述抒情的四种方式与要求。

三、实践训练

　　1. 如果你的朋友请你为艺术爱好者写一篇介绍艺术品《拉奥孔》的短文,请分析艺术写作受众的特点,并撰写一篇艺术传播短文。

　　2. 渠敬东教授在《山水天地间:郭熙〈早春图〉中的世界观》之"近势与远势"中针对《早春图》的山峰比例关系这样写道:

　　《早春图》中便可看到,山水物象,皆是由"气"所生发的,由"势"来开展的。气因势而成形,势因气而无常形。所谓"气势相生",说的就是画面之中,万物生机勃勃,画者亦随之性生情动,象之心物两造交相互动,共同生发的状态。山有脉动,水有流转,石有沉重,树有争荣……如遇随形,气象万千。

　　从细部看,《早春图》的远望之势,可从山水的开合升降入手来理解。首先,主峰立于远处的中轴位置,近处则是层层叠叠的丘状圆岗,依然守踞于中轴线上,随地脉盘旋而上,向主峰渐次推进,至近峰,再右转升至山峦耸立的侧峰,跨过山崖再回到中轴线上,继续蜿蜒曲折而上,最终达至主峰,并徐徐右转,最终湮没于云雾里。在画面整体的局势中,如同西方绘画中的视平线起到的位置作用一样,中轴线似乎是《早春图》的基础坐标,圆岗、岗上长松、近峰及主峰,连同与此关联的侧木、侧岗、侧峰,沿着四五道 S 线攀缘爬升,形成了最为明确的中央布局,主势逶迤雄壮,大有千回百转、气吞山河之势。

　　请在阅读"拓展链接"中《曲院风荷:中国艺术论十讲》的基础上,参考艺术构思的阶段与方法,任选中国山水画为艺术材料,仿照上述内容,对所选山水画进行"势"的分析,体会画作的气势、气象和气局,尽量使艺术写作呈现出山水中的生命律动。

 **课堂研讨**

1. 扫描第一节中的二维码(本书第37页),结合案例文章和实际艺术案例,以小组为单位分析艺术写作主体对艺术品的时代背景和社会要素的把握情况。

2. 请以小组为单位,分析、概括、提炼出习近平《在文艺工作座谈会上的讲话》中提出的艺术观点,讨论交流新时代的艺术写作应该遵循哪些原则。

3. 朱光潜曾在《谈美》一书中将人生比喻为艺术,将过好一生比喻为书写文章。可见,艺术写作不仅是一种交流活动,更是人生意义的展现。他写道:

严格地说,离开人生便无所谓艺术,因为艺术是情趣的表现,而情趣的根源就在人生;反之,离开艺术也便无所谓人生,因为凡是创造和欣赏都是艺术的活动,无创造、无欣赏的人生是一个自相矛盾的名词。

人生本来就是一种较广义的艺术。每个人的生命史就是他自己的作品。这种作品可以是艺术的,也可以不是艺术的,正犹如同是一种顽石,这个人能把它雕成一座伟大的雕像,而另一个人却不能使它"成器",分别全在性分与修养。知道生活的人就是艺术家,他的生活就是艺术作品。

过一世生活好比做一篇文章。完美的生活都有上品文章所应有的美点。

第一,一篇好文章一定是一个完整的有机体,其中全体与部分都息息相关,不能稍有移动或增减……

其次,"修辞立其诚"是文章的要诀,一首诗或是一篇美文一定是至性深情的流露,存于中然后形于外,不容有丝毫假借……

艺术的创造之中都必寓有欣赏,生活也是如此……

一篇生命史就是一种作品,从伦理的观点看,它有善恶的分别;从艺术的观点看,它有美丑的分别……

"慢慢走,欣赏啊!"

阅读上述材料,结合自己的体会,以小组为单位,讨论人生、艺术、艺术写作之间的关系,并思考作为艺术写作主体,你会如何通过写作载体与受体交流艺术中的人生价值。

 拓展链接

1. 宗白华:《宗白华中西美学论集》,南京大学出版社2009年版。
2. 奚传绩:《设计艺术经典论著选读》,东南大学出版社2011年版。
3. 熊秉明:《看蒙娜丽莎看》,百花文艺出版社1997年版。
4. [美]沃特伯格:《什么是艺术》,李奉栖等译,重庆大学出版社2011年版。

5. 朱光潜:《谈美》,中华书局2010年版。

6. 叶朗:《文章选读》,华文出版社2012年版。

7. [法]罗兰·巴尔特:《写作的零度》,李幼蒸译,中国人民大学出版社2008年版。

8. 朱良志:《中国美学十五讲》,北京大学出版社2006年版。

9. 朱良志:《曲院风荷:中国艺术论十讲》,中华书局2014年版。

10. 皇甫修:《美学与艺术构思》,东北师范大学出版社1989年版。

11. 渠敬东:《山水天地间》,生活·读书·新知三联书店2021年版。

12. 史铁生:《务虚笔记》,人民文学出版社2023年版。

13. 高方:《读词通识》,华龄出版社2019年版。

第三章　艺术展览写作

学习目标

1. 把握艺术展览写作的定义、分类,理解不同写作文本的特征。
2. 熟知艺术展览写作的要求,掌握艺术展览写作的方法和要点。
3. 学会区分不同类型的艺术展览写作文本,并进行艺术展览的写作实践。

案例导入

重在破解难题,创新驱动发展
——2020 北京国际设计周主展"民生之维
——脱贫攻坚中的设计创新"(节选)

何洁、谢亚平、王昱东

"民生之维——脱贫攻坚中的设计创新"展览,不仅是在实现"十三五"期间脱贫攻坚目标的最后一年对设计介入精准扶贫、助力脱贫攻坚相关部分设计案例的梳理和小结,也是对 2020 北京国际设计周主题"民生之维"核心内涵的诠释和展现。展览以脱贫攻坚中实际发生的,通过设计带动区域文旅、特色产业发展、改善地区贫困面貌、驱动脱贫攻坚可持续发展的典型设计创新案例为内容,以贫困地区帮扶对象的问题为导向,意在倡导精准施策、设计惠民的设计实践原则,目的是在总结的基础上,进一步推进设计服务更加精细化、精确化、精准化,体现设计的当代属性和价值。

展览以"精准施策—方法创新—效益惠民"为主线,直观再现了设计在脱贫攻坚中的典型帮扶案例,重点展示了设计创新驱动乡村振兴的方法与探索、实践与故事,意在引发社会同行进一步对中国设计如何关注民生、服务民生、惠及民生的深入思考和探讨。展览分为"设计为民、精准施策""资源活化、传统承继""美育启智、旨在持续""虚实互联、协同创新""生态营造、和谐共生"五个部分,从当代设计的视角,向公众推介设计助力扶贫脱贫、乡村振兴、教育提升、生态建设、关注弱势群体和可持续发展等有关的实际案例,讲述了设计介入脱贫攻坚、驱动乡村振兴的真实故事。

(资料来源:《装饰》2020 年第 12 期)

第一节　艺术展览写作概述

一、艺术展览写作的定义

艺术展览写作是关于艺术展览①的文字书写。从文本类型上来看,它主要分为信息类展览文本写作、评介类展览文本写作和批评类展览文本写作三种。从书写的主体上来看,其主体主要包括策展人、批评家、媒体人及观者等。从文本内容上来看,这些文本主要体现为对艺术作品基本信息的介绍、对艺术家创作历程的梳理、对艺术作品形态或意蕴的描述,以及对展览主题的深度阐释。

艺术展览写作的文本所涵盖的内容并非仅局限于对展览作品信息或展览现场的新闻报道,还包括对展览中某个具体话题的延伸,比如讨论当下的艺术现象、梳理艺术史发展的脉络、总结艺术发展的规律、阐发某个艺术理论的专业问题等。

二、艺术展览写作的类型

由于写作主体及其关注的写作面向不同,艺术展览写作可以分为信息类展览文本写作、评介类展览文本写作和批评类展览文本写作三种。

信息类展览文本写作的主体包括策展人、策展团队、媒体人,以及艺术展览的相关工作者,他们的写作涉及对展览作品、展览基础信息以及展览主题的介绍与推送等不同层面。这类文本还可细分为展品注解标签、公共信息推送与媒体专栏、展览手册等。

评介类展览文本写作的主体一般是该领域内专业认可度较高的策展人、批评家、理论家、艺术史学家或是学者。从文本的内容上来看,相较于信息类的文本,这类文本既可以是基于展览的描述性书写,也可以是围绕某个概念或主题的阐释。它主要包括艺术展览标题、艺术展览前言以及展览结束语。

批评类展览文本写作的主体涵盖范围较广,既可以包括媒体人、研究者,也可涵盖策展人、批评家等群体。他们以总结的视角、批评的视野、专业的深度挖掘和阐释展览所触及的相关话题,或是对展览引发的相关议题进行辨析与讨论。

总之,艺术展览写作的相关活动是在当代艺术展览兴起后逐渐形成自觉的,而且艺术展览写作的主体与文本均是较为宽泛的概念,也就是说,艺术展览写作并非局限在精英阶层或某个特定的学术圈,而是以此为中心辐射到学者、媒体人、大众等各个面向。

---

① 这类展览多偏向包含造型艺术在内的静态文本或者动态影像的各种展览,而非音乐会、戏剧或舞蹈表演等现场性表演。

三、艺术展览写作的特点

艺术展览写作在遵循写作学的基本规范的同时,还需要根据文本的特征与用途选择不同的写作文体,以便更好地传达写作者的意图。因此,艺术展览写作的三种文本类型分别具有不同特征。

信息类文本多是对展览基本信息的介绍,其语言具有客观、准确、清晰的特征。此类文本需要写作者客观地描述展览的基本信息,以达到从整体上介绍艺术展览的基本概况,为观者提供展览的基本信息的目的。

评介类本文着眼于展览中作品的形式与风格,具有形态描述的特征,此类文本的主题架构清晰、价值取向明确,赏析大于定性、推介大于评价①,常出现在展览的前言、引言或序言中,旨在以评论和介绍的方式引导观众,而不是将价值观强加于受众。

批评类文本注重写作的专业性与视野的多元化,除了要求文本清晰,结构合理,更注重观点的专业性、论证的准确性和研究所具有的反思性,这类文本因强烈的理论意识和独特的人文视野让艺术展览在持续性的讨论中生产生社会文化效应。

第二节　艺术展览写作方法

艺术展览写作方法主要分为三种:提炼信息、营造情绪、揭示深层意蕴。这三种写作方法共同贯穿理性的写作活动与感性的艺术体验。当下写作主体不再局限于精英群体,多主体的参与并没有稀释艺术展览写作的专业特性,相反,这使得艺术展览写作更加丰富多元。

一、提炼信息

提炼信息作为艺术展览写作的方法,是指写作者的文本要围绕阐释策展人意图、推广展览信息、编写展品资料展开,对展品、展场进行言简意赅的介绍,并激起观众的注意力和兴趣。

(一)阐释策展人意图

阐释策展人意图是艺术展览写作的重要内容。在当下以信息交流为主要目的的展览中,文字扮演的角色不容小觑。以信息交流为目的的展览文本是立体而双向的。在这里,文字不仅需要描述展品的基础信息,更要为观众营造独特的观展体验并激发他们的想象。因此,文字在展览中的功能转向促使艺术家与展览的策划者,自觉地对展览现场进行文本层面的创作,从而使文字与展品之间构成相得益彰的新型关系。

---

① 王林:《美术批评方法论》,西南师范大学出版社 2006 年版,第 72 页。

在展览场域中,文字的识读常被策展人充分运用以传达其策展意图。在"创业:新中国工业题材宣传画展"展览现场(图3-1),我们可以见到来自新中国早期工业建设时期的标语——"为祖国建设争取更大的胜利!""多炼好钢!加速社会主义建设!"等,被赫然"印刷"在整面展墙上。其突出醒目的形式与色彩,简洁精练,朗朗上口,饱含浓烈的时代特色,极易被人识读和记忆。观众在游览期间,内心会形成一种与"内模仿"①相似的审美体验:现场观众不用将文字读出声来,便能通过对文字的默念在心中激起某种节奏快感,与当时劳动人民高涨的建设热情形成共振。

图3-1 "创业:新中国工业题材宣传画展"展览现场,2022年

除了运用展品文本,策展人还会对与展览有关的档案文本进行整理与展示,以便更好地向观众传达策展观念。江西工业设计博物馆立足于向观众讲述一段"流动的"工业辉煌史,将工业藏品与知识、档案文本进行整体设计。整个展览现场借助多媒体互动与视觉呈现技术,使琳琅满目的藏品与知识文本和终端屏幕之间,形成有效的互联,营造沉浸的观展氛围。由此可见,文本作为信息载体,在博物馆空间中起着极其重要的沟通作用。

(二)推广展览信息

展览的举办离不开以展览信息为中心的写作与推广。这类文本主要包含展览主题、作者与展品简介、举办地点、开闭馆时间、交通路线、购票信息等。

不同的展览有不同的组织形式、不同的规模,以及不同的目标群体。有的展览限于艺术家之间的交流和切磋,艺术家们要么约定日期开放工作室,或者集中将作品放置在某个空间,同时小规模邀请批评家、研究者、学者参与作品观摩,形成一种自由观看与讨论的氛围。这类展览信息的主要受众为精英团体,话语专业而简短,形式也相对自由。

---

① 凌继尧:《美学十五讲》,北京大学出版社2003年版,第73—75页。

第二节 艺术展览写作方法

> **例文解析**

"'新具象'第二届幻灯·学术讨论巡回展"请柬

兹定于十一月二十九日(星期六)下午一时在上海美术馆(南京西路 456 号)四楼会议厅联合举办"新具象"幻灯学术讨论展览,由"西南艺术家群体"的部分艺术家介绍作品,宣读论文,并与美术界、理论界同时进行研讨。学术讨论议程如下:

1:00—1:30 幻灯介绍;1:30—2:30 论文、穿插幻灯介绍;2:30—4:30 对话、讨论。

凭通知索取论文集,发完为止。

请准时出席。

上海市艺术创作中心

上海美术馆

一九八六年十一月廿二日①

【解析】 此请柬通过简短的文字说明了展览的目标群体、时间、地点,以及活动环节与内容;展览与学术活动同时进行,自由、活泼而不失专业。

随着时代的变化,展览的形式与组织方式逐步拓展到线上,尤其以视频和网络为媒介的艺术创作,更有其独特的展览、播放和互动的优势。

> **例文解析**

影展介绍:FILM FOR MOTHER 2022

"母亲影展 2022"影展团队:章梦奇、戴旭、张盾、俞爽、刘晓倩、高昂、郭旭宏、胡涛、刘通。

影展缘起:始于"草场地工作站"周末线上放映,截至目前(按:2022 年)已经进行到 41 场,以延展线上放映的可能,母亲影展以"非竞赛"的方式,不以"热闹"为目的,强调"放映对话",以助推真实影像创作者的"长线创作",对话不同参与者个体的思考和反馈。期待更多试图通过创作解答当下问题的新作者,以此为契,落地创作。

影展宗旨:Mother, Mother, just Mother! 母亲影展 2022(FILM FOR MOTHER 2022)在现实皱缩时刻,发问真实影像要走向他乡还是故乡?我们期许一种像说话、呼吸、心跳一样的原生能力,自由并负重地进行影像表达。借由真实影像穿过当下生活,逆流照镜存档记忆,影展宗旨为从自我的照亮到众人的照亮,将创作视作生命之车,一生驾驶伴随。——戴旭执笔

---

① 高名潞:《'85 美术运动:历史资料汇编》,广西师范大学出版社 2008 年版,第 311 页。

影展排期：网址(略)

【解析】 2022年的"母亲影展2022"("FILM FOR MOTHER 2022")不仅在展览信息的推送上采取网络形式，而且他们的展览，甚至映后谈等活动都以线上连线的形式完成。该"影展介绍"包括影展团队、影展缘起、影展宗旨、影展排期等内容；各部分言简意赅、平易近人，总是围绕着创作及创作"为了什么"这一核心。这种信息推广文本对那些秉持纯粹纪录影像创作理念的创作者、爱好者，甚至观望者，尤其具有强烈的吸引力。

（三）编写展品资料

艺术展览写作从广义的角度来说，涉及展品资料的汇编、展品标签的撰写、画册编撰，以及以展览为中心的研讨会论文写作等。如果从狭义的角度来说，艺术展览写作就主要包括展品资料的汇编、研究与整理，其中，展品标签为观众提供作品基本信息，是他们对展览进行描述、评价甚至批评的起点。

总之，不论何种信息类资料的编撰与文本写作，最终都不是对原有资料的简单堆叠，而是要围绕展览主旨进行信息整理和编写，并借助某种媒介形式，将成果推送到预设观众的面前。因此，艺术展览文本的撰写是在传播目的引导下进行的信息提炼。

二、营造情绪

在展览场域里，文字不仅是信息的，还是视觉的。"视觉形式"意在强调策展人通过文字的视觉造型，对观众的观展方式、情绪等心理体验产生影响。李德庚指出："展览空间的形态是无穷的，可以给文字提供更加自由而丰富的逻辑关系。而且，展览空间中人的行为也比读书时要多样化，文字、空间、观众的行为跟具体的叙事结合起来，完全可能创造出极具个性的空间文体，以及独一无二的空间体验和叙事方式。"① 营造情绪主要体现在以下方面：

其一是显在的展场氛围。展览中对文字形式的强调旨在凸显文字组合的视觉效果与营造展览场域的氛围。例如"创业：新中国工业题材宣传画展"中的标语——"多炼好钢！加速社会主义建设！""为祖国建设争取更大的胜利！"（图3-2）其色彩（红色和黄灰色）、字体正好同宣传画的功能之间形成视觉上的呼应，这种强化的视觉节奏和感官刺激，能够唤起观众对那个年代的集体回忆：穿越时光隧道，徜徉在那个特定的工业建设历史时期，感受彼时热情洋溢的历史氛围。

其二是隐秘的情绪体验。隐秘的情绪体验首先是一种肉身经验，其后才是视觉的。它是指在实际的展览空间中，在文本被解读之前，观众的情绪体验与文字的导向

---

① 李德庚：《流动的博物馆》，文化艺术出版社2022年版，第88页。

图3-2 "创业:新中国工业题材宣传画展"展览现场,2022年

之间具有情感结构向度上的相似性。策展人在展场中设置的隐秘文本就是对这种体验的有意识运用。

在武汉的张之洞与武汉博物馆中,有一个展区叫作"一个改革者的孤独"(图3-3)。观众需要在昏暗的环境里爬过长长的坡道才能看见展览的文本,其中有一段关于张之洞改革的评价性文本"隐藏"在横梁的背面:"张之洞曾自述,'无日不在

图3-3 张之洞与武汉博物馆"一个改革者的孤独"展区现场图

荆天棘地之中'。作为清末的重要改革者,他始终处在异常险恶的环境之中,要面对来自朝廷、同僚乃至整个社会的不理解、怀疑甚至是攻击,他必须慎之又慎,拿捏好改革与守成的分寸,否则不仅会给自己招来杀身之祸,而且他所秉持的改革理想也会付之东流。"显然,穿过幽暗的坡道走到横梁前的过程,是对特定情境的强化,有利于加深观众对当时张之洞改革所面临的困境的理解。

为了加强观众的情境体验,策展人设计了一道光线照亮与横梁相对的平台上的书本,其内容是当时舆论对张之洞的各种非议。当观众站在平台前阅读这本书时,抬头就可见横梁上的文本,并与横梁上第二段文字("我们看历史人物,由于时间久远,往往能从远距离看到历史的整体脉络,所以可以轻易地评价他的功与过,褒贬他的善与恶。但如果我们跟当事人一样,被困在历史的'此时此刻',又将如何抉择呢?")形成内在关联。

可见,上述设置都是为了从视觉与感知层面加深观众对张之洞经历的理解,并由此促成展览观念的深刻传达。

三、揭示深层意蕴

艺术展览写作应注重文本与观众之间的沟通与共情。文字作为写作者心理体验的外化物,可以使观众通过文本阅读在情绪与情感体验上与写作者产生交流,如果二者能够进行沟通,那么他们之间便产生了心理共情。共情的可能源于共同的审美心理。因此,我们可将文笔共情理解为写作者与观众对展品具有共同倾向的审美移情。何为审美移情?"就是人在观察外界事物时,设身处在事物的境地,把原来没有生命的东西看成有生命的东西,仿佛它也有感觉、思想、情感、意志和活动,同时,人自己也受到对事物的这种错觉的影响,多少和事物发生同情和共鸣。"①这里所谓的共情涉及写作者、观众,以及二者与展品之间的复杂关系。一般来说,文本的共情与记忆经验、审美心胸,以及人文精神密切相关。

首先是记忆经验的共鸣。在艺术实践中,有大量作品源于艺术家的个体记忆。由于人的社会属性,个体记忆总是指向其所处年代的集体记忆,而那些被视为集体记忆的东西,又因个体差异而蕴含着独特的个性经验。因为记忆"不是不言自明的,而是需要细致引导的"②,所以,写作者的文本就显得尤为重要。

例文解析

皮影——中国古老的动漫形式(节选)

在影像传输技术出现以前,有一种奇妙的动态演绎方式在中国大地上流传——皮

---

① 朱光潜:《西方美学史》,人民文学出版社1979年版,第584页。
② [德]扬·阿斯曼:《文化记忆:早期高级文化中的文字、记忆和政治身份》,金寿福、黄晓晨译,北京大学出版社2015年版,第49页。

影……动漫,作为集音乐、故事、场景、人物等要素于一体的视觉文化艺术,与皮影有着异曲同工之妙——它们有相似的表现形态,皆为光影之间的动态艺术;它们都具有审美、娱乐和艺术价值,广泛流传于人群之中……二者虽诞生于不同时空,但都以视觉化、形象化的形式为人们带来丰富多彩的文化通感与体验。

【解析】例文在皮影与动漫的表现形态的相似性——光影的异曲同工,以及音乐、故事、场景、人物等要素的综合展现中,找到了二者共鸣的切入点。该展览明确地将观展人群进行了细分。对于20世纪90年代出生的这一代观众来说,他们的成长与动漫在中国的兴起同步,动漫文化虽然与中国传统皮影文化之间有很大差别,但是观众的文化记忆仍会促使他们思考中国传统文化的价值。这是"依赖同理心,积累情感共鸣点"①的艺术写作。

其次是审美情感的共通。当代艺术并不局限于审美,但也不排斥审美。因此,优美作为经典美学范畴之一,仍不断被运用于今天的艺术展览写作。阿瑟·丹托认为"美与丑陋、恐怖、崇高一样,是艺术情感表达的一种模式,不应该成为艺术表现的禁忌。"②当代艺术家埃利亚松的艺术实践,就是对"美感"的极致化拓展:以天气为创作主题,埃利亚松的"彩虹"和"太阳"混合了艺术、科学和自然现象,最大限度地提升了观众的审美体验,把当代艺术中久违的美感拉回到大众的视野之中。③

因此,艺术展览写作要求作者在审美的同时抓住作品的深层内容,比如作品与社会的深层互动和意蕴,抑或作者对当下的深刻反思,等等。

最后是精神指向的共融。艺术家在通过创作传达其审美感受的同时,也在传达他的人文关怀与人文思想。比如对中国山水画的鉴赏,不能仅停留在用笔用墨、山水结构、皴法、用色乃至风格的分析上,还需要透过艺术家营造的山水图式,去体味和分析更深层次的内容。再比如五代北宋的山水画,多构大尺幅,山石造型严谨,注重四时明晦变化,但是如果我们单从写实的角度来理解这些艺术经典,就会不得要领。但凡古人作山水画,都有其精神上的指向性;他们笔下的山水就是其"心印"④的迹化,是一种独特生命意识的表征,他们在气化宇宙里追求着华严的艺术境界⑤。当代以山水和城市景观为对象的风景画创作,也具有其独特的时代精神。

---

① 周婧景:《注意力机制:试论展览说明文字撰写的理论中介——以美国2016—2018年"展览标签写作卓越奖"作品为例》,《中国博物馆》2019年第4期。
② 转引自邵亦杨:《美的回归?——当代艺术的转向》,《美术研究》2018年第6期。
③ 邵亦杨:《美的回归?——当代艺术的转向》,《美术研究》2018年第6期。
④ 参见方闻:《2004年版作者序》,《心印:中国书画风格与结构分析研究》,上海书画出版社2016年版,第7—8页。
⑤ 参见朱良志:《中国美学十五讲》,北京大学出版社2006年版,第107—127、273—281页。

例文解析

生命的律动（节选）

铮　铮

艺术家作画并非为了复制物理世界的真实，而是以内心的真诚和万物对话、与山水传神，在心物相交中表达另一种超越物象的真实——自然本真……张杰的作品（图3-4）鲜有史诗般的崇高感，却在奇伟婉丽间透出巴渝人的爽利与闲逸，亦常以主观的抒情来体会人与自然间的微妙关系。正是在这些涌动流淌的丰富情绪中，艺术家与自身和解，人与自然在冲突的交流与相互感知中重新建立起一种和谐，在相同的律动中催发共荣的生机。

【解析】例文围绕"自然山水"与"城市风景"系列作品，分析了张杰作品中山水的人文内涵：在全球普遍注重环境保护的大背景下，中国的当代风景创作一方面直接以破碎的城市景观为表现对象，另一方面又引用古代山水的视觉形式与精神指向，表达了创作者对当下人与城市、人与自然之间微妙关系的反思。

图3-4　张杰《瑞风》（油画），2021年

虽然艺术展览写作主体不局限于精英群体，但是这并非意味着展览写作丧失了专业特性。恰恰相反，艺术展览写作不仅要遵循写作学的基本规范，还需要根据写作对象和受众选择不同的写作文体，更需要掌握艺术展览写作的要点和方法，唯有如此，文本才能准确地传播展览信息，更好地传达策展人的策展意图，利用文字"在艺术与生活这两个被分割的领域之间打开一条能量交换的通道，让这两个领域互为表里、互相支撑，彼此批判"[①]，进而增进观众对展览主题的理解、对展览作品深层意蕴的体会和把握。

---

① 高士明：《行动的书·序言》，金城出版社2012年版，第10页。

第三节 艺术展览写作类型及要点

由上文可知,根据艺术展览写作的类型,可将写作文本分为三种:信息类展览文本、评介类展览文本、批评类展览文本。每一种写作文本类型下又可具体细分。在艺术展览写作中,写作者除了要熟知艺术展览写作的定义、分类与特征,还应从艺术展览写作的整体要求上把握艺术展览写作的方法与要点。因此,以下将以艺术展览写作的分类为依据,以具体的艺术展览写作文本为例,对信息类展览文本、评介类展览文本以及批评类展览文本的写作要点进行提炼与举要。

一、信息类展览文本类型及要点

信息类展览文本是整个展览空间中重要的说明性文本,它为批评家、评论者和其他艺术工作者提供学术研究的视角与文本支撑,为创作主体和艺术作品的立体呈现提供学术基础。同时,这些文本也为观众提供了背景资料,建构了观展情境,甚至可能引导观众的观展行为和路径。总之,展场中的信息类文本材料是连接策展人与艺术家、观众的沟通媒介。

(一)信息类展览文本的类型

信息类展览文本主要呈现为展品注解标签(作品简介)和展厅索引手册。

1. 展品注解标签

展品注解标签是对展品基本信息的描述,在展览中起着不可或缺的叙事作用。虽然作品本身能"言说",但是标签作为展览文本的"毛细血管",却在微观叙事上与展览主题之间呼应共振。

例文解析

说明文字在主题展览中的运用(节选)

"庆祝中华人民共和国成立70周年成就展"中展出了一台体量巨大的拖拉机,竖立在一旁的标牌文字中写道:这是新中国"第一台"东方红拖拉机,它的成功生产结束了我们国家不能生产拖拉机的历史。如果没有这样真实客观的"旁白",就无法让观众尤其是青年观众对这台过时的拖拉机"刮目相看"。①

【解析】例文以现实案例强调了展品注解标签的重要作用。"真实客观"的"旁

---

① 赵骄健:《说明文字在主题展览中的运用》,《中国文物报》2021年3月23日第8版。

白"在展览中有不可替代的"言说"功能,而且这种"言说"是具有问题意识①的,即注解标签中的"第一台"直接标出了展览馆中的拖拉机不同于其他拖拉机的独特之处,并赋予它独特的历史"光晕",进而引起观众的注意。因此,展品注解标签应该是撰写者以展览主题为中心深刻思考的结果。

在撰写展品注解标签时,应注意包含作品标题、艺术家、创作日期、尺寸大小、媒介、维度、收藏情况,以及创作背景、风格、流派、师承、影响等内容。它不仅为观众提供初步了解作品的条件,也为专业的写作提供素材。根据文本字数的长短,展品注解标签可分为短标签和长标签。短标签主要解决的是"是什么"的问题,而长标签则是对"为什么"与"怎么办"问题的回答。

通常情况下,展览的标签以"是什么"的形式撰写,强调作品在特定脉络中的客观性存在,它的语言客观,而非带有主观判断和明显喜好倾向的鉴赏性话语。

例文解析

《绅士肖像》短标签

绅士肖像(约 1671 年)

尼古拉斯·梅斯(荷兰,1634—1693)布面油画

114.90 cm×94.10 cm

纽菲尔兹印第安纳波利斯艺术博物馆藏

尼古拉斯·梅斯不仅是荷兰著名画家伦勃朗的高徒与忠实助手,还是一名成功的风俗画及肖像画家。②

【解析】对尼古拉斯·梅斯《绅士肖像》这幅作品进行介绍时,标签文本包括两个层面:一是作品最基本的信息,即作品名称、创作年代、绘画媒介、作品尺寸、收藏情况等;二是有关作品的不超过五十个字的简练介绍。这种介绍性文字的内容,仍然属于对作品客观信息的补充。

长标签处理两个向度的问题,即"为什么"与"怎么办"。"为什么"类型的长标签,是对短标签的事实陈述进行延伸解说,其内容包括创作动机、创作背景与创作原因等,这涉及社会语境、艺术史、艺术家个人等层面的内容。

---

① 此点可在顾平有关欣赏类文章撰写的论述中得到印证:"要写好此类文章,同其他类型的文章一样,首先要有能够产生'问题'的意识,要遵循'选择问题→提出问题→分析问题→得出结论'的原则,让所阐述的话题有的放矢。"参看顾平:《艺术专业论文写作教学》,安徽美术出版社 2010 年版,第 143 页。

② 该标签源自成都博物馆 2017 年"现代之路:法国现当代绘画艺术展"展览现场。

例文解析

戴德姆德水闸和磨坊

1817年,康斯太勃尔和妻子玛利亚在萨福克郡度过了一个漫长的假期。这幅未完成的草图就是在那个时候创作的。画面表现了斯陶尔河上一座面粉磨坊前的水闸——这个磨坊的主人正是艺术家的父亲,他是一位富有的磨坊主、农民和商人。

康斯太勃尔与透纳齐名,堪称英国最出色的风景绘画大师之一,他深刻影响着巴比松画家和后来鼎鼎大名的印象派画家。①

【解析】 约翰·康斯太勃尔作品《戴德姆德水闸和磨坊》(图3-5)的长标签文本,使观者可以分析画家为什么会以水闸、磨坊为表现对象,以及为什么会这样去处理他的画面。首先,这条长标签简述了康斯太勃尔和妻子玛利亚的故事,并铺陈了这幅风景画中出现的具体物象的由来。其次,作者将约翰·康斯太勃尔的风景绘画与英国其他风景画家进行了比较,以突出约翰·康斯太勃尔在艺术史中的显著位置,进而使观者了解到康斯太勃尔绘画的历史价值。

约翰·康斯太勃尔《戴德姆水闸和磨坊》

图3-5 约翰·康斯太勃尔《戴德姆德水闸和磨坊》(油画)约1817年

---

① 引自上海博物馆《心灵的风景——泰特不列颠美术馆珍藏展(1700—1980)》展览手册。

以上即"为什么"类别的长标签的撰写范例,它以较为详细的文本,将个体艺术家置于历史语境中,以更宏观的方式把握艺术家的创作动机。

"怎么办"类型的长标签,主要是为了揭示艺术家绘画风格的形成,即艺术家在创作活动中,运用何种表现手法获得这种风格。因此,与"是什么"类型标签揭示作品主题与可见形式不同,"怎么办"类型标签旨在揭示艺术家在创作作品视觉形式时运用的材料、技术、方法、风格、理念等详细内容。

例文解析

戴德姆德水闸和磨坊

这幅尚未完成的作品,恰好可以为我们揭示康斯太勃尔的绘画流程与方式:画面有些部分已被画家描绘得颇为细致,而红棕色的画布底色却在前景中的树边明白可见;画家在水面上施加白点,以描绘河水的反光——这种画法由他独创,被称作"康斯太勃尔的雪花"。①

【解析】同前面长标签对康斯太勃尔的描述相比较,可见"怎么办"类型的标签不在于描述绘画的风格本身,而是意在探讨这种风格如何得来,何以与众不同。

标签的位置也是展览策划中需要考虑的因素。标签在展览中的位置,会直接影响观众对文本信息的获取,进而影响他们对展品的理解,因此,展览布置时将展品的解释文字与展签放置在恰当的位置是极其关键的。一般来说,策展人在进行展览策划和展览布置时,会因为考虑观众是先看作品还是先看标签,而将标签固定在墙面的艺术作品的左边或者右边。不过,无论标签是在展品的哪一侧,最终都以靠近作品为原则。也就是说,标签的位置最终都尽量选择靠近作品的位置,以便和作品形成视觉上的图文关联,进而便于观众对作品进行观看和理解。

因此,我们在观看展览时会发现,对于有基座的雕塑来说,艺术作品的标签一般会贴在基座上;而那些没有基座的雕塑作品,则需考虑观众站在作品前时,视线首先落在哪一面墙上,这种情况对于大型装置或多媒体作品来说,也是如此。另外,标签在墙面的粘贴高度和一致性,也会影响观众的观看体验,所以我们总会在展览现场发现,展览标签的粘贴位置都有其规律可循,展览标签或在作品的角隅附近,或在视平线稍下的位置整齐排列。

2. 展厅索引手册

展厅索引手册作为展览的辅助性读物,旨在为观众提供基础信息,它包括展览标题、主办与筹办单位、策展人信息、学术主持、新闻合作媒体、围绕展览开办的学术会议信息、作品收藏情况、艺术家介绍、作品介绍、展厅位置、前往展览的路线指南等;此外,

---

① 引自上海博物馆《心灵的风景——泰特不列颠美术馆珍藏展(1700—1980)》展览手册。

有的展览手册还会推送名家的短评或推介文字。总体而言,展厅索引手册的内容极其丰富,但每个部分的篇幅都十分精简,只对相关信息做简要说明。事实上,展厅索引手册在实际运用中逐渐超出其原始功能,特别是商业艺术展览的手册,远非局限于对展厅相关信息的介绍。因此,本部分对展厅索引手册的界定是广义的。

从形式上来看,展厅索引手册分为信息小册子和解说手册。信息小册子的文本撰写通常集中于关键词之上,它仅提供少量信息,不超过图像说明的篇幅。这种小册子更多与观展路线查询和展览其他方面的营销有关。解说手册比信息小册子更丰富,也会传递更多关于展览主题与展示作品的信息,以及一些公共项目和相关活动的信息。

事实上,这两种手册在现实操作中界限并不分明。另外,随着移动媒体的广泛运用,展览索引手册的媒介也从传统纸媒向电子媒体、网络媒体拓展,丰富了传统手册的形式。比如,为了配合2020年巴塞尔艺术展网上展览,展览策划者设计了网上展厅使用手册"OVR:2020"。它从注册、登录、搜索筛选、浏览作品、联系画廊、作品分享等方面,做了简洁而必要的介绍与信息提供。

展览索引手册主要包括以下部分。首先是展览主题的呈现,这也是展览索引手册中最重要的部分。一般而言,展览索引手册都会在呈现展览相关信息之前,设置专栏以阐释展览主题。比如"成都·蓬皮杜'全球都市'国际艺术双年展"的手册,开篇就对展览核心概念"全球都市"进行了详细阐述。简短的四段小文,介绍了"全球都市"平台的由来、"全球都市"第一个阶段的艺术实践及相关活动。而"全球都市"第二阶段的具体呈现,即在成都举办的展览"全球都市#1.5:延展智慧"的策展理念以及展览概况是文本中重点阐释的内容。[①]

由此可知,该展览涉及"全球都市#1.5:延展智慧"这个流动平台的在地性变化,以及基于成都这个具体地域而展开的话题讨论。这些内容的呈现使观众能够明确把握该展览的大致方向。

其次是对活动及相关信息的介绍。手册的第二个部分一般会集中将信息进行分类,并逐一介绍,使观众能够准确把握信息并方便其随时查阅。因此在撰写此类文本时,需要将活动信息进行分类,并分别针对不同部分进行信息的介绍。

仍以"成都·蓬皮杜'全球都市'国际艺术双年展"手册为例,其活动信息根据五个不同的地点进行分类,分别是"全球都市#1.5:延展智慧""水与未来生活:MFS IIIx3 岷江漂浮系统""城市与乡村:夹江艺术驻地计划""对话&工作坊""无定义音乐节"。

在"全球都市#1.5:延展智慧"部分(图3-6),手册提供了主展场重要参展艺术家的姓名及其作品展位的标记,其他参展艺术家则以二维码的形式呈现,观众需通过

---

① 内容为"'全球都市#1.5:延展智慧'是该平台的第二次主要展览呈现……此次展览探索生态、技术以及公共集体,力图构想当下我们如何借助智能科技与生态智能来推进社会价值——而不是全盘留给资本去想象这些新科技与知识体系的用武之地……本项目培育一种植根于概念性思维与创造性实验的认知方式,其涵盖的艺术家驻地、音乐会、对话及公共教育等活动在成都多个场地和邻近的夹江县展开。"见"成都·蓬皮杜'全球都市'国际艺术双年展"展览手册。

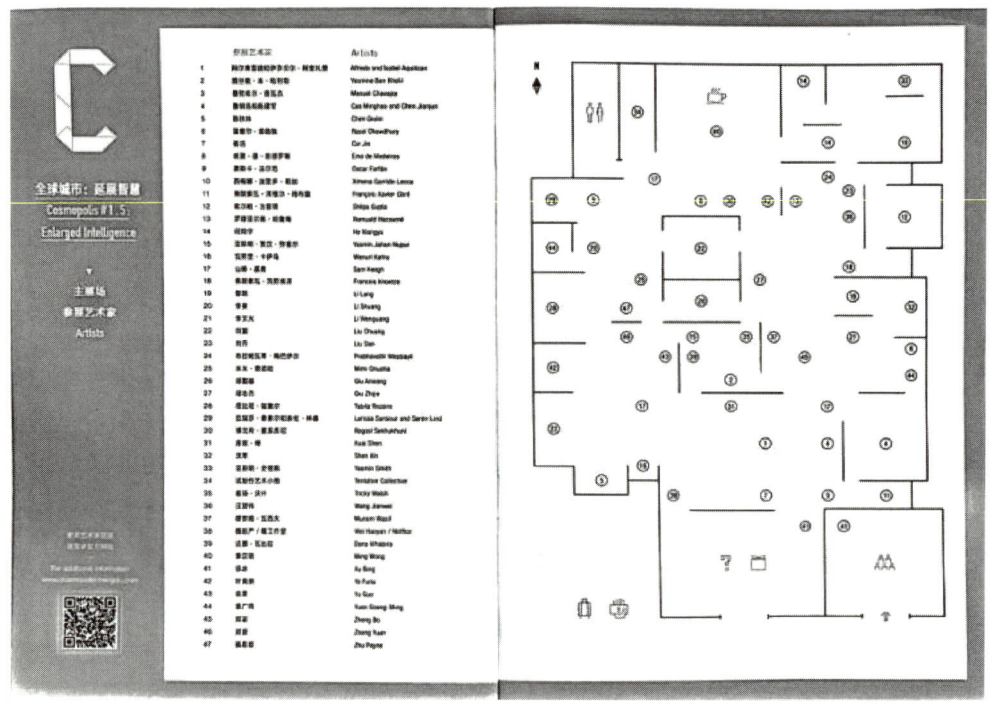

图3-6 "成都·蓬皮杜'全球都市'国际艺术双年展"展览手册之
"全球都市#1.5：延展智慧"部分，2018年

手机扫码观看。

在"水与未来生活：MFS IIIx3 岷江漂浮系统"部分，手册介绍了该系统的理念、相关活动、参展艺术家及其作品，旁边绿底白字文本则是本部分展览的相关信息，包括地址、开放时间、票务信息等。"城市与乡村：夹江艺术驻地计划"部分与"水与未来生活：MFS IIIx3 岷江漂浮系统"部分的内容板块，提供了艺术家现场调研的照片等相关信息。

"对话 & 工作坊"部分主要涉及在成都方所与东郊记忆开展的对话和工作坊的活动信息，比如开幕活动的时间、地点，参加活动的艺术家和学者姓名。"无定义音乐节"与"对话 & 工作坊"相似，信息介绍主要集中在理念阐释、音乐节的参展艺术家、时间与地点。最后，手册用两个页面，提供了展览的策展人、展览执行、音乐项目、主办方、承办方以及平面合作媒体等信息。

（二）信息类文本的写作要点

1. 爬梳脉络，提炼重点

在信息类文本的写作中，爬梳与提炼是最为基础的要点。在整个展览的介绍性文字中，作品简介无疑构成了公众了解展览的重要途径。那么，除了在展厅中张贴有关作品的注解标签，写作者还应对作品的内容，信息与策展人的理念，主题构想，艺术家的创作理念、脉络等进行整理和爬梳，从而在整体上清晰地呈现展览的核心内容。

一方面，有关展览、作品的简介与信息，策展人的策展理念等应该在导览手册中被集中介绍,以图文并茂的形式进行汇集、整理与归纳,为现场的观者提供文本导引,为研究者提供后续的研究资料;另一方面,有关艺术家的创作简介也需要进行文本呈现。在艺术家个展的相关艺术写作中,从创作背景、创作理念到创作脉络的文本梳理,能为公众提供了解艺术家创作面向的整体参考。

提炼展览信息时可参考以下要点:第一,对展览名进行释义,对策展人的主题构想进行阐释;第二,对展览的定位与特色进行介绍;第三,对展览的策划背景与契机进行陈述。

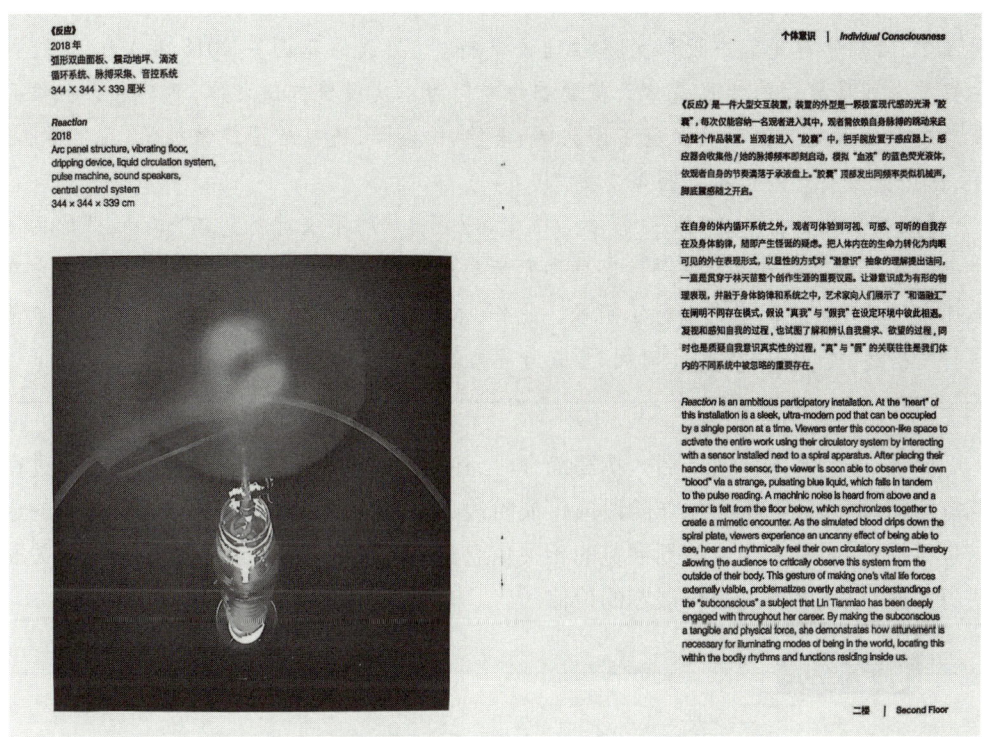

图3-7 林天苗个展"体·统"导览手册中的作品简介

例文解析

林天苗个展"体·统"展览简介(节选)

林天苗在她创造的环境之中探询心灵、身体与外部世界之间相互交织又互相影响的关系。在她所设置的情境中,参观者通过观察和邂逅自我,体现了人如何利用外物来制造,并赋予自我和所处的世界意义。由此,林天苗的艺术可谓关乎"体·统"(体系和系统)——各种互相联系的事物和元素构成的一个复杂的整体。林天苗的创作有很强的手作质感,费时费力,表现形式也十分多元,包括录像装置、将鲜艳的液体泵入玻璃管的机械动力结构,以及带有生物传感器的茧型空间。多元的外表下这些作品拥有统一的精神内核:艺术家凭借观念的手段审视、揭露并对意识与身份(包括性别)

的作用力进行再想象,并向认知范式、社会准则和意识形态发起挑战。林天苗的"体·统"艺术既是直观的,又带有寓言式的诗意内涵。

在本次展览中,艺术家为上海外滩美术馆量身打造大型装置环境,使展览本身也自成一个"体·统"。在她的引领下,参观者可以将整场展览视为一段旅程,届时美术馆的每一层展厅都将逐层剥茧,成为这段心灵和感官体验之旅的层层有机环节。自二楼展厅向上,参观者将依次走过"个体意识""集体意识""公共意识"和"终极意识"等板块层面,而六楼的手稿区则让参观者看到,艺术家大量从现代和古代的科技、哲学、神经学、心理学等论著中汲取灵感和理论支持。以《我的花园》(2018年)为例,这件占据整个四楼展厅的装置是林天苗受委约专门为本次展览打造之作,而艺术家在作品背后展开的研究工作不仅涵盖了园艺学、语学、民俗学,还包括围绕精神学、几何学、药学、进化论而展开的世界花园嬗变史。①

【解析】林天苗个展"体·统"的展览简介(图3-7)不仅对展览名"体·统"的内涵进行了陈述,即"各种互相联系的事物和元素构成的一个复杂的整体",而且对该主题在展厅中所呈现的空间意义进行了阐释。此外,本文还对林天苗作品的内涵、意义与价值进行了描述,提供了作品创作时间、形式与规格等信息。

此外,在为艺术家或策展人撰写简介时,还应注意将其创作生涯或策展经历进行简略的梳理,对其在不同创作阶段或策展阶段所呈现的风格、创造的价值及获得的成就进行提炼,对其参与或策划展览的相关信息进行汇总,对其与当下展览之间的关联进行描述,以从多维度剖析展览的价值。

例文解析

林天苗个展"体·统"展览简介(节选)

林天苗1961年出生于太原,在首都师范大学美术系学习,20世纪80年代曾在纽约从事布料设计工作。1995年前后,她与丈夫王功新两人往返于纽约、北京两地生活工作,并凭借早期富有实验精神的录像、装置作品在国际艺坛崭露头角。林天苗20世纪90年代至21世纪初期创作的织物雕塑和录像作品常以女性身体为核心,在她的诠释下,女性的身体往往兼具撩拨和中性两种悖论式的特征。《白日梦》(1999年)和《嗨!!!》(1999年)都是艺术家在这一阶段的代表作品,其中都出现了艺术家的裸体和光头形象,不饰雕琢,颇有几分安能辨我是雄雌的气质。透过投影,数千根绷紧的白棉线垂直地与幕布平行(面)连接在一起,艺术家的形象进入观者的眼帘,熟稔的方式开始消解并失效,解构了人们对于女性形象的固化印象,同时,也含蓄地解构了任何破坏平等的社会标准。

……

---

① 见林天苗个展"体·统"展览手册,上海外滩美术馆,2018年6月。

曼妙而脆弱,林天苗的作品以不同的方式化身为试验场,这种存在体验和意识处在政治意识形态或社会常规之外,却被林天苗赋予了极具个人特点的激进色彩。①

【解析】这两段文本虽然是对艺术家创作历程的简要梳理,却在对每个时期创作的特质与内涵的分析基础上,很好地支撑了"体·统"展览的核心观念,并贯穿于展览的各个板块("个体意识""集体意识""公共意识"和"终极意识")之中。

2. 清晰分类,明确传达

除了对作品、展览及艺术家的重要信息进行爬梳与提炼,信息类文本的写作还应注意对展览的相关活动进行清晰分类,以明确传达活动的相关信息。具体说来,应注意以下三点:

第一,对展览期间举办的活动进行分类。从常规上来看,与展览同期举办的活动包含对谈、讲座、工作坊、团体导览等。仍以上海外滩美术馆于2018年举办的林天苗个展"体·统"为例,其导览手册中整合了讲座、读书会、对谈、游读、工作坊等形式的活动信息(图3-8)。

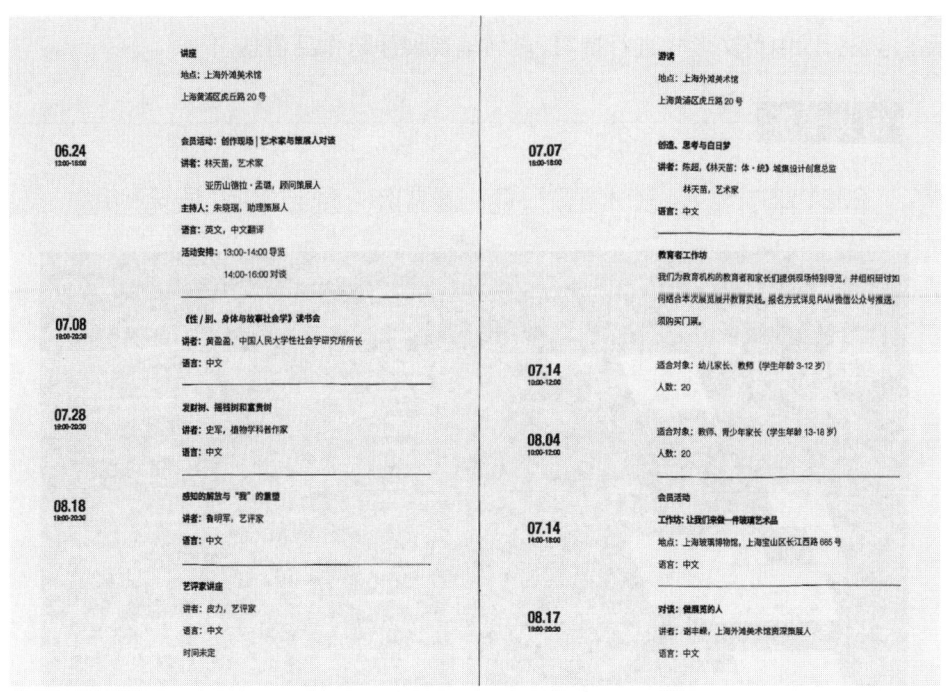

图3-8　林天苗个展"体·统"导览手册中的展期活动

第二,清晰地呈现展期活动的相关信息。展期活动的信息应在导览手册中得到明确传达,主要包括活动名称、活动的开展者与开展对象、活动时间与地点安排,以及活动的注意事项等。这些内容可以集中地为公众提供展期活动的关键信息,为该展览后

---

① 见林天苗个展"体·统"展览手册,上海外滩美术馆,2018年6月。

续的发酵建立交流窗口。

第三,在书写要求与推广形式上,要求一目了然、传达明确,最好采用时间一览表的形式,并进行中英文双语呈现。在形式上,应采用纸质导览册与官方线上推广平台共同发布的模式,最大限度地推送活动信息。

3. 图文结合,分区标注

为了让公众更为顺畅地观展,还需提供观看层面的信息类的文本导引。一方面需要针对展厅空间进行路线规划,让公众清楚了解展厅空间的布局,有序观展;另一方面则需要对部分作品给予不同程度的文字说明,以引导观者有效观展。这类文本主要包括路线的图文引导、空间的明确定位,以及作品的观看提示。

一是路线的图文引导。观展路线的图文引导是展览中必不可少的部分,其通常以导览手册上的展览地图和现场路线指示图两种方式呈现。在制作此类文本时,应注意:其一,以图文结合的方式进行。除了描绘展厅空间的平面图,还需以文字的形式标示出不同展厅的展示内容,其中多以展览主题的构架为标准。其二,在展厅分区的图示中列出不同展厅的展出作品,并标注作品的具体位置,便于公众有针对性地观看作品。其三,以中英文形式进行撰写,全面呈现展厅与作品信息。

例文解析

2021年成都A4美术馆"马克·夏加尔:爱与希望"展览地图

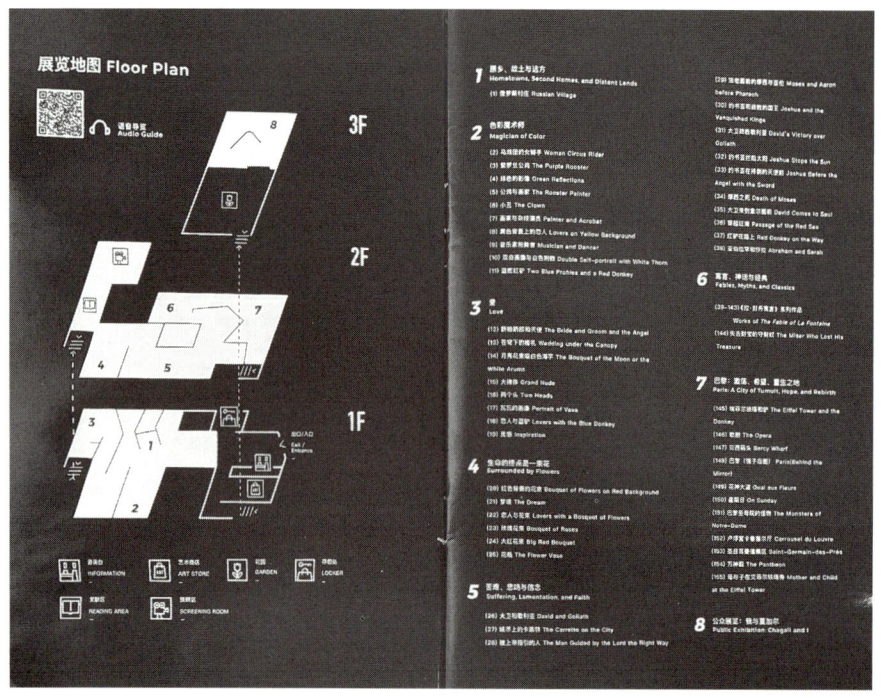

图3-9 "马克·夏加尔:爱与希望"导览手册中的展览地图

【解析】该地图以图文结合的形式,将展览的空间布局与作品的陈列位置(展厅图与作品信息分列两页,相互呼应)进行直观的呈现,让公众可以根据自己的兴趣或关注重点便捷地观看和体验作品。

二是空间的明确定位。写作者需从更为宏观的层面对整个艺术空间进行明确标示,以让观者了解艺术空间的定位。从常规上来看,艺术空间可被归纳为以下几种:展馆空间、衍生空间及联动空间。

展馆空间往往与展览地图同时呈现,在标注展览空间与作品方位时,整个艺术空间的常设展厅、馆内设施也应一并被标出(图3-9)。此处需注意,第一,常设展厅需在地图上标注其区位,并以精简的文字提示该空间展品的主题及内容,注明开放时间。第二,馆内设施以常用的图标进行标注,如咨询台、咖啡厅、存包处、文献区等。

衍生空间主要用于对展览相关文创产品的宣传与推广,通常情况下在导览手册的末尾部分出现。此处可对售卖的衍生品进行图文展示,并介绍该产品的类型、价格、数量等,必要时可附上二维码供线上购买(图3-10)。

图3-10 "马克·夏加尔:爱与希望"导览手册中的衍生空间

联动空间的建立取决于该美术馆所在地域的艺术生态,其主要作用在于对周边的艺术机构进行介绍与推广,形成空间联动。此处可以地图的形式标示出该艺术空间与其他空间的地理方位,并对其他空间的特色与定位进行介绍,以便于观众以点带面式地进行观展——在对周边艺术空间进行宣传的同时,带动该地域艺术生态的良性互动。

三是作品的观看提示。由于展览展出的作品形式多样,展厅的规划与布局也会因展览主题的改变而进行相应调整。并且,在当代艺术的展览中,诸如行为、装置、影像,以及一些需要观众参与并互动的作品都在接受方式上有特定的要求。因此,展览现场需要对以上作品提供观看的提示,将观看提示张贴在作品旁,以提醒和引导观者。

那么,在进行此类文本的写作时,需要注意以下要点:第一,清楚简明地描述作品的观看方式;第二,给出观展道具的使用说明;第三,将提示张贴在作品的出入口,明示观者;第四,以中英文双语撰写。

二、评介类展览文本类型及要点

有关艺术展览的介绍评论贯穿活动现场始末,此类评介类文本紧扣展览主题,从标题至注解,将具有导引、复盘与注释功能的字词句段切分并归置于不同的文本空间,以精炼或翔实的内容建构策展与观展的文字桥梁,激发观众走进展厅品味展览的兴趣。

(一)评介类展览文本的类型

评介类展览文本主要包括展览标题、展览前言、结束语及主题注解,它们多以大面积展墙的形式,被策展人安排在展场重要且醒目的位置。展览引导墙板的主要功用是导引观众有秩序观展,它影响着观众在展览中的行动节奏,为观众提供展览相关信息(这些信息多为展览综述、关于某一区域或板块的主题及简要解释等)。

1. 展览标题

展览标题是以精炼的话语形式表达整个策展核心观念的文字,它在为观众提供关键信息的同时,也激发观众的想象。标题文本属于创造性的写作,它一方面体现了写作者的深入思考,另一方面促使观众自由想象,并根据他们的文学想象力丰富和拓展标题文本的意义指向。也就是说,观众在有限信息的引导之下,通过想象思维活动,体味标题的"留白"空间和言外之意。好比中国画中的画境一样,它既是创作者情感活动的结晶,也是观众审美活动的起点。

当然,展览标题的最终目的不仅是激发观众的审美活动,更在于促成观众基于自己的审美体验而产生观展的欲望,直至促成具体的观展行为。因此,好的展览标题对于一个展览来说是极其重要的。就"创业:新中国工业题材宣传画展"来说,首先,展览标题中的"创业"二字高度体现了策展人的观念建构:以"创业"为主题,不仅仅特指新中国现代化工业体系白手起家、从无到有的创业历程,同时也展现了新中国在政治、文化、艺术等各项社会主义事业上的在地性实践历史。而对于观众而言,创业不仅可以引起"创业"亲历者的情感共鸣,也能激发非亲历者的时代想象,进而调动他们的观展积极性。在此,观众可以感受到那个年代劳动者的创业热情与历史氛围。其次,"新中国工业题材宣传画展"作为副标题,则指明了展览作品的年代、题材和画种。这些信息为观众的想象活动提供了具体语境和思考方向,使其与自身的知识经验产生联结,形成有关中国特定历史阶段宣传画的审美形象。

从形式上来看,为了使展览标题更容易被观众看见,它一般以特定的字体、大小和色彩出现在特殊而醒目的位置,以吸引观众视线。"创业:新中国工业题材宣传画展"的海报(图3-11)张贴在四川美术学院美术馆外高大立柱的大灯箱上,吸引了每一位行走在美术馆外广场上的人的视线。而在室内展览场域中,展览标题则设置在入口的展墙上,表示展览由此而展开。从文体上来说,展览标题"一般比较含蓄,常常要用到一些修辞手法来增加标题的诗意或多义"①。

图3-11 "创业:新中国工业题材宣传画展"海报

总之,展览标题是对展览提纲挈领的介绍与宣传,是对观众的动员。在进行展览标题的拟定时,需要注意以下层面:第一,体现策展人的观念建构;第二,准确交代展览的背景与内容;第三,醒目且生动,制造联想空间。

2. 展览前言

前言是观者认识展览的重要文本。在前言的撰写中,应包括:展览的总体理念和策展意图,展览的主体版块构成,以及该展览可能涉及的现实意义等。

例文解析

"创业:新中国工业题材宣传画展"前言

众所周知,中国目前已经成为世界第一大工业国,拥有全球最为完整的工业体系。2020年,十九届五中全会审议通过的《中共中央关于制定国民经济和社会发展第十四个五年规划和二〇三五年远景目标的建议》提出,我国要在2035年"基本实现新型工业化、信息化、城镇化、农业现代化,建成现代化经济体系"的新目标。然而,无论是今

---

① 於可训、乔以钢:《写作》,高等教育出版社2013年版,第207页。

天已有的成就,还是对"新型工业化"的展望,都基于1949年以来新中国对于工业化发展的高度重视,以及几代工业人的不懈奋斗。宣传画,作为一种独特的视觉艺术形式和物质遗存,无疑记录了新中国不同阶段的社会主义工业实践、美学特征与政治理想。

本次展览按照主题和时间分为三个单元:"到新工地去"(1949—1957)、"为钢铁而战"(1958—1963)、"原油滚滚来"(1964—1977)。它们分别对应新中国工业化进程中出现的三个"工业-政治"象征:"工地/工厂""钢铁"与"石油"。也就是说,这三个符号既是实际工业建设中最为基础的生产资料与工业产品,也是新中国不同阶段工业化政策(国民经济恢复和"一五"计划、大炼钢铁、工业学大庆)与现代化理想的物质载体,同时还是工业宣传画中反复出现的核心视觉形象。

在作品风格上,新中国十七年的工业宣传画并存着两种倾向:一种是对苏联和其他社会主义国家宣传画的借鉴,表现为以人物半身像为主要形象,并配有宣传标语,具有极强的冲击力和感召力;一种是继承和发展中国本土艺术的视觉经验,例如对延安木刻、"新年画运动"、民间艺术形式的吸收,作品生动活泼,为人民所喜闻乐见。而在1960年代中后期,宣传画创作出现了一种将前两种风格整合和改造的新样式,即追求一种光亮、鲜艳、程式化的"舞台"效果。

从审美角度来讲,新中国工业宣传画具有一种独特的美学范式与价值。自18世纪至20世纪初,西方资本主义文化形成了一种对工业社会批判的传统。因此,工人、工厂、工业产品、工业城市等题材往往是以异化、堕落、冷漠的负面形象出现在文艺作品中。然而,在计划经济和生产资料公有制的新中国,资本主义消费空间被改造为社会主义生产空间,摆脱剥削的工人阶级劳动热情高涨,城市与农村和谐发展,生产力被视为一种乐观、积极的现代化力量……进而,工业文化在社会主义文艺中获得了正面价值。新中国的工业宣传画也因此呈现出一种社会主义审美现代性。

现代化工业体系的建立,离不开一个国家全方位的扶持,它也必然体现国家的政治意志。新中国工业实践中形成的经验,比如"鞍钢宪法""群众科学""大庆精神"等,同时也是社会主义政治理想在工业领域的具体实践。因此,本次展览以"创业"为主题,不仅仅特指新中国现代化工业体系白手起家、从无到有的创业历程,同时也展现了新中国在政治、文化、艺术等社会主义各项事业的在地性实践历史。最后,谨以此展向党的二十大胜利召开献礼。

【解析】该前言首先从宣传画作为时代的独特视觉形式与物质遗存的角度,提纲挈领地阐述了展览的总体理念,即展览的作品体现了"新中国不同阶段的社会主义工业实践、美学特征与政治理想"。其后,作者分别从"到新工地去"(1949—1957)、"为钢铁而战"(1958—1963)、"原油滚滚来"(1964—1977)三个单元进一步论述策展的理念。而观众则在这三个单元的标题文本的提示下,根据自己的认知与审美经验对展览内容进行预设,预想展场中的作品形象,乃至作品中体现的时代特点与艺术氛围等,并在随后的观展中对这些形象进行比较和验证,进而加深他们对展览和作品的理解。

总之,展览前言在观众与艺术作品之间构建了一种交流机制。

3. 结束语

好的开头要与好的结尾呼应,如此,展览才会前后连贯、结构严密。结束语是整个展览的总收束,作为展览的休止符,它为观众的观展行为画上句号。然而,展览的终结并不意味着观众思考的结束,恰恰相反,一个好的结束语可以让人回味无穷。因此,在撰写结束语时,应注意与前言相呼应,对展览核心理念进行意涵总结与意义升华,阐释展览的现实意义。

例文解析

"玉汝于成——潘玉良的艺术人生"结束语

在中国近代美术史上,以潘玉良为代表的女性艺术家是一股不可忽视的艺术力量,她们挣脱时代的局限和社会的偏见,成长为有思想、有格局、有主见,有作为的新女性。潘玉良始终将中华优秀传统文化作为其作品的精神内核。并汲取中西文化的精髓,创造出了属于世界的艺术财富,开启了中国女艺术家登上耀眼舞台的崭新道路。她不仅是中西绘画融合的探索者,更是中国女性艺术的开创者,她通过艺术鼓励女性勇敢地进行自我表达和自我实现。

随着社会的进步,越来越多的女艺术家进入大众视野。她们用女性视角观察世界、摹写自我,开拓着女性表达的另一片天空。今天,无论是科研一线、竞技赛场,还是文化艺术,社会各个领域都活跃着来自女性的创造,她们也向世界尽情地绽放着"她力量"。

【解析】该结束语文本结构工整,作为展览的组成部分,与前言之间形成了很好的呼应关系。在前言中,作者结合当时的文化背景和文化事件,定义了潘玉良的"新女性"身份,接着又从传统文化的角度定义了潘玉良的文化自觉,而这都在结束语里得到了呼应和进一步阐释。在简短的结束语里,第一段文字是对前言中"新女性"一词内涵的总结性阐述,第二段则是将潘玉良身上体现出来的女性自觉意识与当下社会中的女性、女性艺术家进行了连接,彰显展览的现实意义。

---

4. 主题注解

在展览现场中,关于某一展示区域主题的注解性文本,或关于某一组作品的介绍,是居于前言与结束语之间的文本。它相当于一篇文章的章节,以丰富的细节呼应、支撑标题与前言所指向的内容,是观众在展场现场的重要观览文本。作为展览现场的文本主体,这部分的写作不仅要围绕每个独立的专题展开,还要注重各部分之间的逻辑关系,即各个部分之间是既独立又联系的关系。①

---

① 参见尹均生:《写作学概论》,湖北教育出版社1987年版,第145页。

比如,在2020北京国际设计周主题展览"民生之维——脱贫攻坚中的设计创新"展(图3-12)中,展览以"设计为民、精准施策""资源活化、传统承继""美育启智、旨在持续""虚实互联、协同创新""生态营造、和谐共生"为主题注解,分别以五个不同板块来阐释"民生之维"的不同意义指向。在具体的展览情境中,标题之下的文本又以精练的语言概括了设计介入实际生活的主要意涵。总之,有关"民生之维"的设计介绍和阐释,与助力脱贫攻坚的典型案例一道,具体而详细地展现了2020·北京国际设计周主题"民生之维"的立意与内涵。

图3-12 "民生之维——脱贫攻坚中的设计创新"展之"资源活化 传统承继"板块现场

(二) 评介类文本的写作要点

1. 聚焦感

文本需要具有明确的问题意识。评介类文本主要运用于策展人、策展团队对展览标题的拟定,对展览前言的撰写中。对于评介性的文本来说,问题的聚焦显得尤为重要,而聚焦感落实在具体的文本写作中则体现为明确的问题意识,其指的是出于对某种现象或问题的长期思考,不断产生疑问并对其进行持续探索的一种思维状态。因此,在对展览主题的评介中,写作者需要以精准的词汇传达明确的问题意识。正如2020北京国际设计周主题展览"民生之维——脱贫攻坚中的设计创新"中"民生"二字所体现的,该展览以民生中的重要问题为导向,通过倡导精准施策、设计惠民的理念,推进设计的创新。

首先,写作者需要选择关键词反映其在特定情境中对某个具体问题的关注与思考。比如"民生之维——脱贫攻坚中的设计创新"展览的主题即源于策展人对2020

年作为一个特殊时间点的精确定位。从时间上来看，2020年具有重要的社会意义，一方面它是实现"十三五"期间脱贫攻坚目标的最后一年，另一方面它则是我国全面建成小康社会的决胜之年①。因此，策展人将2020年所具有的时间意义与"民生"之维度进行了恰到好处的联结，让设计在当下城市建设、科技创新、文化发展、精准扶贫及生活美学等诸多层面发挥了重要价值。

其次，在持续性的展览写作中，写作者应敏锐把握问题的发展现状。以"上海双年展"为例，策展人所关注的问题通过不同的展览主题得到呈现。2006年的"新设计"关注的是都市文化中的设计、时尚与消费问题；2008年的"快城快客"聚焦于城市化进程中移民的状态及其问题；2010年的"巡回排演"思考的则是全球化与本土化的差异问题……展览主题的变化反映的是策展人在不同社会文化情境中对具体问题的思考与认知。通过"社会观察—问题发掘"的思维过程，写作者需要在具体问题的引导下将社会问题转换为策展思维中的文字表达。

2. 贯穿性

文本需要具有清晰的层次构架。除了明确的问题意识，写作者还需具备灵活的统筹能力与清晰的构架能力，前者指在展品、空间、文字等不同形式之间进行主题的贯穿与融通；后者强调在内容设置上进行主题的层次构架。

贯穿性一方面体现为策展人灵活的统筹能力，一个优秀的展览往往能用清晰的文字将主题诠释得直观且具体，让观者在观展的过程中自觉建立起作品与空间、主题与定位、文字与图像等不同形式与媒介之间的特定关联，充分发挥展览的空间效力；另一方面则体现为策展人对展览内容的构架，即对展览内容的明晰分类。清晰的层次构架在一个优质的展览中往往呈现为合理且有效的单元设置。比如在"民生之维——脱贫攻坚中的设计创新"展览中，策展人以"民生"为总主题辐射不同的阐释面向，通过"设计为民、精准施策""资源活化、传统承继""美育启智、旨在持续""虚实互联、协同创新""生态营造、和谐共生"五个单元的设置，在充分挖掘民生不同维度的同时，也让2020·北京国际设计周主题"民生之维"的立意与内涵得到具体的呈现。

3. 启示性

文本需要有正确的观念引导。在对展览价值的挖掘中，写作者还需注重文本的启示性，此种启示性体现为正确的观念引导。正如佐佐木俊尚所言："策展人'提供观点'的行为就是所谓的策展。"②正确的观念引导决定了该展览在公众层面的接受广度。观念的引导越充分，越能让公众直观感受到展览的价值与意义。

首先，写作者需要对现实有所体悟，了解公众的需求，通过对社会热点的关注激发公众主动参与的积极性，进而增强展览的传播效应。展览"民生之维——脱贫攻坚中

---

① 参见何洁、谢亚平、王昱东：《重在破解难题，创新驱动发展——2020北京国际设计周主展"民生之维——脱贫攻坚中的设计创新"》，《装饰》2020年第12期。

② ［日］佐佐木俊尚：《策展时代：点赞、签到，信息整合的未来》，沈泱等译，中信出版社2015年版，第141页。

的设计创新"正是关注了民生中的重要问题,并试图以"设计惠民"的理念引导人们重新认识设计与城市建设、乡村振兴及文化发展之间的紧密关系,进而充分展现设计在城乡建设过程中所发挥的重要作用及创造的价值。因此,该展览通过关注现实的民生问题,充分发挥了展览联结、沟通、推广的社会作用。

其次,写作者在进行展览的文字构想时,需要充分考虑该展览与地域之间的关系,比如:展览所关注的问题是否是该地域的公众感兴趣的话题?展览应如何调动当地的文化资源,又应以何种方式激活当地的文化,使其成为一种文化因子?可以说,策展是不同地域文化与同一地域不同文化之间关系的搭建,是某种"文化关系的生产"。

卡地亚当代艺术基金会与上海当代艺术博物馆于2021年推出了"树,树"展览。作为2019年首展于巴黎卡地亚当代艺术基金会的展览,策展人并未全盘照搬原有的展览思路,而是充分考虑了地域性因素,不仅在整体上以强烈的现实关切回应了森林砍伐和超级大火给地球带来的生态悲剧,而且充分挖掘了该议题在艺术视野中生发的可能性,以"树"字形成开门见山的效应,让人与自然的关系得到审视的同时,也让此种审视变得直观,令人产生共情。

三、批评类文本类型及要点

艺术展览的信息提取与评论介绍需要系统呈现与深度诠释,批评类文本在纵深层面拓展信息指向的直观形象与评介引导的观展感受,辨别分析不同类型审美品味的成因、属性与意义,归纳展览风格的发展模式,探索未来潮流的演变趋势。其以极具时效的新锐批评与史论结合的钩沉研究,合力提升展览品质,促进策展专业度与接受者鉴赏力的双向增长。

(一)批评类文本的写作类型

批评类文本主要包括即时报道、展览批评和展研互动。正如前文所述,批评类文本的撰写都因展览而引发,是对展览相关议题的展开、延伸与辨析。这类文本以批评的视野讨论展览的方位、价值与意义。

1. 即时报道

在众多批评类文本中,对展览的即时报道构成了最为普遍的一类,它不同于纯粹的新闻稿,除了对展览举办的基本情况进行介绍,还需从策展人对展览主题的阐释及其与展览作品之间的关系、展览触及的重要问题及其与社会的关联、展览意图与公众反馈等层面出发,给出较为深入的报道。

例文解析

"不安的绘画"展览报道(节选)

尽管摄影扼杀绘画的论断早已作古,然而新技术的发展与社会的变革却再次质疑绘画作为媒介的身份,并对其相关性提出诘问。随着去全球化、保守主义的反扑、图像生成技术的突飞猛进与网络媒体碎片式传播引发语境的坍塌,绘画要如何应对?
……

展览"不安的绘画"试图说明绘画作为媒介的不断延展,正源于其表面所处的不安定状态——所有可能取代绘画的新兴媒介最终却为绘画自身的发展提供了新的灵感,即使没有成为绘画的工具,也促进了绘画风格与主题的衍变……"不安的绘画"中的八位艺术家以各自融汇传统、雅俗文化,以及不同技法与历史情境的艺术实践对此进行了突破性的尝试。

【解析】在对上海 UCCA Edge 的展览"不安的绘画"所进行的即时报道中,写作者首先从整体上概述了展览举办的时间、参展的艺术家简介、代表性的艺术作品,还对展览的主题进行了剖析。

然后,该文从绘画"不安"的表现方式出发,对不同的展厅及其作品进行了逐一评述,并对比了艺术家探索方式的异同。最后,该文对展览的意图、试图探索和直面的问题,以及展览的价值进行了分析。

可见,从专业的艺术写作文本来看,即时报道需要同时兼顾报道内容的完整性、关注面向的多维性与阐释的专业性。

2. 展览批评

在批评类文本的写作中,从批评家的视野出发,围绕展览中的具体问题所进行的写作,构成了专业的艺术批评。这类文本兼具批评性和研究性,往往成为从艺术批评到理论研究的过渡阶段,因而常常成为后期艺术理论研究的基础。

例文解析

走向世界与回归自我
——中国当代艺术策展的全球化之路(节选)

20世纪80年代"新潮美术"的蓬勃兴起,某种意义上是对"走向未来"丛书的一种精神呼应。……"新潮美术"以破为立,掀起反传统思潮,正是借助了一种未来主义视野,为的还是走向世界。这种精神诉求决定了"新潮美术"的价值倾向,即以西方现代艺术为参照,同时也注定了它只是昙花一现,而无法深入和持久。……不过,"新潮美术"虽然存在着不可避免的片面性,但它以破为前提却解放了中国人的思想意识,尤其是以未来为导向,将中国从落后与保守的观念中挣脱出来,为中国艺术走向世界扫除了阻力和障碍。……1993年,中国当代艺术家首次参与"威尼斯双年展",这作为一个标志性事件,意味着中国当代艺术开始走向国际,成了世界当代艺术不可分割的一部分。而国际艺坛之所以接纳中国当代艺术,并不是出于对艺术的尊重,而是因为社会的差异。……毫无疑问,以内容来区别于西方艺术,而不是从艺术语言的创新角度参与世界交流,只能让走向世界的宏愿成为一种被动选择,无法在国际舞台形成真正平等的对话。……不过,尽管90年代的中国当代艺术存在着这样或那样的问题,但毕竟已经向世界迈出了一步。就这一步而言,却是革命性的突破,是将中国当代艺术的问题意识,从由本土启蒙而引向了全球文化的交流与竞争。自此以后,中国的当代艺术家也好,批评家也罢,抑或是策展人,都不再局限于一个地域思考问题,而是将艺术的创新性表达与人类的命运联系起来,具有了某种全球性思维。从这个意义上说,20世纪90年代的中国当代艺术,无论是经历"他者化"(邹跃进语)的过程,还是呈现出"春卷"的特色,都是走向世界的必由之路。正是因为中国当代艺术的发展,于20世纪90年代以后逐渐走向国际舞台,才使其在全球艺术之林拥有了一席之地。……新世纪以后,随着中国加入世贸组织,全球化已然成了中国的社会现实。……然而,由于中国当代艺术的先天价值缺失,即以走向世界为目标,将西方现代艺术作为参照系,来建构自身的观念形态和语言模式,致使其始终摆脱不了"他者化"的影响。因此,即便是中国的国家形象日益强大,中国当代艺术也水涨船高,在国际舞台获得了不少话语权,但仍然无法形成自身的主体价值,更无法推动世界艺术的进程。……那么,在全球化背景下,如何从"他者化"的思维方式中摆脱出来,回到自身的历史文脉与思想轨迹中,建构起中国当代艺术的价值形态呢?最近由范迪安和张望牵头担任总策展、众多中外策展人联合策划的首届"济南国际双年展",在这方面做了有益的尝试。展览以"和动力"为主题,从中国传统哲学中吸取能量,将中国古老的生存智慧进行当代转换,不仅促进了中国当代艺术的价值建构,也为世界艺术的和谐共生提供了文化理念。

  "和"是中国文化的精髓,它与中国文化的"道"一起互为表里,构成了中国传统哲学的人文基石。中国传统社会的天下观念与伦理结构等,均是诞生于此。它以天道为法则,遵循自然规律,由此建构起了一个井然有序的和谐社会。然而,近代以来,受西方强势文化的冲击,这种和谐景象被彻底打破了。继而,在先进与落后的比较中,中国人不得不扬弃自己的传统,转而开始向西方学习,并变被动为主动、参与到世界文化的交流与竞争之中。……在经历了现代性的启蒙之后,以全球为背景、以未来为视野,重新反思近百年来中国学习西方的发展历史,也就成了当务之急。这正是"济南国际双年展"回归中国传统文化,从中提炼出"和动力"的人文主张,并由此形成策展思路与文化理念的前提。

  从世界范围看,以西方文化为主导的竞争机制,虽然带动了世界经济的发展,也加速了全球化的进程,但并没有从根本上解决人类生存的困境。相反,在经济利益的驱动下,谋求所谓全球一体化,却是越来越加剧了文明的冲突、种族的矛盾、贫富的分化等问题。故而,在全球经济一体化的背后,必须要有一种新的思想来调和矛盾、平衡关系。而中国传统文化中的"和而不同""求同存异"等理念,恰好能够弥补其中的缺失。从这个意义上说,首届"济南国际双年展"提出"和动力"的概念,可谓恰逢其时,也是对症下药。它不仅为中国当代艺术在国际舞台争得了话语权,也为解决纷扰不安的世界问题,输送了中国智慧、提供了中国方案。

……因此,首届"济南国际双年展"的成功举办,将是中国当代艺术再次转型的一个标志,意味着中国当代艺术从扬弃传统而走向世界,到将传统进行创造性转换,而逐渐影响世界的重要转折。就这个转折点而言,虽然只是通过一个具体的展览来呈现,但其背后却凝聚了几代中国策展人和批评家的心血,也包含了他们的历史责任。①

【解析】 上文是从20世纪80年代到当下中国的当代艺术发展史出发,以处于重要转折点的展览为例所撰写的批评类文章。在此文中,艺术批评家杨卫通过回顾中国当代艺术的发展历程,阐释了2020年举办的"济南国际双年展"的重要性,并赋予其在中国当代艺术史中的价值定位。

首先,杨卫对中国20世纪80年代前后的文化背景进行概述,认为当时的艺术作品存在反传统且以西方艺术作品作为参照系进行创作的倾向,其所谓走向未来和走向世界的过程,不过就是一个主体迷失的过程。但同时杨卫也承认了当时的艺术展览为中国艺术走向世界所进行的探索的价值。

其次,杨卫认为中国当代艺术进入20世纪90年代后,艺术家的作品从原先的学习西方艺术转向了艺术家的自我表达,并顺利参加了"威尼斯双年展"。可是即便如此,西方之所以接受这个时间段的中国艺术,原因在于此时中国当代艺术家运用西方艺术创作中所使用的语言来表达区别于西方世界的内容。不过,杨卫仍以辩证的视角认为此时的艺术作品虽然在世界艺术的舞台中尚未带来文化创新的价值,却为20世纪90年代的中国当代艺术迈向世界奠定了突破性的一步。

最后,杨卫通过对中国艺术家创作中所具有的"他者化"思维的反思,从批评家的立场出发,给出了解决对策。在杨卫看来,中国当代艺术在国际舞台上获得了一些话语权,但是中国艺术家的创作却始终没有从全球化背景下的"他者化"思维方式中摆脱出来。而2020年由范迪安和张望牵头担任总策展、众多中外策展人联合策划的首届"济南国际双年展",在这方面做了有益的尝试。此次展览的主题不再是"他者化"的视角,而是以中国传统文化为核心,通过引入中国哲学"和"的观念,构建出"和动力"的主题。从策展的文化价值层面而言,该展览为世界艺术提供了文化理念;为解决全球发展所带来的种种问题提供了中国智慧与中国方案。故而,杨卫对首届"济南国际双年展"给予高度的评价,将其视作中国当代艺术再次转型的一次重要标志。

可见,此类文本要求写作者具备专业的视角与深厚的理论阐释能力,批评家不仅需要对展览的作品进行分析与评论,还需要以更加广阔的视角对展览的历史脉络、文化机制、当下意义进行挖掘,为展览进行定位。

3. 展研互动

相较于以上两类写作文本,围绕展览所进行的学术性写作主要由艺术史学者与艺

---

① 杨卫:《走向世界与回归自我——中国当代艺术策展的全球化之路》,《艺术工作》,2022年第1期。

术批评家等来承担。这类文本多从前期对展览的批评和思考延伸而来,需要作者以强烈的问题意识,对展览策划的各个面向进行系统而深刻的阐释与研究。

例文解析

中国画的自觉意识
——在首届全国画院双年展学术会上的演讲(节选)

在追求"现代性""全球化"的历史情境中,中国画应该有一种自觉意识……今天的演讲,就是谈谈我个人对这个问题的初步思考,不当之处,请大家批评指正。

我想从中国画的演进、现代性、形式语言、精神追求四个方面,来谈中国画的自觉意识……

一、中国画演进的自觉意识

中国画是不断演进的,但它的演进有无规律性可寻,有无自己的特性?过去流行过多种发展理论……其中影响最大的莫过于"进化论"。"进化论"是自然科学的伟大发现,至今仍受到科学界的极大尊重。但把"进化论"转为一种社会发展理论,转为"社会达尔文主义"就有所不同了。……用"社会达尔文主义"解释艺术如中国画,便认为它们都是不断由低级向高级发展,认为新的总比旧的好,革新一定比保守好,新与旧一定是优与劣、胜与败、取代与被取代的关系,艺术必须不断翻新。……20世纪是激进主义盛行的世纪,激进主义的特点是以"革命"即"改朝换代"的方式求得"进化",是要"把被颠倒的历史再颠倒过来"。……激进主义……把革新与保守视为善恶之争,凡革新的就是好的,不革新的就是坏的、恶的,甚至是不革命、反革命的。这造成了长久的恶劣影响。

中国画应该在一种什么状态下、以怎样的方式发展演化?是砸烂重造的"革命"方式,还是改革渐变的方式呢?……说中国画应以渐进的方式演进,不是一概否定非渐进方式的变革。既然"突变"方式成为一种现实(如大多数抽象水墨),就要理性地、具体地对待它。它们的意义,常常在中国画之外。我们批评的仅仅是以突变代替渐变的理论企图,而不是这突变性探索本身。

二、关于中国画现代性的自觉意识

"现代性"是一个广义的文化概念,可以从许多方面和角度解释。……中国画是一个具体的艺术品类,它的"现代性"是什么,更难以说清楚。……中国画是一种传统艺术,它的"现代性"必然与民族绘画传统有深刻关联。抛弃了传统特质、民族文化特质的"现代性",还谈得到中国画的"现代性"吗?……在当今世界,文化多元化的趋势、追求现代化趋势也许不可逆转,但把对现代性的追求变成对西方化的追求,一定是不可取的。……中国画进入西方艺术市场,得到西方观众一定程度的认可,固然是好事,但这与中国画的"现代性"还不是一回事。……

现在常用"转型"这个概念表示对"现代性"的追求。……新世纪初,我国绕对待中国画传统的态度这个中心,重新分型,归纳"传统型""泛传统型"和"非传统型"三大类型……我的类型三分法是以以下三项原则为背景的:第一,承认多样(或多元)的现实,提倡兼容并包、和而不同、自由竞赛的精神;第二,强调以传统为出发点,认定中国画传统是中国画民族形式之根;第三,明确地强调对传统型中国画的守护态度。……三种类型的中国画,在表现现代人的趣味、感觉、思想上有不同的功能和侧重。传统型是稳定中国画形态特征的主要标志,也是其他类型联系中国绘画传统的纽带。泛传统型是显示中国画时代性的主要标志,具有带动、调解和牵制中国画变革的作用。非传统型作为一种实验性形态,可以给传统型和泛传统型的变革以启示,并能昭示出中国画的边界与越界。三种类型的功能与价值不是均等的,但应当保持它们之间的结构性平衡,这对于中国画坚持传统特质前提下的现代性追求,具有重要意义。

三、中国画语言的自觉意识

中国画是历史悠久的艺术,它有自己一套视觉语言系统,其中最主要的就是笔墨语言。……造型、构图、色彩等是所有绘画都拥有的,笔墨是中国画所独有的。抛弃了笔墨,中国画与非中国画就很难区别。在中国画中,笔墨语言与一般语言并不是简单的相加关系。中国画的造型通过笔墨来实现,但笔墨不单是造型的手段,它还有相当的独立性。中国画在造型上强调不似之似,就是为了使笔墨的相对独立性得到发挥。笔墨可以单独欣赏。最高境界的中国画,既要看它画了什么,更要看它是怎么画的,它的笔墨如何……当然,笔墨不是唯一的东西,它必须和造型、色彩等一般绘画语言融为一体。只有笔墨而没有造型、色彩和构图能力,也不会成为一个好的中国画家。……但20世纪以来,又逐渐形成另一相反的倾向:轻视和否定笔墨,试图以一般的绘画语言(特别是西画语言)代替中国画语言。后一倾向把笔墨等同于复古,只承认它的工具性而不承认它的独立价值以及它和精神的内在联系。其结果,是忽视了中国画的特殊性,模糊甚至取消了中国画的边界。……

多样化的中国画要求多样化的形式语言,不同类型的中国画,对于笔墨的要求是不一样的。……

四、要有追求精神意义的自觉意识

……传统中国画缺乏对人和社会现象的直接描绘,回避表现人特别是人的精神的多面性与复杂性。……20世纪特别是20世纪后半叶以来,人物画得到空前的重视……但由于政治和意识形态的问题,人物画……作品大同小异,千篇一律,现实主义蜕化为粉饰主义……改革开放后,实行市场经济,否定了政治工具论……以前的虚假写实主义变成了今日流行的空洞表现主义和唯美主义。改变了文化环境,否定了政治工具论,却没有根本改变人物画不关注人、不关注现实、不追求人文精神的状况。这真是一件值得深思的事情。……

改变中国画(特别是人物画)不直面血肉人生的历史,就要做到不回避表现复杂的人世和人性,不回避表现人性中的丑、恶和冲突,不回避表现现代人的焦虑、困惑、矛盾、奋斗,使中国画变得有歌有哭,有声有色,有优美有崇高,有形式创造有意义追求。这就要求艺术家具备独立观察与洞悉人生人世的思想力,以及强烈的责任感,独特的视角,创造的激情和高尚的道德情操。一句话,要有主体意识的自觉,创造精神价值的主体自觉。①

【解析】 例文从具体的展览案例出发,着重讨论了中国画在追求"现代性""全球化"的历史情境中,应该有四个层面——演进、现代性、形式语言与精神追求——的自觉意识的问题。

例文分别就前述四个层面的自觉意识的内容进行了具体阐释。在对待传统与革新方面,郎绍君辩证地阐述了中国画应该如何处理的重要问题。在中国画的现代性自觉方面,作者认为中国画在发展并表达时代的同时,要守住其之所以为中国画的特质。当谈到中国画语言的自觉意识时,郎绍君认为"笔墨"等语言是中国画之为中国画的根本问题。在谈到中国画(尤其是人物画)的当下实践所呈现出的回避现实并缺少精神内涵的问题时,郎绍君对此进行了批评,要求艺术家应该表现现实,并自觉追求作品的精神内蕴。

可见,关于展览的批评性文本写作,在讨论具体的问题时,不仅要将问题置于广阔的文化历史背景中,以大观小,同时还要具有敏感的感受力与深刻的理论洞察力,将具体问题所折射出的重要理论问题进行深入分析,以小观大。就是说,围绕展览所进行的学术研究需要兼顾微观与宏观的两种视野,既要从微观的视野中呈现出对细节的思考,还应站在大的历史语境与文化语境中,对展览引发的重要问题进行深度的阐发与反思,辩证且系统地剖析展览所引发的相关问题。此外,该类文本也选择以展览引起的或反映的当下艺术现象为中心,剖析其产生的原因、带来的影响、存在的价值等。这类文本具有极强的学术价值,依赖写作者学理性且专业的判断。

(二)批评类文本的写作要点

1. 时效性,注重现场反馈

在展览期间,为了高效地传递展览信息,挖掘作品价值,还需从现场的角度进行展览文本的推送。当然,此种文本的写法不同于常规的新闻稿,除了需要对展览的基本信息进行现场报道,还需要从接受者的视角出发,对展览的整体情况进行实时反馈。

具体来说,现场报道即对展览的开幕情况、展期活动的开展情况进行即时性报道,注重时效性、现场感与信息的准确性,需以新闻稿的形式介绍开幕流程(包括时间、地点、人物、事件),并配以现场图片、出席人物的代表性发言、代表性作品等。然而,批评类文本的写作还应包含更为深入的解读,主要包括策展人对展览主题的阐释、对展览作品关系的描述、对展览触及的重要问题的探讨与对展览现场公众反馈的说明等。

---

① 郎绍君:《中国画的自觉意识——在首届全国画院双年展学术会上的演讲》,邵大箴、李松《中国现代美术理论批评文丛·郎绍君卷》,人民美术出版社2009年版,第59—68页。

2. 研究性，体现专业视野

在批评类文本的写作中，研究性文体介于批评和理论研究之间，兼具批评性和研究性。从具体的文本上来说，其呈现为针对展览所发表的一系列热点评述等。此种写作范式以具体的艺术展览为基础，但又不囿于展览本身，倾向于从对展览的阐释中引发理论问题并进行论证。对于批评家来说，此种写作常常作为后期进行艺术理论或美术研究的基础。

从写作要点上来说，此类文本强调理论家、批评家等从艺术接受的角度，以学术性、专业性为标准，对展览、作品及艺术家等进行多维度、多视野的艺术批评实践。比如，在"心象天放——黄宗贤绘画作品展"的文本写作中，展览特邀诸位批评家、学者对黄宗贤的绘画创作进行了专业的艺术批评，不仅为公众提供了理解作品的专业知识与多维视野，而且为艺术家的阶段性创作进行了系统化梳理和整体性反馈。

3. 反思性，运用辩证思维

在批评类文本的写作中，还需注意文本的反思性，主要要求写作者运用辩证思维对展览进行总结与反思。此处不仅需要写作者提供展览开幕的基本信息，进行展览图录的出版，还需要从更为立体的层面对展览所关注的话题、设定的环节、取得的成效与创造的价值，甚至是目前存在的问题，进一步深化的方向与措施等进行复盘与反思。

例文解析

共同生活：社会设计与艺术行动（节选）

普罗米修斯式的现代性强调着两种并存的极端状态——温柔及暴力，亦即关于现代性的双面性，以"好的社会发展"为导向的日常生活行动，或关于科学、生化、污染、享乐等"过度发展"的担忧及批判。"我们如何共同生活"在此维度下就不仅仅是"发展主义"的递进式视角，而是在不断的"处境审视"的批判和自我批判下的主动行动和比较性实践。

本案以"研究及比较"的视角来展开开放性对话，邀请并围绕着来自日本及中国西南地区的艺术、建筑、跨域教育的地方工作者，以"共同生活"为话题，"地方创生"及"艺术拓界"为讨论介入点，结合大家的在地实践，通过艺术展览、文献展示、公共论坛、讲座分享、写作出版等方式，在比较对话的基础上，探讨在共同的东亚地缘背景下的行动经验或行动选择，而有关"共同生活"的文化及社会基础，到底是建立在后现代美学论述之上，还是基于新历史主义的立场态度，将是值得分析和梳理的工作内容。

【解析】例文首先从学理层面对展览的视角进行了专业阐释，并对展览的切入点、探讨的问题、阐释的方式分别进行了总结；其次就展览中的项目及其要点进行了陈述；最后，文本对该项目举办的活动及其关注的问题、展示的案例与内容、代表性艺术家及活动现场的情况进行了探讨与反思。

展览后期的回顾与总结是十分重要的,它以极强的宣传性与推广性对展览进行持续发酵,因而在进行文本的撰写时应注重文本的归纳性与系统性,在全局的视野中进行总体概览,以持续地生发展览效应。

总之,艺术展览的写作文本因为写作主体和写作面向的不同而分为信息类、评介类与批评类文本。三者之间并非递进关系,而是处在不同层面平级互动,它们共同构成了艺术展览写作的文本生态,并从信息传播到主题凝练、从展览介绍到艺术批评、从展览本身到展研互动等层面,将展览与大众观看、学术评论、学术研究等活动勾连并予以延展,使展览活动突破单向输出转而走向多方互动的展览生态。由此可见,展览写作是艺术展览活动不可或缺的重要组成部分,甚至可以说艺术展览的写作与艺术展览二者之间是一种相互成就的动态关系;一个展览如果没有好的文本写作与之互动是不完整的。

导练平台

一、学习建议

艺术展览写作涵盖不同层面,从基础的写作文本到常规的写作面向,再到写作的要点,学习者应将规范与要点相结合,实践与观念相融通,建立"作品—空间—文字"的整体意识,充分考虑艺术展览现场的特殊性,并注重挖掘文本推广与传播的效应。

二、复习思考题

1. 艺术展览写作有哪些分类?
2. 艺术展览的写作有哪些要点?
3. 艺术展览的写作文本有哪些?分别具有何种特征?
4. 艺术展览的写作应涵盖哪些面向?针对展览空间、艺术家与作品的写作有何差异?
5. 为什么核心主题的锁定对展览来说尤为重要?在拟定展览主题时,应注意什么?
6. 如何将路线布局与展览主题相连接,并落实为具体的文字导引?
7. 如何将展览信息进行有序推送?针对不同时间节点的推送文本有何写作要求?

三、实践训练

1. 请你选择 10~15 件艺术作品,进行展览主题的观念架构,要求:问题意识明确、层次结构清晰,体现一定的现实关怀,并尝试撰写一篇展览前言。
2. 请你为以上策划的展览进行空间层面的布局规划,并撰写与制作该展览的导览手册、观展路线与作品提示。

 **课堂研讨**

1. 新媒介、新技术总是与艺术创作形态、艺术展览模式密切相关,以小组为单位讨论当下的艺术展览相对传统展览,在展览宣传与文本写作形式上有何更新。

2. 长征计划团队黄强、沈军、梁中蓝、卢杰在 2020 年的文章《在国际和本土之间实践长征:全球语境与在地空间》中这样写道:

"国际舞台的出现是上世纪 90 年代中国艺术的重要事实,在中国的艺术社会学关系中,民众与精英、传统与现实的关系退居幕后,'中西之辨'浮上表层占据了主要视野,并成为干预理论思考和创作实践的最重要参数,制度性地生产了我们的尴尬与委屈感,这是一个艺术的消费方式左右到生产方式的典型案例。不可能天真地期待中国艺术的海外消费者理解水平的提高或中国经济力量的进一步成长会自动解决这一问题,我们还需从中国艺术界的自我理解入手,重提这些年退出视野的前两层关系,而其中,对于二十世纪中国革命史的重读,对于当代视觉文化中的社会主义记忆的整理,就是不容回避的症结问题。"这是《"长征——一个行走中的视觉展示"策展论述》开篇其中一段,由卢杰和邱志杰成文发表于 2002 年。而现在将近 20 年后的今天,文中对当年中国艺术圈的状况和对未来的假设洞见犹新。当时长征计划提出的问题意识,现在仍然有效,虽然大环境已经有很大的改变,但无论从美术馆、媒体、画廊,甚或市场的角度,都能够看出机制正处于加速的构建中。长征,如同在此生态中的每一员,是参与建构这个机制的一分子,面对长征计划走过的道路仿佛也是面对当代艺术过去两个十年历史的一个截面。面对不断变迁的当代艺术语境,长征计划是一个持续的行动者、中介者、生产者和观察者,将自身的实践视作一个不断在国际和本土语境之间斡旋的能动主体(agency),在多重情境和时间之中激发新问题以更新并定位自身。

以小组为单位,结合上述内容,思考策展人如何围绕中国当代艺术的具体现象,进行艺术策展与组织,并将批判性与反思性思想渗透到文本写作活动之中?

3. 围绕本章第二节所述核心内容,以小组合作的模式,就某一主题或现象,组织一场不同形式的、模拟的展览文本写作实践与研讨,深入体会艺术展览的写作要点。

 拓展链接

1. 尹均生:《写作学概论》,湖北教育出版社 1987 年版。
2. [美]卡里尔:《艺术史写作原理》,吴啸雷译,中国人民大学出版社 2004 年版。
3. 吕澎:《艺术史研究与写作入门》,北京大学出版社 2020 年版。
4. 葛红兵、许道军:《创意写作教程》,高等教育出版社 2017 年版。
5. [英]让-保罗·马丁:《策展哲学》,王乃一等译,中国画报出版社 2021 年版。

6. [法]侯瀚如、[瑞士]奥布里斯特:《策展的挑战》,金城出版社2013年版。
7. 李德庚:《流动的博物馆》,文化艺术出版社2022年版。
8. 王林:《美术批评方法论》,西南师范大学出版社2006年版。

第四章 艺术访谈写作

学习目标

1. 了解艺术访谈的基本概念,掌握艺术访谈写作的文体特征。

2. 熟悉艺术访谈写作的前期准备工作,包括主题选择、资料搜集和访谈大纲拟定三个方面。

3. 掌握艺术访谈的沟通交流技巧,学会基本的访谈提问方式和访谈礼仪,围绕访谈主题来把握访谈节奏,能够应对常见的访谈突发情况。

4. 培养信息提炼和后期行文能力,学会根据搜集的访谈信息"去粗存精",紧扣主题形成逻辑清晰、图文并茂甚至多媒体融合的艺术访谈文章。

案例导入

求真 向善 尚美
——徐明华艺术访谈(节选)
姜 雁

徐明华,1932年生,江苏宜兴人。1950年考入南京大学艺术学系学习。1952年经全国院系大调整,转入南京师范学院美术系学习。1953年毕业并留校任教。1955年至1960年被选派至苏联留学,先后在莫斯科波将金师范学院、列宾美术学院学习深造。曾任中国美术家协会理事、中国油画学会理事、江苏省美术家协会副主席。现为南京师范大学美术学院教授,江苏省油画学会终身名誉主席,享受国务院政府特殊津贴专家。

姜　雁:徐老师,您好!很高兴您能接受我们的采访。首先,请您谈一谈年少时的经历,您自幼热爱美术并早早就决定终生习画,您是如何走上艺术道路的?

徐明华:我对美术的热爱似乎是与生俱来的。年幼时,我无论是帮母亲画刺绣的图样,或是用黏土做各种泥人,还是竹编制成各种小玩意儿,做来都不费气力。画画苦于无人教,我平日里只是临摹图画的范本,能见到的最好的图画是父亲从杂志中剪下的名画插页。我有一本装订成册的插页,一直伴我到高中毕业。

1950年，我离开家乡报考南京大学艺术系，并以优异成绩入学，时任南京大学校长的潘菽先生特意写信给家父表示祝贺，这封信我一直珍藏至今，信中所写一句"洵为可造之才"，对当年的我来说，是莫大的激励与鼓舞，使我有了更加坚定的信念，立志要在绘画的道路上努力前行，取得成绩。择一事，爱一生。

姜　雁：徐老师，您1955年至1960年被选派去苏联留学，请您讲讲当时在国内与苏联学西画的区别？

徐明华：在1949年新中国成立之前，国内对俄罗斯绘画艺术介绍相对少，以前只是少数人留学欧洲国家，留日的也有，油画进入中国，发展较缓慢，中国画的传统特别强大。新中国成立后，学习苏联，政府连续多年派出留学生，延续至20世纪60年代。去苏联学油画的留学生，大多是大学毕业后的青年教师。俄罗斯学习绘画的条件是一流的，有世界一流的博物馆，美院有严谨的教学体系、教学计划和优秀的教师，中国留学生在这样的学习环境中学习西画，普遍学业进步很快。

姜　雁：您的画面非常注重色彩表达，如您留学时期的作品《女大学生》以及静物画、风景画，请问您的这种绘画理念是如何形成的呢？

徐明华：色彩表达是油画语言中特别重要的部分，在列宾美院学习的第二学年，在维夏尔金导师的指导下，我对色彩有了全新的感悟，油画取得很大进步，画了《女大学生》等作品，油画成绩都是五分。留学期间最好的学习条件是能看到博物馆里西方油画大师们的原作。在色彩语言方面，我尤其喜欢印象派，喜欢的画家与画风都是与自己的心性比较接近的吧。油画语言是对空间、质感和色彩上的精微和深度的不断探索，而空间和质感更多的是通过极其复杂、微妙的色彩变化来达成。

姜　雁：您目前的作品与学生时代的比较更为厚重了，改革开放后，您画了大量静物，《螃蟹》即80年代中期的代表作品，从构图到笔触、颜色都趋向成熟，请问您日趋厚重的风格转变是如何形成的？

徐明华：我的绘画风格基本上是写实的，但写实不等同于如实描绘，写实过程中很重要的还是在于表现，这首先要有面对对象时的真情实感，为对象所感动，而后在画的过程中寻找一种表现手段，表现手段也不是固定不变的，它随对象的不同发生变化。这种观察和表现的方式使我在画画时没有什么固定的方法，也没有一个具体的方向，只是某一个阶段的某一种想法和尝试。学生阶段画得相对轻松，之后画得比从前厚重，风格的形成是长期实践、不断学习、不断探索的过程。对油画语言技巧的研习探索是我始终努力在做的事情，在画的过程里还是寻找油画中特质的东西，色彩、肌理、质感、用笔等。我喜爱生活中随处可见之物，瓶花、陶罐、金属、玻璃制品，微末之处都有吸引力，期望能用精湛的技巧出色地表现这些最平常之物、之景中蓬勃饱满的生命力。

姜　雁：您画过很多风景作品，请问您认为在风景写生中，如何表达色彩的真实性？对于选景和构图您有什么建议？

徐明华：我不认为色彩有绝对的真实性，每个人看到的都是个人感受到的色彩，我想表现的是我感受到的自然光色氛围，自然景物在一定外光条件下呈现出来的美感，当面对大自然，不同的对象、不同的季节、不同的气候，都会给人不同的感受，那么尊重自然、敏锐地观察与感受对象显得格外重要，用整体观察的方式观照对象，倘若能较准确地表现对象的形体、位置、色彩以及它们之间的关系，那么某种外光条件下的光色气氛与空间自然就会呈现出来。至于选景与构图，我想这是很个人的事，选择你感兴趣的就是了。

姜　雁：您一直坚持外光写生，您认为对景写生和对照片写生的区别是什么？写生时需要注意什么呢？

徐明华：相对于对景写生，照片提供的色彩信息相对简单化，而眼睛看到的色彩更加丰富细腻，倘若想依据照片提供的色彩信息完成如外光写生作品那样的现场感与细腻复杂的色彩关系是有难度的。写生时需要注意的依然是整体观察对象的方法，这个整体的观察方法就是养成在一个视域范围里观察比照对象的习惯，练习整体把握对象色彩关系的能力，而整体的观察与表现都需要反复思考和精心推敲。另一方面，写生不是照搬对象，是再现亦是表现，这个"表现"是与个人情感情绪密切相关的，面对自然，艺术家需要保持敏锐的感受力。写生时会发现自然界千变万化，同时也感受到美的变化是无穷无尽的。我会被自然界中存在的某一个东西吸引，想去画它，这是它本身呈现出来的一种美，是色彩和形体以及它们之间的一种关系，一个景色使人感动，产生作画的愿望，都只是在一定条件之下的，外界条件变化了，可能就会不再想去画它。因此，当你想画的时候，最好立即把它画下来。更多时候我需要尽快记录自然中烟云变幻的光色印象。

姜　雁：您怎么看待写生与创作的关系？

徐明华：为创作所做的色彩写生稿、素描稿是必要的，它们是创作前期的绘画笔记，为创作提供了保持生动性的可能。

姜　雁：对于目前国内的油画写生，您怎么看待呢？

徐明华：如果写生对象是参照"物"，那么随意涂抹这个"意"主观意图的表达就多一些，当然，传统意义的写生是尊重客观对象，感受并表现对象。写生是一个画家必备的能力，它是视觉经验的来源，即便是现代主义如野兽派画家依然是从观察客观对象出发，进而达到表现自我意图的目的。

姜　雁：您在现实主义油画创作与教学领域都承担着非常重要的角色，您是南京师范学院美术学科发展与人才培养领域里开拓建设的元老，您的主要教学思想都有哪些？在教学当中是如何体现的？

> 徐明华：从留学回国到学院任教至退休，我在教师岗位上工作了近四十年。1989年获得由国家教委、中华人民共和国人事部、中国教育工会全国委员会授予的"全国优秀教师"奖章。我认为好的老师，应该是个优秀的实践者，技艺精湛，还要不断学习。"学高为师，德高为范"，言传身教；"笃学敏行"，老老实实、认认真真做学问，坚持不懈地积极实践。在美术教学方面，对于绘画专业的造型基础训练还是要重视，引导和启发学生把握造型规律与艺术表现力的有机统一，重在提升艺术品位和格调；尊重每个学生的个性发展和审美喜好，因材施教，鼓励他们在艺术道路上发挥自己的特长和优势，鼓励学生在艺术创作中勇于表达自己的思想和情感。"讷于言而敏于行"要始终重视艺术实践教学，解决好专业技能技巧问题，才有可能具备艺术表现、情感表达的能力。再者，作为老师教书育人，传授知识技能的同时，更要传承"执着专注、锲而不舍"之精神，"求真、向善、尚美"之品格，所谓"师者匠心，止于至善；师者如光，微以致远……"
>
> （资料来源：《美术观察》2023年第11期）

第一节　艺术访谈写作概述

艺术访谈写作文本是基于采访者对受访艺术家进行现场访谈的资料，后期整理加工而成的文章，它通常围绕特定的艺术话题展开，具有较高的文献或史料价值。本节将概述艺术访谈写作的体裁特征、文献价值、写作过程和写作技巧。

从体裁特征来看，艺术访谈与新闻访谈高度相似，一般以对话记录形式呈现，要求访谈作者（通常也是采访者）实事求是地呈现受访艺术家的言谈，重视文章的客观性、真实性，同时，也要求访谈作者围绕既定的访谈话题行文，筛选现场访谈资料中的有效信息。因此，艺术访谈文章必须做到主题明确、逻辑清晰、客观真实。一般而言，艺术访谈文章多采用传统的文字文本形式刊登在相关期刊杂志上或收录于专著当中，但随着媒介技术的发展，艺术访谈文章不仅追求图文并茂，还呈现媒介跨越与融合的趋势。随着自媒体和短视频平台的兴起，艺术访谈文章在很大程度上与艺术访谈节目融为一体，如在微信公众号上刊登的艺术访谈文章常常将文字文本和访谈图片、访谈视频并置，呈现出跨越文字、图像、音频等媒介的数字文本样态。此种趋势为艺术访谈文章提供了更宽阔的传播渠道，也极大增强了文章的可读性和趣味性。

从文献价值来看，艺术访谈是艺术理论建构、艺术史研究和艺术评论写作等后续专业研究的重要支撑材料。首先,艺术访谈基于艺术家在访谈现场的言谈,因此,它属于非常珍贵的"一手材料",是艺术家对某个艺术问题或自身艺术经历的直接表达。对于艺术研究人员而言,艺术访谈文章是极为有价值的参考文献,它信息密度集中,有助于研究者把握艺术家的艺术观点、艺术思想、艺术实践等信息,进而支撑起研究工作的开展。其次,艺术访谈的客观性和真实性能进一步增强文章的可靠性,优秀的艺术访谈中不会呈现影响读者判断的诱导信息或错误信息。这进一步增强了艺术访谈的学术价值,客观性保证了艺术访谈文章作为参考文献的可靠性,同时也让艺术访谈文章成为重要的艺术史料,记录下艺术家的真实信息或重大艺术事件的样貌。最后,艺术访谈的话题选择通常具有前沿性,关注艺术的前沿问题、热点问题、重大问题等。在此方面,艺术访谈的前沿性特征在强化其学术价值的基础上,也凸显了其艺术科普价值。普通人要想了解艺术前沿,特别是抽象晦涩的当代艺术,其难度可想而知,相关主题的艺术访谈通常包含了艺术家对艺术前沿问题的思考、理解和解读,同时,艺术访谈不同于学术论文,它相对而言可读性更强,可成为大众理解艺术、欣赏艺术、思考艺术前沿的辅助文献。

从写作过程来看,艺术访谈写作包括访谈写作前的准备、现场访谈工作及整理成文三大阶段,涉及访谈主题选择、访谈资料搜集、访谈提纲拟定、访谈沟通技巧选择、访谈笔记整理、文稿串联打磨,以及访谈文本敲定等多个步骤。要写出一篇优秀的艺术访谈文章,需要写作者有人物传记写作能力、新闻访谈写作基础、新闻采访基本常识、艺术理论和艺术史知识储备乃至艺术评论写作经验。艺术访谈写作的每个步骤都涉及大量筹备工作,需要考验作者甚至创作团队的艺术专业性、访谈基本功、理论敏锐度、文笔功夫和媒介技术等能力,与艺术创作基于灵感和想象力的生产模式完全不同。在筹备阶段,访谈作者需要有一定的艺术理论和艺术前沿问题嗅觉,是否能选择一个好的访谈主题,在很大程度上已经决定了一篇艺术访谈文章的格局和水平。在优秀的选题基础上,作者需要有清晰的访谈思路,一般而言,为了访谈的顺利进行,作者需要事先拟定一份访谈大纲,其中包括访谈主题的设置、访谈提问的预设等基本信息。在访谈实践过程当中,作者需要充当访谈主持人的角色,时刻把握话题走向,获取并记录重要信息,同时还要随时准备好处理各种突发状况,保证访谈按照预期的方向顺利进行。现场访谈所获取的资料只是一个驳杂的"原始数据库",如何提纯,这才是正式进入写作的核心环节之一。清晰的思路、明确的主题、客观的呈现加上媒介技术的润色,一篇优秀的艺术访谈文章才能成型。

总之,艺术访谈写作具有鲜明的话题性,以翔实可靠的现场访谈资料为基础,客观的、真实的信息整理为准则,清晰明确的行文为手段,呈现出具有前沿性、话题性、史料价值性的对话记录式文章。基于以上定义和特征,本章以艺术访谈写作过程中的三大阶段为线索,逐一讲解相应的基本知识和注意事项,聚焦艺术访谈写作的精华。

第二节 艺术访谈的素材准备

一、选择艺术访谈主题

一篇优秀的艺术访谈文章一定有明确的主题,在进行访谈及进入写作之前,做好前期准备工作是必不可少的步骤,而访谈主题的选择在很大程度上决定了一篇艺术访谈文章的格局和优劣。要选择合适的访谈主题,需要对访谈对象的艺术背景、所涉及艺术领域的现状和前沿、艺术史乃至文艺政策都要有清晰的了解,作者要清楚自己打算获取什么信息,解决什么问题。选择访谈主题要重点考虑主题的时效性、理论性、前沿性和史料性。这有些类似新闻专访的写作模式,"专访的内容是专一的,不是'遍地开花'。它的形式也应是专题性的,如访某人,谈某件事或某个问题;访某单位,谈某种情况等,从标题到行文方式都得显示出'访'的形式来,让受众知道这是专访"。①

(一)艺术访谈主题的时代性

在确定艺术访谈的主题时,要注意主题的思政性与时效性,即该主题在当前的文艺环境下是否与文艺政策的导向合拍,是否能反映当前的艺术热点问题。"当代中国文艺政策是中国共产党取得政权之后,在文艺领域实施领导,进行引导的有关政策、方针和法规等,是社会主义文学理念通过现代社会政府管理在文学艺术领域的具体实施。"②首先,要排除违背"社会主义核心价值观"和当前文艺政策的话题。艺术家并非隐居在象牙塔里面的人,艺术要反映当代生活,满足人民文化需求,回应社会问题,这是艺术家应尽的责任。其次,习近平在文艺工作座谈会上指出:"人民是文艺创作的源头活水,一旦离开人民,文艺就会变成无根的浮萍、无病的呻吟、无魂的躯壳……能不能搞出优秀作品,最根本的决定于是否能为人民抒写、为人民抒情、为人民抒怀……要虚心向人民学习、向生活学习,从人民的伟大实践和丰富多彩的生活中汲取营养,不断进行生活和艺术的积累,不断进行美的发现和美的创造。要始终把人民的冷暖、人民的幸福放在心中,把人民的喜怒哀乐倾注在自己的笔端,讴歌奋斗人生,刻画最美人物,坚定人们对美好生活的憧憬和信心。"艺术创作与时代共脉搏,艺术访谈也同样要把握住时代的需求,反映艺术家的奋斗历程,体现艺术对社会现实的观照,反哺人民的质朴情感。最后,艺术访谈的选题要避免老生常谈,应选择人民喜闻乐见的话题,把握艺术领域的主流动向,凸显时代性特征。

---

① 胡欣:《新闻写作学》,武汉大学出版社 2012 年版,第 152 页。
② 王杰:《中国当代文艺政策的美学基础》,《思想战线》2018 年第 2 期。

（二）艺术访谈主题的历史性

优质的艺术访谈常从艺术史或者艺术家的艺术经历中寻找与历史进程合拍的访谈主题。如在采访老一辈艺术家的时候，可以着重交流其早期的艺术探索经历与中国现当代的重要历史事件之间的关联，此时的艺术访谈主题就可以在艺术史与中国革命、抗战、民族解放、改革开放和新时代征程等重大历史事件中选取。

例文解析

峥嵘岁月中的先行者
——张华清教授艺术访谈（节选）

《收藏与投资》：从1953年开始，新中国开始派大批留学生到苏联去学习，这是特定的历史条件下的特殊策略，现在来看，在某个层面来讲，它的确发挥了很大的作用。您能否谈一下艺术方面的留苏学生的情况？

张华清：20世纪50年代初，共和国诞生后面临西方诸国的封锁，只有苏联等社会主义国家的支援，接受我国派遣的学生。（中略）留学生的任务是努力学习知识，学好苏联的油画艺术，把好的经验带回来，提高我们国家的艺术教育水平。在我们出国前，教育部一位首长形象地对我们留学生说："派你们出去，好比是养一只老母鸡，你们回来要生蛋——为国家培养更多的人。"

……

《收藏与投资》：我们国家那个阶段的艺术应该还是处在为政治服务的阶段，您出国前到回国后，我们国家的创作氛围是否有大的变化？

张华清：我们国家的文化艺术自"五四"后近百年来，中国革命进步的文艺，特别是新中国成立以来的中国美术事业，是中华民族五千年优秀文化艺术传统的继承与发展。1942年，毛泽东主席在延安座谈会上的讲话中公开阐明了文艺为上层建筑，公开提出文艺为工农兵、人民大众服务，主张文艺的标准是"政治第一，艺术第二"的方针。我认为这是由当时中国的社会现实所决定的。那时中华民族正遭受日本帝国主义的侵略，民族的灾难、人民的痛苦深重，文艺应该成为打击敌人、解救人民、争取人民解放的有力武器。因此，单纯的所谓"为艺术而艺术"的那种美术观自然而然地会受到批判。①

【解析】 作为老一辈油画家，张清华早年的艺术求学经历与中国当代外交史、社会发展史高度重合，特别是他留学苏联期间，不仅在艺术思想和实践上感受到了苏联艺术家的伟大，同时也在留学期间担任留学生党支部书记，与中国外交官多有互动，见证并亲历了许多历史的关键时刻，对党的文艺政策有深刻的理解，所以在访谈中他强调

---

① 张华清、隋林华、侯进刚：《峥嵘岁月中的先行者——张华清教授艺术访谈》，《收藏与投资》2017年第Z2期。

相信"服务于广大人民的文艺方针不会改变"。这篇艺术访谈的核心内容是讨论绘画专业领域内的中苏艺术教育差异问题、艺术创作的目的性问题、俄国现实主义绘画问题和中俄绘画艺术影响问题,但访谈作者巧妙地选择了"峥嵘岁月"这个主题,把上述问题置于中华人民共和国成立初期中国社会改革发展探索历程、中苏外交历史对张华清油画创作的影响上来探讨,强调了老一辈艺术家海外求学而为国家培养人才的艺术家使命。文章通过张华清的回答梳理了中国从"五四"到改革开放以来中国美术事业的探索道路,特别强调了毛泽东在延安文艺座谈会发表讲话以来对文艺与人民大众之间关系的重视。文艺为人民服务,在中国共产党文艺政策中始终居于核心地位。案例中的"峥嵘岁月"具有艺术回顾和革命赓续的双重含义,这样的主题选择将艺术的时代意义和历史意义有机结合在一起,可见作者的匠心。

(三)艺术访谈主题的前沿性

艺术创作、艺术理论的前沿问题也是艺术访谈可以选择的优质主题。艺术访谈文章虽然和学术论文不同,但它也要兼顾专业性和学术性,并不能是拉家常式的闲谈记录,而是要切实反映艺术界所面临和关注的问题,特别是前沿性的问题。随着媒介技术的发展,当代艺术的呈现方式早已不再局限于文字、绘画、音乐等单一维度,而是逐步靠拢全媒体呈现的模式,特别是当前 VR 技术的发展,带来了完全不同的艺术创作、呈现和欣赏模式。面对这些学术前沿问题,艺术访谈的作者应当有敏锐的嗅觉,把握住前沿化的主题。这样的选题可以让艺术访谈文章具有鲜明的理论厚度和前沿意识,从学术研究的角度来说,它甚至可以成为其他相关研究论著的崭新"一手材料",文献价值重大。例如 VR 技术是当下热门的话题,它给当代艺术带来了极大的冲击和启发,"元宇宙"(meta universe)概念更是文艺理论界和计算机技术领域跨界探讨的热门主题。面对这些新兴的技术和理论,艺术家的创作会受到什么样的影响,艺术生产与消费的路径会产生哪些变革?这些问题都还处于探讨的初期阶段。相关问题的学术研究需要建构在艺术实践中的新技术上,如《从 VR 到元宇宙:VR 艺术的叙事技巧与现实困境——导演邵晴访谈》①《从虚拟建造谈 VR 与建筑教育——北京交通大学建筑与艺术学院访谈实录》②就抓住了近年来在艺术领域掀起波澜的前沿技术问题,搜集了艺术界专业人士对 VR 技术的评价。对 VR 导演的采访可以反映出站在技术前沿的艺术家们对新技术的切身体验和反思。受访者明确认为 VR 技术在艺术领域的应用利大于弊,而"元宇宙"也具有广阔的发展前景,只是未来的走向还不甚明晰。技术飞跃带来的艺术哲学难题在此被提出,人与物质的关系被重新定义,艺术作品的符

---

① 邵晴、赵立诺、钟芝红、包仪华:《从 VR 到元宇宙:VR 艺术的叙事技巧与现实困境——导演邵晴访谈》,《当代电影》2022 年第 5 期。
② 朱晓琳、夏海山:《从虚拟建造谈 VR 与建筑教育——北京交通大学建筑与艺术学院访谈实录》,《建筑技艺》2017 年第 9 期。

号媒介被革新,因此该类访谈文章的理论性、学术性都十分突出。

总之,一个好的选题在很大程度上奠定了一篇优秀艺术访谈文章的基础,在具体的选题过程中,作者应当从艺术思想、艺术理论、艺术前沿、文艺政策、艺术历史等方面入手,把个案放置于具体的历史文化语境中探讨,由小见大,突出艺术访谈的文献价值和学术意义。

二、搜集艺术访谈资料

在确定了艺术访谈的主题之后,接下来的核心工作就是集中搜集与访谈主题相关的资料。访谈资料主要包括两大板块内容:第一是受访者的简历,包括其人生经历、艺术探索历程、艺术流派、主要艺术贡献等;第二是与访谈主题密切相关的信息,包括理论基础、学术前沿、艺术史背景、重要艺术事件等。一篇优秀的艺术访谈文章一定建立在"知人论世"的基础之上,把"作者、作品所受到的各种生活、历史影响联系起来考察。这样,既便于弄清有关文艺问题的来龙去脉、前因后果,又能通过多层次侧面的分析比较而更加充分地显示被评论对象自身的矛盾特殊性"。① 掌握了这些资料才能明确一篇艺术访谈文章要探讨并解决什么问题,有效设计访谈的提问并从受访者处获取相关信息,可以说访谈资料的搜集工作是写好一篇艺术访谈文章的基石。资料的掌握可以帮助写作者进一步判断自己的艺术访谈选题是否合适,是否有写作价值。当确定受访对象的相关信息搜集完备,所选主题有写作价值之后,后续的现场访谈和艺术访谈文章写作才会水到渠成。

(一)搜集受访人的背景资料

要尽可能全面掌握受访者的有关资料,熟悉其艺术经历、教育经历、艺术思想、代表作品和艺术教育观念。本章导入案例的开篇整体展示了受访者的背景信息,从各个头衔或职称的罗列中可以初步呈现徐明华所取得的艺术成就和在业界的重要地位;接下来,以时间为线索纵向梳理了徐明华的求学经历,回顾其从艺术启蒙到留学苏联再学成归国的人生历程;然后,进入共时性的探讨,聚焦徐明华的代表画作及其艺术观念;最后,话题移向徐明华的艺术教育理念,既总结其艺术教育生涯的成就和经验,又对后辈提出希望。可以看到,作者在访谈前期的资料搜集整理方面下了很大的功夫,掌握的信息全面且思路清晰,兼顾了受访者的求学经历、艺术成就和艺术教育贡献三大方面。

访谈资料不仅包括文字资料,也包括各种珍贵的影像资料,在导入案例原文中,访谈作者搜集了受访者各个阶段的照片,其代表作品的电子影像,并附于文字之后,让整个背景信息获得图文并茂的呈现。可见,在访谈进行之前,访谈作者对选定的受访者已经有了非常深入的了解,让自己在某种程度上成为受访者的"知己",这也有利于在后续的现场访谈中营造融洽、亲切的交流气氛,同时为艺术访谈的写作

---

① 芮瑞、黄建成:《写作学教程》,安徽大学出版社2009年版,第108页。

夯实了基础。

（二）搜集与访谈主题相关的资料

访谈资料的搜集还要兼顾访谈主题,对该主题相关的艺术理论、艺术事件、艺术作品,以及受访人与该主题之间的关系都要尽量全面掌握,这就像写一篇精简版的人物传记一样,"一篇传记要反映一个人物一生或一段生活的史实,但不能什么都包罗万象地都写进去。就是说,每一篇传记都应有一个鲜明、深刻的主题。所以,占有史料以后,还要选择、提炼、分析、综合,抓住事物的主要矛盾,精心提炼出一个好的主题来"。① 前文提及,艺术访谈也要兼顾学术性,这就要求访谈作者自身的艺术理论素养过硬,对艺术界的前沿问题、重大事件都有敏锐的嗅觉,能够围绕一个确定的访谈主题,在访谈前对相关的艺术理论、艺术史、艺术事件材料进行全面的搜集,类似于学术论文中的文献综述或对研究现状的考察。值得一提的是,由于艺术访谈文章毕竟不同于学术论文,所以这方面的材料并非和前述受访者相关材料一样要单独呈现在访谈文章当中,但是它们也要渗透在字里行间,从主题的选择、提问的设计、文章的建构到观点的呈现都能反映出作者对相关材料的掌握程度。例如《从 VR 到元宇宙：VR 艺术的叙事技巧与现实困境——导演邵晴访谈》中,作者对 VR 技术在艺术领域的应用状况非常熟悉,文章不仅以受访者的代表性 VR 电影短片为讨论核心,同时把问题域辐射到了 VR 电影的技术难点、市场前景,以及 VR 与元宇宙的互动领域。这说明作者在访谈前已经对相关理论问题进行过了考察,搜集过相关文献并掌握了理论基础和 VR 技术的前沿应用趋势,因此,整篇访谈文章才能显示出理论深度。

三、拟定艺术访谈提纲

艺术访谈写作准备工作的最后一步就是拟定访谈的提纲,它与论文写作的纲要类似,包括了后期写作时需涉及的各个章节内容,其核心是访谈提问的预设。具体来说,访谈提纲包括如下内容板块：① 访谈者序；② 艺术家简历；③ 他者评价；④ 提问预设；⑤ 编者按语。其中提问预设部分又可以具体下分为如下板块：艺术家专业、艺术家个人艺术理念(结合具体艺术现象)、艺术家个人重要艺术作品的创作、艺术家个人兴趣与艺术的关联、艺术家对现有艺术形势的看法、艺术家对艺术形势的展望。

上述①②③部分需要结合前文论及的访谈主题选择和访谈资料搜集工作来确定框架。访谈者序类似学术论文的摘要,是对所选取主题的重要性、学术意义、艺术史价值等问题的精练表达,需要突出访谈主题的新颖性和问题意识。艺术家简历和他者评价可以分开也可以融合在一起,是对采访对象相关背景信息的集中呈现,它们可以置于文章开头也可以附于文章末尾,帮助读者快速把握背景信息,理解访谈文章所探讨的问题。

提纲最核心的部分是提问预设,它是访谈作者在访谈进行之前模拟艺术访谈现场

---

① 尹均生：《写作学概论》,湖北教育出版社 1987 年版,第 247 页。

状况,根据自己所要搜集的信息而拟定的访谈提问纲要,虽然最终在访谈现场需根据临场情况有所调整,但整体框架应该逻辑清晰,这样才能保证提问的有效性。在拟定预设提问之前,作者先要明白自己需要通过提问获取哪些信息,以帮助自己后期成文,这就需要量体裁衣,但从宽泛的角度来说,也有通用的框架可资借鉴,也即是从受访者的个人艺术经验开始,逐步进入主题,最终指向受访艺术家对讨论主题在当下发展状况的看法和未来发展形式的判断。

例文解析

艺术的价值在于探索世界
——宁浩访谈(节选)

Q1:你是学绘画出身,在正式开始故事片创作之前从事过许多工作,这些经验对你日后的电影创作产生了哪些影响?

Q2:2001年的《星期四,星期三》只是部学生作品,但是它的风格在之后的作品里也出现了,作为处女作,你当时对自己的创作风格是怎么思考的?

Q3:内容上是完全不相关的三个故事吗?

Q4:20世纪90年代有很多多线索叙事的作品,在结构上你有没有受到它们的一些启发?

Q5:这部影片后来获得第八届北京大学生电影节第二届大学生录像作品大赛最佳导演奖,获奖也是第一次吧?

Q6:一般来讲,学画画出身的创作者,美学追求往往是偏唯美的,但是你的第二部作品《香火》是非常纪实的影调,第三部作品《绿草地》也是偏纪实风格的,追求的是真实感。

Q7:你这时候已经具备一定的思想成熟度和对艺术的感知度,比那些高中毕业后就学电影的学生思考得深多了。

Q8:你的第一部影片形式感更强,第二部影片《香火》是不是更注重社会层面的思考?

Q9::对,一般来讲,在类似题材的影片中,主人公可能会遭遇现实生活中的种种障碍,但是在《香火》中还多了一层主人公作为和尚的特殊身份,他的遭遇就有了更多可以解读的内容,和很多微妙的东西,就很有意思了。

Q10:《疯狂的石头》是2006年的影片,现在将近20年了,再回头看,那时你作为那么年轻的导演,一下子这么火应该是没有想到的。你自己的心态、状态有什么样的变化?

Q11:从评论的角度来讲,《疯狂的石头》对于中国电影商业片的创作来说具有里程碑的意义,大家对你和影片的讨论也很多,他们认为你是具有标志性意义的创作者。

Q12:就《疯狂的石头》来讲,现在看依然很有穿透力,不管是知识分子还是普通老百姓,影片中都有能接受的点,审美跨度比较大。

Q13：所以你不认为一部影片存在一个固定的观众群体，因为观众千差万别？

Q14：将"疯狂"作为一个系列的想法是什么时候成形的？

Q15：你自己说过，你不喜欢完全被标准定义，比如说被定义为作者电影或者是类型电影。刚才你聊的，你自己的艺术趣味还是偏个性化的选择，那么，2014年之后，你的拍片机会多了，势必遇到资本影响创作的情况，在这个过程中，你会觉得有矛盾的地方吗？

Q16：创作中，你自己觉得最顺的，完全可以自己自由表达的是什么？最难受的是什么？

Q17：创作之余，你另外一项重要的工作就是监制了不少作品。"坏猴子"这些年成果斐然，各种青年导演加入，又输送了多种不同类型的作品，口碑、票房都很不错。现在签约的导演差不多20位了？

Q18：这是源自你自己的个人经历吗？因为自己得到了"亚洲新星导"这个计划的帮助，所以你也要助推青年导演？

Q19：你怎么发现他们的？选择的标准是什么？

Q20：在艺术监制这部分你都做了哪些工作？

Q21：青年导演扶持计划做了差不多十年了，有没有新的应对当下创作环境的规划？在未来的导演选择上，或者是在影片的调性把握上有没有一些新想法？

Q22：所以如今在探索分线差异化发行。你创作《疯狂的石头》的时候不到30岁，到目前的年龄段再回看你的创作，你认为自己到了什么样的位置？①

【解析】以上选段是提取的访谈文章中的部分提问，虽然基于临场情况，提问可能与预设大纲有些许差异，但并不妨碍从中窥见访谈作者建构大纲时的逻辑。

首先，Q1是一个引入话题的"热身问题"，这个问题透露了受访者的艺术背景，并引导受访者开始回顾艺术经历，是比较典型的艺术访谈开场提问。Q2—Q9是对受访者艺术经历的回溯，把宁浩的早期影视创作经历、风格、经验等信息通过提问的方式理清了。这几个问题属于铺垫，通过它们，读者可以清楚了解到宁浩是如何跨界进入影视行业，在事业初期做了哪些探索。这几个提问在设计上一方面考虑到了"暖场"的需要，通过让受访者回忆自己的艺术经历逐步让受访者进入状态；另一方面也考虑到了进入核心话题前的信息铺陈，因为访谈文章的开头虽然也会介绍相关信息，但非常简要，如果读者对该艺术领域的信息把握不全，后续探讨可能不知所云，那么这一部分的提问可以作为背景信息的补充来使用。

其次，Q10是一个承上启下的过渡提问，看似还是在回顾宁浩的创作经历，但已经开始把话题引向对"疯狂"系列作品的探讨，开启了访谈的核心环节。Q11—Q16是提问提纲设计当中的核心部分。采访者以宁浩最具代表性的"疯狂"系列作品为聚焦点，通过谈论该系列作品曾经的市场影响、观众口碑，追问宁浩在该系列作品创作中的

---

① 宁浩、李彬：《艺术的价值在于探索世界——宁浩访谈》，《电影艺术》2024年第3期。

经验和体会,指向对宁浩影视创作理念的提炼。这也是该篇访谈文章需要呈现的关键信息。

最后,Q17—22 的设计思路也很明确,从总结历史与展望未来的角度,将前文的提问信息进行归纳,同时让受访者倾吐自己未来的艺术规划和设想。从实践逻辑上看,提问者将话题从宁浩曾经的影视创作经历移向了他当前的事业方向。同时,从这几个提问的内容可以明显感受到,采访者不仅关注宁浩当前在电影事业方面的工作情况,更关心他对中国电影事业未来的期盼和规划,所以重点谈论宁浩对青年一代导演的帮扶。对新生代导演寄予的希望,最能体现宁浩对中国电影事业未来发展方向的思考。这系列提问的设计非常精巧,容纳的信息量也比较大。Q22 是一个总结性的提问,再次回首过去并着眼当下,完成了对整篇艺术访谈文章的信息总结。

就此,作者设计的这系列问题从背景信息铺陈出发,进入受访者的艺术记忆,随后重点讨论宁浩的影视创作理念和经验,最后展望未来,其中的逻辑非常明确,过渡也很自然,每一个问题的预设都有明确的信息获取目的。这样一来,即便后续现场访谈中遇到突发状况也不会完全打乱阵脚,需要临场调整和替换的提问也不会很多,更重要的是,在后期的信息整理和成文过程中,清晰的访谈提纲已经为全文构建好结实的骨架结构,可以事半功倍。

第三节 艺术访谈的沟通要领

一、艺术访谈提问思路

艺术访谈的目的是获取必要的信息以支持后续的艺术访谈写作,在明确了艺术访谈的主题、充分了解访谈对象且初步拟定了访谈大纲之后,如何有效进行现场的访谈工作就是本节着重讲解的内容。艺术访谈遵循访谈节目的一般规则,需要在采访者和受访者双方的交流对话中有效进行,这就对艺术访谈的写作者提出了更高的综合素养要求。写作者此时需要进入访谈主持人的角色,其核心能力不是动笔的能力,而是倾听能力、提问能力、沟通交流能力和应对临场突发状况的能力。为了能让受访者娓娓道出支持后续写作的必要信息,采访者需要沿着正确的思路展开提问,时刻把握访谈话题走向的主动权,紧紧围绕前期预设的主题和大纲展开对话。

由本章的导入案例可见,艺术访谈虽然与其他访谈类节目有相似处,但也有其"特异性",即访谈的话题和受访者都与艺术紧密相关,因此采访者的提问思路可以有较为普适的基础模板供参考。一般来说,艺术访谈的提问可以遵循如下思路展开:艺术经历、艺术创作、艺术教育、艺术设想。虽然在具体采访情景中,采访者提出的具体问题会根据临场情况适当调整,不一定严格遵循上述规则,但它能为艺术采访提供一个大致的提问思路框架,从而保证提问的清晰性、目的性和有效性。

(一) 回顾艺术经历

导入案例以"您是如何走上艺术道路的?""您 1955 年至 1960 年被选派去苏联留学,请您讲讲当时在国内与苏联学西画的区别?"两个问题回顾了受访者的艺术经历,让受访者逐步进入一种熟悉、亲切的谈话语境当中。之所以提倡以回顾艺术经历作为访谈的开场问题,主要是因为两方面的考虑:其一,在现场采访的过程中,采访者往往没有大量时间来做背景铺陈,在有限的时间内,采访者应当把谈话时间多给予受访者,而自己当好倾听者,让受访者自己陈述与其艺术相关的各类背景信息;其二,艺术访谈要遵循人与人交流的基本规则,需要循序渐进引出话题,同时为了受访者能敞开心扉交流,需要营造一个和谐融洽的交流氛围,那么回顾受访者的艺术经历是让其逐步进入话题、营造优质交流氛围的通用手段。采访者此处的两个提问是按照时间顺序的逻辑抛出的,从受访者接触艺术的源头开始,进而回顾其求学经历。

(二) 探讨艺术创作

完成对艺术经历的回顾之后,讨论话题可以转向艺术创作问题。在导入案例中,从"您的画面非常注重色彩表达,如您留学时期的作品《女大学生》以及静物画、风景画,请问您的这种绘画理念是如何形成的呢?"开始,采访者逐渐把话题由受访者的早期艺术经历引向艺术创作领域,这个提问具有承接性,既是提问艺术创作又没有完全脱离早期艺术经历。此后,采访者继续提问"您目前的作品与学生时代的比较更为厚重了,改革开放后,您画了大量静物,《螃蟹》即 80 年代中期的代表作品,从构图到笔触、颜色都趋向成熟,请问您日趋厚重的风格转变是如何形成的?"受访者在此番提问的引导下,结合自己国内外艺术求学的见闻和经历,逐步道出其对绘画写实性的看法,解释为何他关注生活中的微末之处,并从中发现美、表现美。采访者在艺术空间领域内继续聚焦视野,将话题引向写生的技巧和艺术特征方面。接下来,采访者通过"您画过很多风景作品,请问您认为在风景写生中,如何表达色彩的真实性?对于选景和构图您有什么建议?""您一直坚持外光写生,您认为对景写生和对照片写生的区别是什么?写生时需要注意什么呢?""您怎么看待写生与创作的关系?"三个连续的提问,将访谈的核心内容凸显出来,记录了受访者对色彩、构图及风景画的艺术特征的理解和看法。就此,该篇艺术访谈的核心内容就有了完整的架构,各个提问之间的过渡自然:用时间线索串联起提问之间的内在逻辑,从受访者的早期艺术实践谈起,逐步过渡到新近的艺术思考。

(三) 探讨艺术教育与艺术设想

艺术教育和艺术设想问题可以合起来谈,也可以调换顺序。导入案例中的最后一个提问把话题由艺术创作导向了艺术教育。采访者问道:"您的主要教学思想都有哪些?在教学当中是如何体现的?"受访者回顾了自己从教几十年的经历,首先强调教师的师风师德、言传身教的重要性,其次论述绘画技巧训练的方式方法,最后对从事艺术教学的教师提出希望。因为受访者已经在艺术教育问题的探讨中陈述了自己对未来艺术教育的希望和憧憬,所以采访者没再单独提问有关艺术设想的问题,整个访谈内容已较为完整。对未来的设想必须在回顾历史和审视当下的步骤完成后才能导出,所以通常将相关内容放置在艺术访谈文章的末尾处。艺术经历、艺术创作、艺术教育、艺术设想的通用提问思路,实际上遵循的是时间逻辑,这样的提问思路具有条理清晰、时间线索明确的优势,且易于在访谈现场营造让受访者舒适的对话环境,有助于其敞开心扉交流艺术问题。作为艺术访谈写作的关键一环,有效且优质的现场访谈将使得后续写作工作事半功倍,采访者的提问思路需要根据临场情况灵活调整,并非要死板遵照上述思路所涉及的各个单元。访谈要时刻围绕预设的话题进行,采访者是话题的引导者和受访者的倾听者,切忌喧宾夺主。

二、艺术访谈交流细则

艺术访谈是两个人甚至多个人的交流活动,在这种情境下,采访者必须具有基本的访谈类节目主持人技巧,根据受访对象的性格特征和谈吐风格及时调整交流方式,营造舒适的访谈氛围,以便获取写作的核心信息。访谈主持人不是一个复读预设提问的机器,一个合格的访谈主持人必须时刻留意现场氛围,注意自己的交流用语和肢体语言运用是否适当,仔细聆听受访者的回答并给出适当回应。需要强调的是,此处所谈的艺术访谈是为后续写作打基础,与电视台制作访谈节目有区别,虽然当前艺术访谈文章的呈现可以做到全媒体合作,但文字文本依然是不可删减的核心部分,所以此时的艺术访谈要更侧重访谈内容的专业性,建构起学术化的访谈气氛,而不需要多余的娱乐性互动或与观众的互动。

(一)营造舒适的访谈环境

为了访谈的顺利进行,需要营造一个让受访者感到舒适和安全的交流环境,烘托出专业化与学术化的交流氛围。第一步,选择适当的访谈时间和地点。访谈时间需要和受访者提前商议,地点最好选择受访者熟悉且有安全感的地方,尽量避免选择公共空间作为访谈地,访谈地点可以是受访者的工作室,对艺术访谈而言,这是一个常见且保险的选择。工作室具有一定的私密性,又是受访者最熟悉的空间,更重要的是,工作室的环境有利于营造一个充满专业性和学术性的访谈氛围。第二步,在访谈正式开启之前,需要同受访者确认如下信息:第一,采访者的简要自我介绍,告知受访者自己的身份,若有随行工作人员,如摄影师、翻译员等,需要一并介绍;第二,简要说明本次访谈的背景,包括涉及的科研项目和学术背景等基本信息,告知受访者本次访谈内容的用途;第三,确认访谈主题和访谈时长,一般而言,在与受访者预约的时候已经告知了访谈将会涉及的主要话题和时长,但无论出于访谈交流的礼貌还是专业性,此处都有重申和确认的必要;第四,告知受访者本次采访的传输方式,包括笔记、录音、录像甚至直播等,确认其同意记录,若访谈内容涉及保密或隐私信息,需要进一步交流确认受访者是否同意访谈继续进行,并且说明后续的保密工作如何开展。在完成了以上步骤之后,受访者才会在有安全感的环境中进行交流,有助于采访者在访谈过程中获取更多有效信息,让整个访谈过程顺利、融洽。

(二)注重交流细节

访谈过程中应当注意措辞、用语、语气,以及肢体语言的选择,既要保证访谈话题时刻处于自己的引导和控制之中,也要当好倾听者。从本章的案例导入中可以看到,采访者始终保持敬语的使用,包括"徐老师""您"等,提问所用的是一种请教的、谦逊的语气,是以求教的口吻请教受访者。采访者应当充当一个忠实的听众,甚至以学生求学的态度进行聆听,暂时放下自己的观点,给予受访人更多的表达自由和空间。倾听是艺术访谈中采访者需要掌握的核心能力之一,"主持人话题的接入和提问,都是建立在对嘉宾回答和倾诉的内容充分理解的基础上。要好好驾驭一个人物访谈节目,倾听的能力显得尤为关键。首先,嘉宾的话语自然是应该注意的第一手信息;其次,除了口头语言外,观众的肢体语言,如眼神、手势等往往能不自觉地流露出语言没有表达出的感情。在倾听过程中应该高度集中,听觉和视觉并重,搜集素材,以此为基础来进行话题的衔接、贯穿,把握好访谈的主题、方向和节奏,控制好访谈氛围"。[1] 切记,艺术访谈当中,受访者才是核心角色,作为主持人的采访者应当避免喧宾夺主。若采访者不断抢夺话题,打断受访者,或者急于表达自己的见解而成为咄咄逼人的辩论对手,那么整个访谈氛围将遭到极大破坏,受访者也难以敞开心扉表达自己,这将导致后续艺术访谈文章的写作难以为继。比较常用的回应方式是,对受访者的回答内容不过多置评,可以用肢体语言,比如点头、微笑等方式回应,在确认受访者已经充分表达自己,没有补充的需求之后,自然结束上一个提问而进入新的提问交流环节。此外,在受访者回答问题的时候,采访者一定要保持眼神交流,保持专注和尊重,心不在焉的态度和咄咄逼人的辩论一样是破坏访谈氛围的行为。

(三)及时记录处理关键信息

采访者在交流过程中要引导受访者吐露支撑后期写作的关键信息,并以恰当的方式及时确认和记录。艺术访谈的临场性使得访谈现场具有许多不确定因素,无人能精确预判艺术访谈写作所需的关键信息会在何时被受访者道出,或者现场的交流中出现了重要而未预料到的信息,这都需要采访者有敏锐的信息感知力。第一,保持良好的交流氛围可以让受访者讲述更多真实有效的信息,增加单位时间内的信息密度,且事先设计好的访谈提纲可以帮助采访者预判关键信息出现的大致时机,把握信息引导的主动权。第二,临场的引导和确认也同样重要,受访者或许由于各种问题没能回答出核心信息或者给出的信息不够确切,甚至与采访者预想的回答截然相反,这就需要采访者随机应变来确认并处理相关内容。

---

[1] 罗栋巍:《论人物访谈节目中主持人的采访技巧》,《中国报业》2007年第14期。

> 例文解析

艺术家蒋建军：创新它不是美不美的问题（节选）

黄 淋

黄　淋：在你大多数作品中，为什么会选择聚焦人物背部这样一个图像来创作？

蒋建军：背部的话其实只是一部分，整个人物的都比较多，正面也有，只是背面的话大家容易关心，因为背部它本身就比较神秘，没有了面孔，一个背影就有不一样的感觉。但这个问题对我来说不是特别重要，可能就是有点不一样吧。

黄　淋：在我看来有一种疏离感，就是它会给我某种距离，这种距离似乎你觉得很熟悉，但是它又把你拉到另外一个维度上去了。

蒋建军：嗯，就是我们说的神秘感吧。因为它没有那么一目了然，我们在看正面的时候，会有一个清晰的认知，它只有一个背影的话就会相对比较暧昧，比较含糊，显得有点神秘。①

【解析】在访谈的原始视频记录中，受访者初次的回答比较含糊，他补充说了一句："但这个问题对我来说不是特别重要，可能就是有点不一样？"如果的确不是"特别重要"，那么预设的提问就得不出有价值的信息，但受访者又没完全否认背影的重要性，回答比较模棱两可。为了确认此处的重要信息，采访者偏离访谈大纲补充了一句："在我看来有一种疏离感，就是它会给我某种距离，这种距离似乎你觉得很熟悉，但是它又把你拉到另外一个维度上去了。"这实际上既是向受访者确认关键信息，也是引导其进一步阐释这个问题。在后续的回答中，受访者确认了背影的神秘性特征，那么采访者也就得到了有关其艺术创作的重要信息。

在艺术访谈的交流过程中，交流技巧非常重要，总体来说需要遵循平等友善、谦逊礼貌的交流规则，要求采访者做好话题的引导者和倾听者。倾听不等于被动，采访者需要根据访谈现场的状况及时调动受访者的情绪。访谈者不仅要记录受访者的语言信息，还要留心观察和记录其重要的情绪变化、表情动作等，"采访过程中，作者自始至终要精神集中，注意观察采访对象的每一个动作、表情，认真仔细听对方的每一句话。一举手一投足都不放过，甚至最后告别的握手，也不要放过。因为，不知道什么时候，对方会用什么方式讲出精彩的话语，作出恰当的表示"。② 预设的访谈大纲和提问的一般思路会帮助采访者事先建构一个艺术访谈的大体流程，但访谈的临场性决定了采访者不能死板照搬大纲，必要时可偏离大纲随机应变，但始终要把控话题的走向，围绕既定话题进行访谈，这便于后期整理的时候有足够的信息展开相关话题的访谈写作。

---

① 黄淋：《艺术家蒋建军：创新它不是美不美的问题》，公众号"黄淋艺术研究院"，2022年4月10日。
② 路德庆：《普通写作学教程》，高等教育出版社2010年版，第84页。

三、艺术访谈突发情况应对

由于艺术访谈是现场交流，即使事先做了大量准备工作，也难以避免突发情况的出现。所谓突发情况包括：受访者因紧张焦虑等情绪而无法有效表达自己的观点；受访者对某个提问的回答过于冗长而打乱了访谈时间规划；受访者因性格、信任或其他问题而寡言少语，甚至沉默不语；受访者因采访者或其他问题而无法控制情绪，甚至充满敌意。需要指出的是，艺术访谈的受访者一般都是受教育水平相对较高的艺术家、艺术研究者或高校教师，且访谈前通常都被告知了访谈主题，预约了时间和地点，不确定性因素相对较少，出现突发情况的概率并不是很大，但了解突发情况的应对方法而未雨绸缪，这也是艺术访谈的必修课。

（一）应对受访者紧张焦虑的情况

如何应对受访者因紧张焦虑情绪而无法有效表达自己的情况？采访者面对这种情况要快速判断受访者紧张的原因。一般来说，艺术访谈的受访者除了是艺术家还可能身兼多职，多数会从事艺术教育工作，或是高校在职教师。这类受访者在长期的教学实践中磨砺了自己的表达能力和临场演讲能力，所以极少会因为自身能力和经验问题而紧张焦虑。这种情况下采访者就要反思自己是否没有和受访者建立有效的信任关系，让其对表达观点有所顾虑。此时可暂停访谈工作，向其重申本次访谈的主题、目的和项目背景，阐明访谈内容的后期写作用途和预计发表途径，若涉及保密信息，还须再次明确保密协议，尽可能打消受访者的顾虑，建立起信任关系，使其逐渐敞开心扉交流。另一种情况是，受访者可能不是前述艺术家类型，而是民间艺人，如偏远地区的非物质文化遗产承传人、自学成才的民间艺人，甚至有可能是受教育程度相对较低的年迈的艺术绝学传承人，他们或许缺乏面对镜头和采访者的经验，表达能力相对欠缺。面对这种情况，采访者就要耐心引导，帮助受访者厘清思路，适时确认重要信息；在访谈过程中保持富有亲和力的态度，以朋友的姿态与受访者聊天，避免让访谈现场显得过于严肃，尽量消除紧张氛围。

（二）应对受访者啰唆或沉默的情况

如何应对受访者对某个提问的回答过于冗长而打乱了访谈时间规划或者受访者沉默寡言的情况？第一，采访者要迅速自我反思，自己的提问方式是否存在问题。如果提出来的问题针对性不强，话题太大，很容易让受访者的回答漫无边际，这不仅不利于时间把控，还会增加事后梳理访谈重要信息的工作量和难度。此种情况下，要及时调整提问的内容，可以把一个大的话题拆分为几个具体小问题逐一提问。第二，如果是受访者逻辑不清，表达能力欠缺而造成回答内容漫无边际的情况，采访者需要考虑以下几种应对方式：① 在受访者陈述的间隙，礼貌地插入自己的理解，帮助受访者归纳重要信息，同时这也是及时确认访谈写作所需要重要信息的手段；② 适当通过追问的方式逐步缩小话题范围，引导受访者厘清思路，时刻围绕讨论主题交流；③ 若受访者的思路比较清晰，只是谈话风格比较啰唆而导致回答冗长，那么需要采访者在发现问题后选择适当的时机礼貌地加以提醒,请受访者注意把控时间。需要注意的是,这种提醒手段尽量最后使用,不宜过早打破学术交流的气氛。

(三) 应对受访者情绪激动的情况

如何应对受访者不配合访谈、闹情绪等意外情况?一般来说,一个专业的艺术访谈者在做好充足的事前准备后,极少会发生这种状况,且上文提到,艺术访谈的受访者多数是学历与综合素养较高的艺术家,因此除非受访者受到了某种冒犯,否则极少会采用这样的极端方式来回应。然而,访谈的临场性决定了其具有不可预测的一面,所以也应当有一个应对突发状况的预案。应对这种情况可以遵循以下思路:① 迅速判断事发原因,是采访者的提问欠妥、话题选择的不当还是现场其他人员的影响导致突发状况;② 如果是采访者引起的问题,需要及时道歉,并避免相关话题再次被提出,临时更换采访大纲预设的提问;③ 如果是现场其他人员引起的问题,同样需要及时道歉,并采取更换人员、访谈时间、地点等方式重新让访谈进入正轨;④ 如果是受访者自身的问题,比如受访者状态不佳、心情低落或者遇上突发事件,那么需要进一步判断状况的严重程度。若受访者没有处于严重的突发状况中,访谈还有进行的可能,那么就需要采访者调动受访者的情绪,消除尴尬气氛;而若受访者已经情绪失控,则需果断终止访谈,事后视情况重新预约。

综上而言,应对艺术访谈过程中的突发状况可以遵循的一般思路是:自我反思、判断原因、解除误会、重构氛围。当然,若情况极端到难以控制的地步,果断终止访谈而事后再判断是否重新预约或放弃预案,也是重要且合理的应对方式。

第四节 艺术访谈的写作提要

一、笔记筛选与整合

完成现场访谈后,艺术访谈的作者可能要面临海量的信息,虽然有访谈提纲支撑整个访谈的逻辑框架,但访谈的临场性特征必然导致有许多意料之外的信息出现,哪些信息有用需要保留,哪些信息是冗余的需要剔除,这就需要写作者回顾访谈主题,紧扣主题进行筛选,时刻牢记"节制"。"节制也是写作美学的要求。含蓄美、精炼美,几乎是古今中外一切写作实践的律条,节制正好达到这一境地。有所节制,必然在具体构思中讲究有虚有实,有隐有显,有详有略,有疏有密,讲究象外之象,言外之言,旨外之旨,无疑可以增强作品的审美效能。节制,对于一切文章都是适用的。简练、精深、晓畅、经济,是实用文章的起码要求。"[①]艺术写作基于对绘画、雕塑、音乐、舞蹈、影视、新媒体等丰

---

① 湘潭大学写作教研室等:《现代写作学教程》,湖南大学出版社1988年版,第127页。

富艺术门类的内容的考察,通过艺术访谈获得一手的现场资料和工作笔记,采用何种方式和标准来对访谈笔记资料进行加工整理则尤为重要。因为艺术访谈的既定话题和受访者与艺术有着密切关联,对访谈笔记进行加工之前首先需要确保参与人员具备相当程度的艺术品位与知识储备,熟悉并且充分尊重艺术的自身规律与访谈的特殊性。访谈笔记筛选与整合应当注意一些基本原则,即系统梳理与历史回溯相结合、直接材料与间接文本相结合、综述提要与专题札记相结合,耐心细致地对访谈笔记进行加工。

首先,系统梳理与历史回溯相结合,侧重要求所搜集到的访谈资料能够反映研究问题的全貌并尽量揭示其本质,如果某一参考资料反复出现在访谈文稿中,则说明该资料非常值得查阅或进行专题梳理。其次,因为二、三级文献不能像一级文献那样为相关研究者提供访谈笔记的历史全貌,通常是针对特定需要加工而成的,我们既需要强调访谈笔记作为原始文献的重要性,同时应当关注间接资料对丰富艺术访谈的特殊意义。最后,综述提要与专题札记相结合,要注意结合综述式梳理与问题式摘记所具备的优势,一方面确定与研究课题相关的内容并确立关键词和可能的问题导向,根据访谈内容和关键词确定适当的材料,另一方面剔除无关的访谈材料,对包含关键信息的访谈材料做卡片摘要或综述总结,以这样的方法整理访谈笔记和相关文献能够节省时间和精力。

例文解析

习近平文艺思想的实践品格(节选)

鲜明实践品格体现在针砭历史虚无主义和文化虚无主义思潮,提出不可"去思想化""去价值化""去历史化""去中国化""去主流化",主张坚定文化自信,引导人民树立正确的历史观、民族观、国家观、文化观。

鲜明实践品格还体现在对理想缺失、道德沦丧倾向发出救偏补弊的呼吁,主张作家艺术家追求作品精神高度、文化内涵、艺术价值,加强现实主义题材创作,扎根人民,以人民为中心。[①]

【解析】习近平总书记曾在文艺工作座谈会上对文艺的重要性和发展方向作出了明确论述,以上文章选段就是以习近平的座谈内容为基础,整理重要信息而来的。习近平总书记在文艺工作座谈会上的讲话高屋建瓴,"深入生活、扎根人民""中国故事、中国形象、中国旋律"等表达,切实引发广大文艺工作者的积极思考,以上选段全面领悟践行了习总书记的讲话精神,切实意识到文化自信作为更基础、更广泛、更深厚的自信,具备更基本、更深沉、更持久的力量。除会议讲话或历史文献外,基于对话材料的特殊性,冗杂的信息在原始材料中可能较多,我们需要去粗存精,但不能断章取义或选

---

① 仲呈祥:《习近平文艺思想的实践品格》,《人民日报》,2018年1月16日第24版。

择性地呈现与遮蔽受访者提供的信息,在此基础上还要结合采访者的艺术专业知识,对材料进行理论上的提炼和升华,发掘前沿问题、引出思考。应当注意的问题是,我们在查阅相关访谈笔记与文献资料时,要注意该艺术门类或学科体系的空白点,以及本学科同其他学科间可能的结合点。在这些跨学科或交叉领域从事艺术访谈资料的整理研究,比较容易发现新问题并产生新成果。

二、文稿串联与打磨

艺术访谈写作特殊性在于,它必须尽可能地还原现场感,把读者带入访谈现场的时空当中,这一点类似于新闻的专访写作,"现场是专访的要素之一,是记者与被访对象活动的空间。有了这个空间,被访对象的外貌神态、言谈举止,以及环境气氛就容易表现出来。记者在这个空间出入自如,表露自己的思想感情,并凭借记者这个'中介',把受众带到现场,使受众与记者一同结识被访对象,了解事件,这就是有现场感。有了现场感,受众读(听)来就感到亲切和可信。这是专访写作的技巧之一"。①

面对筛选和整合后的访谈笔记,因为资料的类型、性质、用途及个人习惯等因素的影响,仍然需要有计划地对艺术访谈文稿开展进一步的打磨工作,即修改完善定稿的过程。如何最终形成一篇成熟的访谈文本,要分为普通访谈文本写作和口述艺术史写作两类来讨论,二者应当具备的基本内容和文章架构方式存在较大差异。一般来说,艺术访谈文稿的雏形始终具备访谈的基本特征,经过高度提炼而集中在某一艺术问题或领域。因此艺术访谈其访问的对象、设定的问题、谈论的事件具备典型性,也即访谈内容需具有代表性,青睐能够成为"话题"的内容或以新鲜的事实报道引起受众的关心和共鸣,针对性和专题性较为明显。上述艺术访谈的基本特征,客观上要求我们重新审视眼前略显粗疏驳杂的访谈文稿,并且为文稿的串联与打磨提供明晰的努力方向。

(一) 普通访谈文章的锤炼

艺术访谈文章的一个特点就是,写作者的思想性和相关评价常常寓于交流叙述当中,而不像论文那样旗帜鲜明地亮出,但这并不意味着作者只是简单整理和记录对话信息。"文章不是无情物,作者要想方设法在叙述的过程中,把自己的态度、评价、情感等初步地然而又是明显地表露出来。有些思想评论似乎并没有直接发多少议论,而是用绝大部分篇幅来叙述评论对象,叙述完了,是非也充分地显示出来了,作者的评价和倾向性也被读者感受到了。这是常见的不可缺少的方法。寓评于叙的基本前提是评论者旗帜鲜明,感情充沛。在此基础上再注意内容的取舍、词语的推敲、感情的表达和分寸的掌握。"②为此,文稿的串联与打磨特别需要留意细节,如上下文之间适时的

---

① 胡欣:《新闻写作学》,武汉大学出版社2012年版,第156页。
② 尹均生:《写作学概论》,湖北教育出版社1987年版,第288页。

应和,过渡自然且能够拉近与访谈对象的感情距离,自然延续话题的讨论;承接上文能够保持文意的连贯,访谈文本要善于简单评点对方的观点或精要提及自己的理解,以提示性的话语和开放式的讨论引出对方的进一步深入阐释,使访谈问题更加聚焦而凸显理论深度和思想性。

例文解析

艺术家最好的画都是糊里糊涂画出来的!(节选)

崔灿灿:我对你画的书和模特有一个特别深的感受,作品里有两种模特,某个写生对象叫作"模特",你画的,又是一个"时尚模特",你选择了写生对象里最空白、最乏味的对象,最具有表面性的。就像绝大多数人看画册会被中间的画面所吸引,会觉得两边的白纸都是空白乏味的,而你却看到白纸和书本身的质感。所以无论是模特也好,还是书也好,在我看来是你选择了写生的反题。

陈丹青:你知道徐累吗?他是很厉害的批评家,我愿意听他说话。九十年代他最早看到那批静物,是少数几个肯定我的。1998年他帮我在南京办过第一次静物展览,小范围的,顾丞峰看了说,陈老师你怎么画得这么差、这么空洞。徐累就说,别听他的,这批东西很好。我说我就是想写生呀。他说,你这批画是反写生的。

很有意思。我自己都没想到,现在你说这是写生的反题,那你说这是什么题?人不该评价自己的作品,作者是最糊涂的那个人。

崔灿灿:从西藏组画,到现在的模特,有点像个人对个人过去的拒绝和放弃。如果从这个历程来说,有点像当代艺术的自我拒绝,就像极简主义的形式冷漠和绝对规训对罗思科的大澎湃的反击,形成了一次对抽表的复仇。直到勒维特的出现,就要画最枯燥,最没有生命体和指向性的,观念完成了对形式追求的再次复仇,这次要比极简主义更彻底。上次我们聊到"退步"这个概念,很多艺术家不愿意退步,庞大的个人精进感和历史野心指引着他们,自我是建立在与历史绑定的一个关系上。当我看到你作品的几十年的变化的时候,我觉得它是一种选择性的"退步",是你这么多年通过各种知识和经验的激烈,对绘画这件事的认识论的改变。

陈丹青:"观念完成了对形式追求的复仇"?!你的话非常理论!我希望你说得是对的,我得好好消化。

我很奇怪怎么会这样。像所有酷爱画画的人一样,我一直傻画,知道没价值还在画。可是另一面,我从来怀疑我做的事,同时呢,不在乎我做的事——我不知道怎么会这样。①

【解析】普通访谈文本的写作不仅仅归纳访谈的主要内容,同时要注意梳理艺术访谈的话题与线索,访谈话题愈集中、访谈线索愈明晰,访谈技巧与最终收效则会愈突

---

① 崔灿灿、陈丹青:《艺术家最好的画都是糊里糊涂画出来的!》,公众号"世界艺术art",2023年2月7日。

出。上述例文中,访谈提问始终注意问题的引导性和典型性,从写生对象的空白乏味提出"写生的反题",进而过渡至陈丹青老师作为艺术家的锐利眼光,进而阐释何为艺术观念的自我更新,逻辑谨严环环相扣;谈"观念对形式追求的冲击"同样注意问题提出的方式方法,简明直截,干净利落,艺术访谈的指向性和针对性较为明确。作为受访者,陈丹青的回应在内容方面聚焦问题而展开论析,既直陈绘画事件与创作经验的普遍性,同时也鲜明传达其个人对访谈问题的观点看法。

(二)口述艺术史的进阶

口述艺术史写作与普通访谈文章的明显区别在于资料搜集使用与艺术访谈方式的变化,普通访谈文本写作强调直问、追问、反问、对比等提问方式,艺术访谈的互动性和问题意识更为强烈,而口述艺术史写作更加偏重一种"谈"而不是"访"的方式。以访为主能够顺利实现预设的访谈目标,但是"这种方式偏于理性,不及'谈'更贴近被访者,也不及'谈'更能触动被访者的心灵"①,口述历史能够发掘更为鲜活真切的历史文化记忆,还原相对真实的文化现场。以口述美术史写作为例来看,其研究内容包含绘画流派的口述历史、艺术家们的口述历史、不同地域的口述历史等,创作者、参与者、传播者、收藏者从不同角度丰富了艺术访谈的内容。

例文解析

以美育人的"老黄牛"
——吴树勋老师口述史(节选)

1951—1957 年,我就读于石家庄师范学校。石家庄师范在当地是一所水平很高的学校,老师们都特棒,特别平易近人,辅导学生耐心极了。例如,教物理的常杰老师讲"压力"时,他拿一个小瓶,用嘴一嘬,小瓶就挂在嘴唇上了。这是大家小时候都爱玩的一个小游戏。"其中有什么道理呢?把空气吸出来了,里边的压力就小了,里外形成了压力差。"好多同学不爱学习抽象的物理概念,常老师用同学们都曾有过的生活经验举例子,培养同学们的学习兴趣。

1957 年毕业后,我被分配到华北建筑工程处的子弟学校当小学教师。我主要教一年级到六年级的美术,一个礼拜一节课。为什么安排我教美术呢?因为我在师范学校的时候是美术课代表,画画不错,而学校里擅长绘画的老师也不多,所以就安排我教美术。单位职工有申报考大学的机会,经过努力,我于 1958 年考上了北京艺术师范学院美术系油画专业。②

---

① 涂慧文:《沙发与椅子:"谈"与"访"的不同定位——〈鲁豫有约〉与〈艺术人生〉对金庸的访谈对比》,《青年记者》2009 年第 26 期。

② 高珺:《以美育人的"老黄牛"——吴树勋老师口述史》,《中国教师》2021 年第 8 期。

【解析】 口述史也称为口碑史学,口述方法分当事人直接口述或者与历史当事人相关联的人间接口述两种。吴树勋老师的口述史写作呈现为报告式口述形式,除此还有对话式口述形式,包含采访、聊天、录音等形式的口述,看似以闲适舒缓的笔触交代早期求学和工作经历,实则交代受访者本人从事美术教育工作的缘由。口述史的形式随意,其内容选择多为重要历史时期的人物事件或还原历史、解密历史,也包含有纪念意义、史料价值的内容,通过史料搜集助力史实重建。口述史采访的形式和内容决定其写作风格偏重时间轴式、碎片式,受访者可能存在的记忆模糊、身份隐私、回避抗拒等表现,同时口语表达"既是个体的身份标志,也是一个职业、一个时代留下的特殊痕迹"[①],口述艺术史的写作需要适度还原口述现场、合理使用口语、充分尊重事实。在口述史写作打磨的环节,我们需要利用相关证据资料对访谈资料进行比对和参照,特别是对重要的历史事件和关键信息的核查;口述史写作需要强调问题的价值导向、呈露隐蔽的历史信息、贴近口述现场的氛围节奏等。

艺术访谈文章的结尾部分可以加入一段"编者的话"来阐明作者的观点,或对访谈中提到的关键问题进行适当点评或回应,该部分在结构上可以采用"描写与陈述"(Description)、"解释与交代"(Explanation)与"判断与评价"(Evaluation)的典型"DEE"结构。"当人们面对一个事物且准备对其加以言说(包括叙、描写、议论、说明与抒情),一般都由感性而理性、由客观而主观、由外在而内在、由表层而深层、由前景而背景、由具象而抽象,即首先都会如实客观地'摆事实',即进行'Description'(描写与陈述),接着会一般性地、依据常理地、根据普遍共识地'讲道理',即进行'Explanation'(解释与交代),然后才会推出个人化的、与众不同的、主观性的意见与主张,即'Evaluation'(判断与评价)。"[②] 虽然"编者的话"不是艺术访谈文章写作的必备元素,但往往能起到画龙点睛的作用,能帮助读者更清晰地厘清文章主题或领会作者的观点。

三、实录衔接与转化

精心打磨后的实录文章需要进一步在传播领域内迭代升级,艺术访谈聚焦创作价值,后续调整必然导向一定范围的话题性与探讨度。访谈文本的写作不光是文字处理单方面的问题,而是同时可以调动各种媒体进行复合式的呈现和表达,如计算机网络技术,特别是自媒体平台、AI人机交互等,使得人们能够在任何地点、任何时间利用电脑、手机等移动设备获取相关新闻信息;媒介融合、视听融合为主潮的全媒体环境已然改变了传统的信息交互和传播方式,信息传播的渗透性更强,传播面更广,也使得艺术访谈文本的传播更具时效性与可读性。

---

① 仇峥:《论新闻采写技巧在口述史中的应用》,《新闻研究导刊》2021年第5期。
② 薛世昌:《写作学杂论》,兰州大学出版社2020年版,第237页。

(一) 图文素材的组合

艺术、历史、新闻、思政、文学等跨学科间的协作和尝试,有效凸显新文科属性,积极拓展了学科间交叉发展。同时消费主义和流量刺激的公共语境下,倒逼艺术访谈提供更加高质量、有生命力和穿透力的文化产品与精神食粮,即使是以典型的视频和图文结合范文来看,一篇优质的艺术访谈文章如何进行全媒体呈现,而且能够凸显其文化品格和前瞻视野,能够与受众和当前时代普遍的精神生活状况发生对话与联系,是一项颇具挑战性的任务。从技艺层面来看,艺术访谈文章可以拓展图文超链接、有声读物呈现方式、视频或短视频呈现方式、艺术专题网站直播平台等方式,切实发挥流量数据时代下全媒体信息传播的优势。从价值层面来看,艺术访谈文章需要实现内在的提质升级,从人类学田野调查、纪录片制作、社会焦点话题等领域汲取知识经验,发掘真正具有学理深度和现实关切的"好问题",在文化生产层面解决艺术访谈文章思想浮泛贫弱、主题内容重复等可能存在的问题。

例文解析

高岭:引进阿梅代·奥尚方对中国有何意义?(节选)

雅昌艺术网:您期待这本书(《现代艺术基础》)对当下艺术家或理论家产生怎样的效果和借鉴意义?

高岭:……在中国,我们仅仅把艺术包括艺术批评当成追求思想解放和民主自由的工具,实际上中国当代艺术在国际上获得承认也主要是这个原因。但是,中国的现当代艺术其实没有那么大的承载力,20世纪80年代,大部分画家和今天一样,主要考虑技术的传承和手艺问题,比如画得优美一点、和谐一点、对称一点,让现代的人们感到赏心悦目。到了今天,艺术仍然扮演这一角色显然是不够的,它要继续向前发展,这就要回归到艺术本身,回归到生活本身,如果还把艺术当成政治、文化批判的工具,艺术就要走到死胡同了。当前恰是艺术寻找新的可能性的关键时刻,回归传统,回溯艺术之根就显得格外重要。中国现当代艺术的源头恰是西方的现代艺术和后现代艺术,对于这一段历史,除了西方艺术史上我们耳熟能详的流派,如野兽派、立体派、未来主义、表现主义、至上主义、构成主义、达达主义和超现实主义等,至于这些流派如何演变,我们了解的并不多。《现代艺术基础》这本书试图向我们还原了一百多年前的艺术家,他们是如何认识这个世界,如何产生如此多的流派,这为我们提供了一个很好的范本。对我来说,虽然这本书晚了30年出版,但它对这个时代来说依然有着现实意义和价值。[①] (图4-1)

[①] 杨晓萌:《高岭:引进阿梅代·奥尚方对中国有何意义?》,雅昌艺术网,2019年3月12日。

图 4-1　批评家、策展人、天津美术学院教授高岭(左)接受采访

【解析】艺术访谈文章的受众阅读面仍有较大拓展空间,传统的信息传播方式显然无法满足新常态下艺术传播的现实需要。访谈从 20 世纪 80 年代北京大学图书馆的校园文化记忆开始切入,呈现课程学习与文艺思潮的丰富性,布面油画、书籍装帧、数字化图文超链的呈现方式能够直观展现艺术访谈的情境与氛围,镜头语言的运用恰到好处地体现出采访者与受访者的身体语言以及公共文化场域的"背景"。从创作构想到艺术批评,采访者的提问向纵深层次拓展,而受访者以闲适的姿态、洋溢的表达,与其校园文化追忆中青年学生面对西方文艺思潮的冲动形成鲜明的应和。此外,受访者提出艺术家和批评家应当积极介入当代艺术生活,同时借此反观个人与社会的相互关系,学习以更加多样化的对话方式来思考"如何认识这个世界"。如习近平《在文艺工作座谈会上的讲话》所言,"文艺是世界语言,谈文艺,其实就是谈社会、谈人生,最容易相互理解、沟通心灵"[①],艺术访谈文本与访谈场域布景、艺术家人物个性之间,能构成一种特殊的艺术张力,引发读者的艺术共鸣。

(二) 全景技术的优化

在视听融合的跨媒体时代,网络媒体的互融互补、网络受众的互动互助,给予信息流通投入最小、传播最优、效果最大的局面。即便是同一条访谈文本,通过"全媒体"平台可以有多种繁复的呈现方式,同时能够根据不同受众的个性化需求,以及信息表现的侧重点来对采用的媒体形式进行取舍和调整。

---

① 习近平:《在文艺工作座谈会上的讲话》,人民网,2014 年 10 月 15 日。

> **例文解析**

彭德：中国当代艺术批评何以式微？（节选）

99 艺术网：从《美术思潮》到《美术文献》，在当时集中了非常重要的批评家力量，为中国当代艺术批评的学科建构积累了大量的人才。

彭　德：当时我们基本形成了一个松散的"学术共同体"，大家对艺术的判断倾向大同小异。当时比较年轻的批评家有我、皮道坚、祝斌（已去世）、鲁虹等；年龄再小一点的有孙振华、严善錞、黄专，还有四川的一位才子，叫曾春华，可惜后来因为一些原因，他离开了这个圈子。（图4-2）

图4-2　1991年严善錞在雪地上摆拍，坐者（中）为彭德

除了我们这几个骨干以外，还会经常有一些哲学家、文学家来"客串"，比如张志扬、陈家琪是哲学家；孙文宪是文学评论家；还有一位才女鲁萌。他们都不是美术学学科背景出身，但都给《美术思潮》写过文章。

为了打破区域界线，我们曾陆续聘请了一批省外和编辑部之外的年轻批评家担任特约编辑，如栗宪庭、杨小彦、黄专、邵宏、李淞等人。《美术思潮》的特约记者，外地有贾方舟、邓平祥、黄永砯、殷双喜、陈云岗、查立等人，因刊物夭折，未能赴汉执编。①（图4-3、图4-4）

---

① 王姝、彭德：《彭德：中国当代艺术批评何以式微？》，公众号"99艺术"，2023年12月22日。

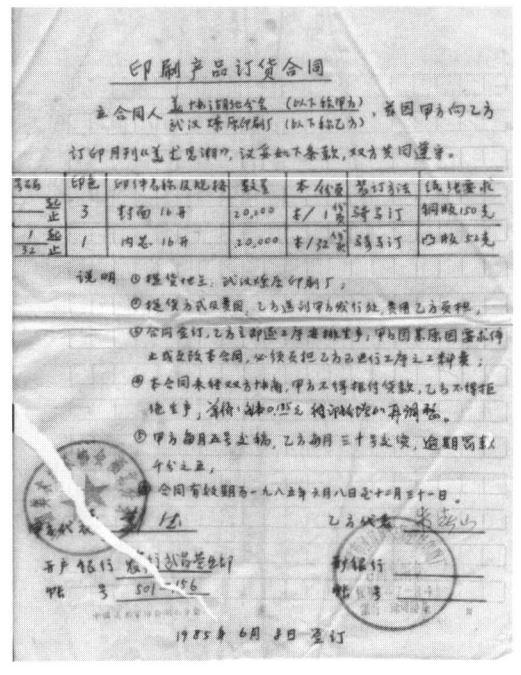 

图4-3 《美术思潮》印刷合同　　　　图4-4 《美术思潮》终刊号封面

【解析】以上全媒体呈现案例体现出了当前艺术访谈的传播特点。摄影作品中不少细节刻画出艺术批评家彭德率真随性的性格，图片来自学术会议、旅行随拍等不同场景，印刷产品订货合同等原始档案凸显历史现场感，更传递出彭德及同时代人对生活本身和艺术创造的学术激情，办刊的艰辛与不易反过来彰显彭德别样的艺术人生。网络技术、数字媒体、直播平台等，有助于艺术访谈的实录完备与完美呈现，更能够在艺术家的个性创作和受众的审美愉悦之间架起桥梁。

总之，艺术访谈写作是一个综合式的高级写作模式，它包含了艺术专访、艺术调研、艺术评论、口述艺术史写作等多维度的要素。首先，艺术访谈写作需要大量前期筹备工作。艺术访谈文章的构思从选择采访对象开始，直到整理访谈材料准备行文之时依然处于打磨状态，所以"从写作的实践来看，实际上，自采访获得素材的时候起，构思就已开始，在找人访问时，在阅读资料时，在观看现场时，作者就处在不停的思索中"[①]。主题的选择、背景资料的搜集、访谈大纲的拟定、现场访谈的完成、访谈资料的记录和提炼，都为后续的行文奠定基础。其次，艺术访谈写作需要基本的访谈技巧。艺术访谈不是采访者单方面的幻想，必须与受访者正确沟通，才能获得有效信息，这需要作者在现场访谈期间能引导话题、把握节奏、随机应变甚至处理好突发事件。最后，

---

① 周姬昌：《写作学高级教程》，武汉大学出版社1993年版，第429页。

艺术访谈写作可以在基础的文字信息处理程序之外,积极利用前沿的信息技术,探索进阶写作方法,以全景式技术手段敲定最终文稿,以获取更好的阅读效果和传播效果。

 导练平台

一、学习建议

艺术访谈写作是对写作者多方面能力的考验,除了笔头功夫,写作者还需要有访谈的基本能力和技巧,因此,艺术访谈写作大体分为三个阶段:写作的准备阶段、现场访谈阶段和整理成文阶段。初学者在练习艺术访谈写作时,建议从以上三个阶段分别入手,先尝试围绕一个访谈主题搜集信息,规划提纲,再分组进行模拟访谈练习,最后根据访谈所得信息撰写艺术访谈文章。

二、复习思考题

1. 如何选择一个优质的艺术访谈主题?
2. 艺术访谈的准备阶段要着重搜集哪些信息?
3. 艺术访谈期间,一般遵循怎样的提问思路?
4. 如何正确应对访谈现场的突发状况?
5. 艺术访谈文章写作时如何做到主题明确、框架清晰?
6. 在新媒体时代,艺术访谈文章有哪些新颖的呈现方式?

三、实践训练

1. 细读《求真 向善 尚美——徐明华艺术访谈》,明确文章结构,熟悉艺术访谈文章的一般框架。

2. 选择一个艺术界的前沿问题(例如"人工智能与艺术创作")为主题,策划一场微型艺术访谈,完成一篇包括图文信息和访谈视频的艺术访谈文章。

 **课堂研讨**

请阅读《跨学科的艺术人类学研究——廖明君教授访谈》节选:

王永健:我注意到您的学科背景是中文系毕业,古代文学研究方向。毕业后分配到广西艺术研究所,从跨学科的立场做过民间戏剧、民俗文化、民间艺术,以及非物质文化遗产保护等方面的研究和管理工作,包括您主持《民族艺术》杂志工作时提出的办刊理念,其中第一个关键词就是"跨学科",可见其分量之重。请问您是如何看待"跨学科"的?为什么在研究中甚至在办刊中都将其放在研究理念的重要位置?在进行跨学科时应该做哪些学术准备?麻烦您介绍一下"跨学科"研究理念的形成过程。我们想知道其中的心路历程。

廖明君：我对于"跨学科"的重视并不是刻意的追求，而是水到渠成的结果。少年时代我在家乡就以"乱读书"闻名，读本科的时候也是以"读杂书"为趣，并没有太多的学科概念，直到攻读研究生的时候，才更多地侧重于古代文学，但也并不是严格地局限于古代文学。一方面是由于中国学术研究一向有"文史哲不分家"的传统，这本身就是在强调打通文、史、哲，当然可以被视为对跨学科研究的提倡；另一方面就是我的导师胡光舟先生的治学领域虽然定了古代文学，但他读的书却很杂，视野也很开阔，并不常态化地只聚焦于某一时段（先秦、两汉南北朝、唐宋、元明清）的文学研究，而是对每一时段的文学都有研究，并强调从哲学的高度以历史的眼光来研究古代文学。胡光舟先生甚至对当时许多学者不屑一顾的武侠小说也极有兴趣，并购买了全套的金庸武侠小说。当然，胡光舟先生对于武侠小说已不是停留在一般性阅读的层面，而是将之视为研究中国传统文化的重要载体，是从中国传统文化视角来阅读、思考武侠小说。受胡光舟先生的影响，也可以说是得到胡光舟先生的首肯，我读杂书的爱好在读研期间继续得到了进一步强化。除了古代文学，我的阅读还拓展到了中国传统文化艺术以及西方学者的相关论著。当然，有耕耘必定有收获。那种跨学科式读杂书的回报首先体现在我的毕业论文写作上。我研究生毕业论文的题目是《生命哲学的诗化——李贺诗歌新论》，论文主要是从生命哲学的视角来重新审视中国诗歌史上著名的"鬼才"诗人李贺和他所创作的"鬼诗"。这篇毕业论文获得了较高的评价，与之相关的内容也陆续在《中国诗学》《暨南学报》等杂志上刊发。

很显然，跨学科的视野是我进行李贺诗歌研究获得学术界好评的关键。由此开始，跨学科的研究也就贯穿我的学术研究之中。特别是参加工作之后，我们所需要的研究对象，通常都很难界定是属于哪一个学科，也不会去在意它到底属于哪一个学科。我们所在意的是怎样才能够通过全面、深入的研究来弄清楚问题之所在。比如，有关"布洛陀文化"的研究，如果确实需要讲究学科，那么，它似乎既可以属于民间文学，也可以属于民俗学，还可以属于民族学、人类学、宗教学，等等。然而，讲究学科固然重要，但更重要的却是问题的解决，也就是弄清楚布洛陀文化的相关问题才是最为重要的。至于它属于哪一个学科，可能在高校很重要，但在科研院（所）却不见得有多重要。那么，在学术研究中，我们是以强调学科为目的，还是要打破学科边界以问题意识为导向去考察研究具体的对象为目的呢？如果我研究生毕业后就留在高校工作的话，我的学术视野可能较为开阔，但绝对不可能像现在这样可以跨越具体的学科边界，得以纯粹地以解决问题为学术研究的目的。因此，所谓的"跨学科"只是学术研究的一个立足点，但并不能将之视为学术研究的终极目标，进而忘记了"发现问题、分析问题、解决问题"才是学术研究的根本所在。在一定程度上，我所倡导的"跨学科"其实并没有太多的讲究，只要有利于问题的解决，我们都可以运用所需要运用的相关学科的理论与方法。①

---

① 廖明君、王永健：《跨学科的艺术人类学研究——廖明君教授访谈》，《民族艺术》2023年第5期。

请结合"新文科"背景,分析以上艺术访谈节选所提到的"跨学科"话题有什么理论前沿性?如何在艺术访谈文章中体现艺术前沿问题?

 拓展链接

1. 徐中玉:《新编大学写作》,复旦大学出版社 2004 年版。
2. 曾焱:《现场:当代艺术访谈录》,生活·读书·新知三联书店 2020 年版。
3. 杨子:《艺术访谈录》,上海人民出版社 2009 年版。
4. 清和:《张继艺术访谈录》,中国文联出版社 2015 年版。
5. 刘淳:《中国当代艺术访谈(艺术家卷)》,北岳文艺出版社 2015 年版。
6. 刘淳:《中国当代艺术访谈(批评家卷)》,北岳文艺出版社 2015 年版。
7. 宫子:《说说那些失败的作家访谈》,《新京报书评周刊》,2022 年 9 月 28 日。

第五章　艺术推介写作

学习目标

1. 了解艺术推介写作的板块架构与文体特征,培养艺术推介写作的文体意识、受众意识与媒介意识。

2. 把握艺术推介写作不同板块的写作技巧,能够围绕艺术作品概括基本信息,阐明创作构思,叙述制作方法,提炼美学内涵。

3. 把握艺术推介写作在不同场景中的写作策略,能够结合不同的推介场景在写作风格、写作思路、写作重心等方面做出调整。

案例导入

谈谈我画《苹果熟了》(节选)

庞茂琨

去年我们到了凉山彝族地区体验生活,当地那扑面而来的一种陌生的气息在我内心里引起了一阵似曾有过的震动。彝人生活在这片边远的高原上,就像种籽在土里要发芽、开花、结果,世代蕃衍。奇特的氛围像朦胧晦暗的睡意一样附伏在人们身上,你可以从那些富于个性的脸庞轮廓、器皿图案、衣褶的走向上抚摸出沉睡的思想或某种原初法则。沉静的坐姿是他们最吸引我的地方,彝人仿佛要在这种石头一样的沉静里保持宇宙的庄重与肃穆。可以说,他们在这种沉静里比我们更质朴地理解了宇宙和生活。这些感觉使我非常激动。他们没有对机巧的崇尚,有的只是脱胎于泥土的纯朴的灵魂,这个灵魂与土地、与生命的整体靠得那么近,无论是他们自己还是我,都感觉不出这段间隔。面对这些灵魂,任何矫揉造作的取巧的画风都是不足取的,画面应尽量避免一切引向因果关系的纠结,因为他们是自因的,一切节外生枝不会带来好处,只会破坏其浑然自在……

在一阵激情的推动下我确立了画面的基本构思——土地、彝族老妇人、背景的果林,太阳烤红了枝头上的苹果,也使一双守望的眼睛眯缝起来……这样的构思也许比较一般,但我想,既然选择了这样的主题,就只能在画面的处理上多下功夫,使一般的主题产生并非一般的东西。

构图上我力图追求平稳感,期望体现一种类似古典的秩序,然而又不能使这种秩序陷入一种绝对的冷漠,所以我想利用由强烈阳光贯穿起来的人物情绪与果树的生机来破坏那种冷漠,使画面成为宁静与热烈的统一体。人物的黑色与周围的黄色形成对比,在我的感受里这种对比最能体现那里色彩关系的特点。为了使画面单纯一些,我打算把背景处理成平面效果,不是把空间推向画面后部而是向前延伸,这样或许能让观者参与这个空间并在这个空间里更直接地感受画面,同时画面本身也更加成其为本身……当时我还不知道实现这些意图是在给自己出难题。

…………

这幅画(图5-1)一开始很快确定了稿子上了画布,出了一些效果,但这种效果与我的设想相距很远,所以我的大部分时间都陷于修改和自我否定、自我更新里了。激情冷却过后的工作是可怕的,这时必须靠理智和耐心才能继续干下去。我竭尽全力想把握最合适的分寸,但这种劳动是异常艰苦的。我想追求单纯,又害怕带来贫乏;想求得丰富,又担心沾上琐碎;梦想出现一些生动的偶然效果,又顾虑过分放荡不羁会扰乱稳固的内在逻辑。

在面部的处理和刻画上我费力不少。但这里,我感兴趣并孜孜以求的是那种使人物、土地、果树得以同时展现的东西。也就是画面上的这位老妇人在这种环境和情调中的统一情绪,而这种情绪又是很难把握的。开始我一直把它处理成强烈阳光下面部肌肉收缩皱襞的生理反应,这在处于高原气候中的彝族人脸上是常见的,我以为这可以表现他们与大自然的灵魂——太阳的接近。彝人

图5-1 庞茂琨《苹果熟了》手绘稿

> 自有其古老奇特的观念,因而具有强烈的个性特征即那种尊严和朴厚。但任何东西都不能过分强调,本来自以为描写的是对阳光的生理反应,但给别人的感觉却是一种痛苦与紧张的神态。一些领导、老师和同学看后都指出了这一点。我便努力寻找形成这种感受差异的原因,并着手改进。我发现局部的改动不起什么作用,于是就进行整个面部的改动。我把能搜寻到的彝族老妇人形象一一往上安装,到底更换了多少次"形象",是些什么样的形象,现在已全然记不清,它们也永远消失在那层颜料的背后了。
>
> (资料来源:《美术》1984年第6期)

第一节 艺术推介写作概述

艺术推介写作是以书面文字为主要载体,以介绍、推广和宣传艺术作品为目的,通过多种媒介手段展示艺术作品的基本形态、创作构思、创制方式及美学内涵等相关信息,增进受众对艺术作品的关注、了解和认可的写作行为,是沟通受众、艺术家、艺术作品的文本桥梁。

一、艺术推介写作的定义

艺术推介写作的核心要旨在于推介。所谓推介,就是推荐和介绍。艺术推介写作,顾名思义便是以书面文字为主要载体,通过信函、会议、广播、电视、网络等媒介手段,介绍、推广和宣传艺术作品,全方位地呈现艺术作品的基本形态、创作构思、创制过程及美学内涵等相关信息,从而增进受众对艺术作品的全面了解,获取受众对艺术作品的广泛关注与普遍认可。

艺术推介写作的实质是由写作者呈现给受众的一种书面材料,它凝结了艺术创作的理念、主题、材料、过程、内涵等要素,其目的则是作为一种"桥梁"勾连艺术家、艺术作品与受众,使得三者之间达成一种了解和沟通。正如案例导入中庞茂琨介绍自己的画作《苹果熟了》的文段,他在文中先后介绍了创作该作品的缘起、构思、过程及美学内涵,试图通过文字让图画在视觉层面未能显现的信息与情感得以显现,让凝结于图画上的时间信息和背景故事得以被叙述,从而丰富画作的意义内涵,厘清艺术家与作品间的勾连,从而增进受众对艺术作品及艺术家的了解与共情。

作为一种独特的写作形式,艺术推介写作要求写作者从文体、媒介和受众等多维度建立其写作意识,明确其板块组成和篇章结构,以文体意识的培养促进艺术推介写作的规范性,[①]从而使艺术推介写作具有客观性、展示性、可读性、多样性的特征,为艺术作品的呈现和推广提供有力的支持。

二、艺术推介文本的特征

艺术推介文本作为一种沟通艺术家、受众与艺术作品的专门文本,具有四个方面的文体特征,分别是客观性、展示性、可读性、多样性。

(一)客观性

艺术推介文本的书写对象是艺术作品或艺术家,因此,推介宣传要从艺术品或艺术家自身的客观实际出发,在客观事实的基础上进行提炼和开发。不能随意地夸大事实、移花接木、无中生有、捕风捉影。我们在进行推介写作时,一定要把握好文本的客观性,就艺术品本身呈现的美学特质和艺术价值作出解读,就艺术家真实的创作经历和生命体验作出叙述。这样才能真正地完成艺术家、艺术作品与受众之间的对话与沟通。

(二)展示性

所谓展示性,就是指作者要以宣传推介为目的,把最美好的东西、最有特点的东西、最能满足社会公众需求的东西展示出来。[②] 艺术推介写作的目的是宣传推介,因此,艺术推介文本需要通过语言的组织、篇章的构造恰如其分地展示艺术作品及艺术家各个层面的信息,从而使得受众能够透过推介文本深入地了解艺术作品的创作思路、美学特征、社会价值,以及艺术家的文化背景、创作构思与创作故事。这就要求写作者既要熟悉各种推介载体的传播优劣势,也要熟悉各种推介场景的要求重心;既要把握当下的社会需求,也要把握普遍的受众心理,从而通过文本的传播使得艺术家、艺术作品得以突破自身的诸多限制,全面、深刻而精准地凸显出艺术作品的特质及艺术家的个性。

(三)可读性

艺术推介写作面对着纷繁复杂的受众群体,其目的是通过写作的方式让受众对艺术作品产生兴趣、加深了解。因此,在推介的过程中就要想办法增加文本的可读性,让推介文本在形式和内容上呈现出新颖、灵活、让人眼前一亮的感觉,这样才能让受众听得进、记得住。艺术推介文本的受众不是被动接受信息的受众,而是主动进行信息选择的受众。特别是在当下这个充斥着各种媒介形态、信息爆炸的环境之中,人们的感官无时无刻不在遭受着轰炸,他们极易产生审美疲劳。因此,在这种情况下,要想抓住受众的眼球,让受众对艺术作品感兴趣,就必须在推介文本的构思、结构、语言、内容、形式等多方面精心设计,发挥创意。唯有增进了艺术推介文本的可读性,才能真正让艺术作品在受众那里入脑、入心。

---

① 尹均生:《写作学概论》,湖北教育出版社1987年版,第16页。
② 赵华、张宇:《推介书写作规范与实用例文大全》,中国纺织出版社2015年版,第2页。

(四) 多样性

艺术推介文本通过不同的媒介进行传播,面对不同的场景、不同的受众,会存在不同的文案内容、写作风格、表现形式与写作重心。艺术推介写作的文案会根据面向的场景和受众,对写作风格和表现形式作出调整。如果面对的场景是在艺术馆通过口头表达的方式向大众进行艺术作品的宣讲,那么我们在写作文本时应多采用简洁明快的短句和耳熟能详的词汇;但如果面对的场景是在学术期刊上发表推介文章供专家学者阅读,那么我们在写作推介文本时应采用一些复合句和专业性较强的学术词汇。与此同时,艺术推介写作也会根据不同的推介目的而对艺术推介文本的内容作出增删和取舍,对各部分之间的主次关系及推介重心作出调整。如果我们要推介的是一件有待投放到市场销售的艺术产品,那么我们在写作时需要突出的应是作品的市场前景和商业价值;如果我们要推介的是一件罕见的冷门绝学作品,那么我们推介的重心又应放在其复杂的制作过程和手法工艺上。由此可见,艺术推介文本具有多样性。

三、艺术推介写作的意识

艺术推介写作有自身独特的写作意图和效用,根据其文本特点,进行艺术推介写作之前,写作者需要培养和建立三个方面的写作意识,分别是文体意识、受众意识和媒介意识。

(一) 文体意识

文体意识是一种规划写作的"先验形式",某种程度上决定了写作者怎么去写,它让写作不再是一种天马行空的自由创造,而更像"戴着镣铐跳舞",成为一种有限的创造。[1] 艺术推介写作的本质是创造一种书面文本,它有别于传统狭义的官样文书,在内容选取、书写形式及篇章结构等方面均呈现出独特的文本特性,它以"类型"和"模式"存在,并以自身的规律体系构成了一个反映推介文本世界的系统,[2]其内容、形式和谋篇布局都有规律可循,呈现出一些共性。因此,培养关于艺术推介写作的文体意识具有某种规范性,文体掌握得愈好,写作效率就愈高。

从内容方面看,艺术推介写作要用文字反映艺术作品真实的信息和本质的面目,要凸显出艺术作品的艺术优势和美学特点。因此,在进行艺术推介写作时,作者需要攫取艺术作品多方面的信息来作为写作的素材。比如艺术作品的基本信息、创作动机、制作过程、美学内涵、社会价值,都是艺术推介写作重点关注的层面。

从形式方面看,书写艺术作品不同层面的内容需要采取不同的写作手法和表现风格。比如基本信息需要概括,创作动机需要阐释,制作过程需要叙述,美学内涵则需要凝练,而"概括""阐释""叙述"和"凝练"便分属不同的写作手法。与此同时,艺术推介写作在面对不同的呈现场景、不同的受众时,其书写风格也会有所不同。它可以时

---

[1] 刘伟:《从文本到文化的"理论旅行"》,上海交通大学出版社 2020 年版,第 25—26 页。
[2] 朱广贤:《写作学概论》,民族出版社 2004 年版,第 315—316 页。

而规范、传统、严谨,时而时尚、新鲜、灵活。

从谋篇布局看,艺术推介写作也有自己的结构要求和逻辑线索。写作时谋篇布局不可或缺,写作者要根据主题、材料的不同,安排相应结构,合理规划内容,使得作品的各个组成部分形成一个完整、严谨、和谐、自然的整体。① 横向来说,一般艺术推介写作会运用全景式与特写式相结合、先总后分的结构方式,开篇的导语部分会对艺术作品做总体性的介绍,包括作品的类别、材质、名称、尺寸、创作者、创作时间等基本信息,同时也可以包括对文化内涵、美学特征、社会价值等方面的基本概括,让受众对艺术作品有一个提纲挈领式的认识与初步评价。主体部分则通常选取不同的视角进入艺术作品的不同侧面,分别对其进行介绍。比如可以具体讲解艺术作品的创作构思,叙述艺术作品的制作流程,阐释艺术作品的美学内涵等。除此之外,推介文书主体内容的各个部分内部又会纵向地以时间、空间、程度等逻辑顺序来加以结构。因此,提到艺术推介写作,我们首先要对这一特殊的文类在内容、形式、结构等方面有所认识。

(二)受众意识

受众意识是指传播者对传播对象的认识,对这些对象的存在状态(包括生存状态、精神意识状态)和精神需求的认识,由此传播者能根据受众的需求进行有目的、有针对性的传播,使得传播的内容有的放矢。②

艺术推介写作的目的在于写作者通过语言文本与受众达成沟通,将艺术家、艺术作品的相关信息传递到受众那里,从而深化受众对艺术家、艺术作品的理解。然而,写作者在不同的场景之下所面对的受众是纷繁复杂、千差万别的,可能是在交流会上面对艺术评论家,可能是在布展会场里面对职业策展人,可能是在研讨会上面对研究者、学者,也可能是在求职面试时面对主考官,甚至是在日常生活中面对普通的大众。不同的受众拥有不同的身份背景、知识架构、认知水平及心理结构,在看待和理解同一件艺术作品时也会呈现出不同的接受程度、喜恶偏好及理解方式。因此,当艺术家在面对不同的受众进行艺术推介写作时,要了解受众的心理,理解受众的需求,要根据不同受众,有针对性地采取不同的写作策略和话语形式,以便于受众接受和喜欢,从而促成沟通与认同的真正达成。

(三)媒介意识

媒介意识是指人们在传播活动中认识、使用媒介时所形成的行为理念。麦克卢汉曾指出"在社会意义上看,媒介即讯息",媒介是我们经验世界变革的动因,是我们互动关系变化的动因,也是我们如何使用感知的动因,因此,媒介也是人类感知的延伸。③ 艺术推介写作从本质上说是一种以文本为主要载体的传播行为,是艺术家、艺术品、受众三者之间建立的沟通行为。艺术推介文本的传播渠道和沟通场景是多元

---

① 葛红兵、许道军:《创意写作教程》,高等教育出版社2017年版,第63页。
② 廖梦君:《现代传媒的价值取向》,湖南人民出版社2005年版,第8页。
③ [加]马歇尔·麦克卢汉:《理解媒介:论人的延伸》,何道宽译,译林出版社2019年版,第25—26页。

的,它们可以通过报纸、杂志、广播、电视、网络等媒体进行传播,也可以在会议室、课堂、交流会、新闻发布会、学习考察会等场景中进行展现。艺术推介文本可以是策划书上的一段说明,可以是微信公众号中的一段推文,也可以是杂志上的一番分析。因此,在进行艺术推介写作之前,作者还需要树立一定的媒介意识,要对推介文本传播的手段和环境作出评估和分析,针对不同的传播媒介和沟通场景,对艺术推介写作的篇幅长短、内容侧重、语言风格等作出不同程度的调整,以便推介写作能够契合传播手段的优势,从而使得推介文本可以产生出最大化的效果。

第二节　艺术推介的写作技巧

写作技巧是实现作者写作意图的重要条件,同时也是构成艺术推介文本客观性、展示性、可读性、多样性的内在因素。艺术推介写作的不同板块需要不同的表达方式,因此,艺术推介写作的不同板块有相对应的写作技巧来实现文本的准确、规范与生动。

一、概括基本信息

艺术推介文本的开篇通常需要对艺术作品的基本信息进行概括。所谓基本信息,是指外在于艺术作品且可以直观感知的信息,它包括了艺术作品的类别、名称、尺寸、创作时间、创作者、外部构造、画面呈现等相关信息。比如一件绘画作品,它选取什么样的表现形式,是油画、水彩、素描还是水墨;又如一件雕塑作品,它选取什么样的材质,是纤维、石膏还是玉石;再如一件影视作品,它属于什么类型,是爱情、武侠还是黑色幽默;这些外在可感的信息都属于基本信息。类似的,一个艺术作品外在可视的信息还有很多,比如一幅绘画作品涂抹了怎样的意象,一座雕塑作品雕刻了怎样的物象,一支舞蹈呈现了怎样的场面,也都是可以通过语言文字进行归纳概括的。总之,基本信息板块旨在用简明扼要的文字概述作品的基本状况,从而让受众对艺术作品有一个初步的认知。

首先,概括基本信息要在文段的开头就明确艺术作品的名称、类别、材质,以及尺寸等信息。在推介文段中开门见山地表明作品的视觉形象和艺术形式,这些信息的"开诚布公"可以迅速建立受众对此类艺术作品的认知结构。

其次,概括艺术作品的基本信息需要广泛借助"描写"的表达方式完成。不论是什么类型的艺术作品,不论它以什么样的形式呈现,艺术推介写作的开端都需用语言文字来客观反映艺术作品的状貌,此时就需借助"描写"的表达方式。所谓描写,就是指用生动形象的语言对人物、景物、事件进行绘声绘色的描绘和刻画的一种表达方式,它以反映事物的状貌为目的,以事物的具体状态和细节特征为反映对象,以生动的描绘和刻画为反映手段,试图从细节上去把握事物或现象,通过对细节的再现,启发读者的想象。①

在概括艺术作品信息时,"描写"的表达方式又可以分为"白描"和"细描"两种。"白描"的表现手法在概括艺术作品的基本信息时较为常用,所谓"白描",即用朴实明洁的线条勾勒画面,抓住描写对象的主要特征,用简洁、朴素、平易的语言把它表现出来,不过分修饰、渲染,不用色彩浓艳的形容词和修饰语。② 虽然"白描"手法比较常用,但并不是说概括基本信息时拒绝使用"细描"的表现手法。事实上,当我们的篇幅允许或者当我们无法端详艺术作品时,利用细腻的笔法精细地描绘艺术作品也是可行的,有时候甚至可以用比喻、对比、夸张的修辞手法,浓墨重彩地加以渲染、烘托,通过"细描"所带来的逼真性和繁丽性也能为艺术推介的文本增色。③

事实上,更多的时候"白描"的手法和"细描"的手法会在概括基本信息时搭配使用。先以"白描"的方式描绘整体信息,交代作品主体,再以"细描"的方式交代主体之上的一些细节,二者相结合,使得受众既能在整体上把握画面的内容,又能从细节处捕捉作品想要传达的画面和情感,从而更为生动具体地了解艺术作品的基本信息。

例文解析

营造催人奋进的精神丰碑
——红色雕塑创作谈(节选)

《战友情》(图 5-2),材质为汉白玉,高 48 cm,长 85 cm,宽 41 cm。作品塑造了革命战争年代里一位女护士与一位战士冒着危险,在风雪中紧急救护伤员的动人情景。女护士一手托起药碗,一手捏着汤勺,小心翼翼地给伤员喂药。臂带的红十字袖章与嵌有红十字标志的医药箱,体现出人物身份,也揭示了本作品的主题。战士用坚实的臂膀支撑起伤员,把他靠在自己火热的胸前,用自己的体温温暖伤员,温馨的眼神显示出内心里对病情的关切。两人的披风被狂风掀起,暗示着雨雪交加的恶劣环境,并揭示出战争的残酷。伤员头上裹着纱布,紧闭双眼,微微向前张开口,左臂上悬挂着绷带,生命极度垂危。风雪严寒中,三个人物紧紧依偎,充满着革命的温情与顽强的信念。周围是奔流的山川,代表着革命战争所保卫的祖国壮丽河山。构图上采用稳定严谨的三角形,充满着纪念碑式的崇高与肃穆;材质上用汉白玉的纯洁凸显神圣庄严的气氛;手法上融写实与写意于一体,以期塑造出生动传神的艺术效果。④

---

① 徐中玉:《新编大学写作》,复旦大学出版社 2004 年版,第 71—72 页。
② 路得庆:《写作教程》(修订版),华东师范大学出版社 1987 年版,第 143 页。
③ 孙有康:《写作语汇新说》,暨南大学出版社 2015 年版,第 99 页。
④ 吴德强:《营造催人奋进的精神丰碑——红色雕塑创作谈》,《雕塑》2021 年第 2 期。

图 5-2　吴德强《战友情》雕塑

【解析】例文开篇几个短句点明该件艺术作品的名称、类别、材质和大小,为受众迅速建立起关于雕塑作品的审美维度。随后,该文用"作品塑造了革命战争年代里一位女护士与一位战士冒着危险,在风雪中紧急救护伤员的动人情景"对作品做出白描,交代作品的核心内容。另外,作者用细描的方式呈现了雕塑中人物的动作、神态,人物身上所佩戴的挂件,甚至是人物身上的配饰被风吹动的角度,为受众建构了颇为生动的画面,使受众如临其境。

二、阐明创作构思

艺术作品的创作构思是一个"从无到有""无中生有"的思维过程,同时也是一种有意识、自觉的、创造性的思维活动。艺术创作往往肇始于"想象",艺术家会因为一句话、一个题目、一处风景、一个物象、一个事件、一段情感等外在的"物"产生"想象"的动力,而在"想象"的过程中,艺术家个人的感觉、心志、个性与体验又作用于这一过程,于是外在的"物"与内在的精神相互交接、相互贯通,便涌现出各种各样、杂乱无章的想法,而艺术家的工作则是在这无序中去整理、去雕刻,从而创造出艺术作品。由此可见,艺术创作的构思过程大致要经历无质无形的构思阶段、有质无形的转化阶段,以及有质有形的创作阶段。① 因此,艺术作品的创作构思大致包含了选取、提炼题材,酝酿、确立主题,考虑、决定布局,探索表现形式等阶段。用刘勰《文心雕龙》里的话讲,创作构思便是一个"神思方运,万涂竞萌,规矩虚位,刻镂无形"的过程,是从物象到艺术意象的转化过程,而这个过程在旁观者看来无质无形、无迹可寻,是仅属于创作者的一种主观的感觉,因此,为了让受众可以更为深入地理解艺术作品,理解艺术作品与艺

---

① 洪铭、孙超、张丽春:《视觉传达、美术及艺术创作》,华龄出版社 2020 年版,第 83—85 页。

术家之间的情感勾连,我们有必要在艺术推介写作中用文字如实地描述这一思维过程。

首先,创作构思的阐明需要借助"叙述"的表达方式,它是最基本、最常用的表达方式。所谓叙述,即以反映事物的存在为目的,以事物的总体概貌和发展轮廓为反映对象,以粗线条的勾勒为反映手段的表达方式。在进行叙述时,一般遵循的原则是将连续发生的事件连接在一起,使之成为一种有意义的顺序。① 创作构思的阐明正是需要叙述艺术作品"从无到有""无中生有"的思维过程。由于创作构思的隐秘性,因此创作构思的写作通常由创作者采取第一人称,站在当事人的立场来进行叙述。

其次,基于艺术构思的生成过程,艺术推介写作中对创作构思的叙述,通常采取"顺叙"的方式,按照艺术作品的构思发生、发展的自然时序而进行叙述。这种"顺叙"的方式,有头有尾,有过程,顺次而下,一目了然,易于受众把握艺术作品产生的来龙去脉。艺术作品的创作构思大致包含了灵感来源、选取题材、酝酿主题、思考布局、探索形式等阶段,因此,创作构思的叙写通常还要按照这一线索进行串联,头绪清楚、层次井然。

最后,在叙述创作构思的灵感来源时,还需从时代境况、社会环境、个人经验等多个维度加以叙述。艺术作品的创作构思可能来自时代境况的推动。在如今这个瞬息万变的时代,时代境况会为我们提出许多问题,同时也会带给我们许多思索。因此,对艺术家来说艺术创作可以成为一种独特的方式,对时代之问做出回应。同时,社会环境也在不断塑造艺术家的个体心性,因此,艺术家创作艺术作品的灵感也可能是社会环境塑造的真实自我的投射。另外,艺术作品的灵感还与个体经验的催生息息相关。个体所经历的一切人、事、物,都会触发陈述心灵世界和表达主观情感的可能性。因此,从多个维度来叙述创作构思的灵感来源,才能尽可能地丰富艺术作品的内涵层次,提升艺术作品的意义价值。

例文解析

以"手"绘心
——唐雄英绘画作品自述(节选)

在如今这个瞬息万变的时代,我们常常会被时代的洪流所淹没,在艺术创作中如何才能找到真正的自我,形成自己的艺术语言和艺术观念,并将已经形成于脑海的观念和意图通过作品简洁而准确地传达给观众,如何才能在创作中做到遵从自己内心,真诚地表达自我,这些都是极为不易的事情,而我这几年的绘画探索之路也正是不断寻找"自我"的过程。

从川美毕业之后,我的创作进入一个瓶颈期,总觉得以前的表达越来越空泛,创作

---
① 夏秀、于瑞桓、陈晓洁:《新编大学写作》,中国海洋大学出版社2018年版,第31页。

难以继续深入,为此我痛苦过、迷茫过。经过一段时间的调整之后,我决定把目光转向自身,从自我出发,探寻在作品中进行心灵世界的陈述和主观情感的表达。当然,这需要一个新形象载体来实现我的想法,经过反复的实验和探索,我摒弃了原有的人物形象,选择了身体的一个局部"手"作为我的形象符号和表述载体。从 2012 年起,我开始创作以"手"为主题的系列作品,常常有人问我为什么会选择画手以及其表达的含义,对于这些问题我总觉得难以用文字语言准确地解释清楚。我的绘画一直以来都是偏向女性化的,这正是源于一名女性强烈的自我认识,我喜欢在创作中以女性的视角来描绘她们特有的心理、情感、状态、愿望等体验。而"手"也是在这一基础上拓展开来的,我所描绘的"手"作为女性身体最有表现力的一个部分,她们柔美、娇弱、温婉而灵动,不同的手姿传达出不同的情绪和感受。我把"手"当作自己来画,在画面中她带着我对过往的追忆,对青春的迷恋,以及对自我的窥探,述说着我的孤独和幻想,爱恋与牵挂。在作品中通过不同手姿与不同意义、不同质感的物象元素相结合,用这些"手"去触碰内心深处最真实、原始而柔软的部分,借以窥视自己的内心。①(图 5-3)

布面油画《流年》

布面油画《生长》

图 5-3 唐熊英绘画作品

【解析】 例文顺叙了艺术家创作构思时的心理历程,并从时代环境、社会境遇及个人经验三个层面谈及这一过程。艺术家从身处迷茫到调整自我,再到叩问内心、关注自我,她萌生出用身体的局部意象来承载心灵世界和主观情感的想法,这一过程的表述清晰顺畅。接下来,艺术家陈述了题材的选取。她选择用身体的一个局部"手"作为形象符号和表述载体,尝试以不同手姿与不同意义、不同质感的物象元素相结合的形式来创作画作,而这些画作所表达的主题则是她内心深处最真实、原始而柔软的部分。全文前后逻辑顺畅,环环相扣,交代明白,线索清晰。

---

① 唐雄英:《以"手"绘心——唐雄英绘画作品自述》,《现代艺术》2021 年第 2 期。

三、叙述制作方式

艺术作品的创制方式通常是复杂的,它是审美意象物态化的过程。艺术家会按照各门艺术的规律与特征赋予审美意象以一定的表现形态,或静态的,或动态的,或时间的,或空间的,从而表达出艺术家的创作主旨。[①] 一件艺术作品的制作凝结了创作者付出的时间、创意和心血,既包括了艺术作品从无到有的生成过程,也包括了艺术家鲜为人知的心理历程。对艺术作品制作构成与方式的描述,可以清晰地展现艺术构思转化为艺术成品的路径,使受众通晓艺术家的艺术创意与具体成品之间的隐秘关联。在制作过程的叙述中,可以呈现艺术家的内在情感如何由作品的纹路肌理所勾勒,也可以呈现艺术家的价值观念如何由作品的色彩线条所表达;可以呈现自然的万物生灵如何由身体的姿态起伏所还原,也可以呈现自然的山川湖海如何在曲调的抑扬顿挫中所展现。除此之外,艺术家在创作艺术作品过程中的那些或艰难、或曲折、或惊险、或难忘的故事,都可以在制作方式的叙述中加以记录。可以说,对艺术作品制作方式进行叙述,可以补足那些难以呈现于视觉层面的思维路径,也可以记录那些转瞬即逝的时空片段,从而丰富艺术作品的意义层次。因此,对制作方式的叙述也是艺术推介写作的重要板块之一。

首先,艺术作品的制作方式是一个持续性活动的方式,因此,在叙述制作方式时应该注意采用一定的逻辑顺序,有条理地结构文本。通常来说,以时间顺序叙述制作过程是最为通用的。作者在行文之前,要对制作过程进行一定的梳理,大致将制作的过程分化成几个具体的部分,然后对每一个部分的工作进行具体的叙述。比如叙述一座雕塑作品的制作过程,如果从时间顺序来结构,大致可以从方案设计、实地踏查、细节修订、施工锻造等阶段进行一一叙述。当然,除了用时间顺序来结构文本,也可以采用其他顺序来结构文本。比如在叙述某些建筑艺术品的制作过程时,还可以选择用空间顺序的方式来叙述,先谈建筑的外部建造,再谈建筑的内部建造。此外,主次顺序也可以用来结构文本,如一些由不同部件构成的艺术品,可以先介绍主体部分的制作,再介绍配件部分的制作。总之,对艺术作品制作过程的叙述,可以根据艺术作品的实际情况选择适配的逻辑顺序来结构文本。

其次,在叙述艺术作品的制作方式时,要善于"讲故事"。这里所说的"讲故事"有两个层面的意味。

第一个层面的"讲故事"是指我们在叙述制作过程时,要像讲故事一样把我们的制作过程讲述出来,具体来说就是要注意在叙述的过程中有意识地叙述细节,有意识地设置悬念。对细节的刻画,能够在受众的脑海中建立画面感,从而让受众更能感同身受。基于此,我们在写作制作过程时,可以选取制作过程中的某个部分或某个环节做细致的叙述,在受众的脑海中建构制作环节的画面感。设置悬念则可以让受众感受

---

① 吴秋林:《吴秋林文集》(第二卷),中央民族大学出版社 2018 年版,第 430 页。

到故事张力,从而加深对故事的印象。基于此,我们在书写制作过程的时候,可以选取过程中的一些一波三折的片段放置到文本中,从而让受众感受到制作的不易。

第二个层面的"讲故事"是指要善于去挖掘制作过程中难忘的故事或者值得记录的情感状态。对于绝大多数的受众来说,有关艺术作品的专业制作流程并不能引起他们很大的兴趣。笔刷的大小、画纸的磅数、石头的质地等专业性较强的词汇在他们那里都是陌生的参数,难以建立起相对应的画面和共鸣。此时,挖掘制作过程中的故事就比单纯地叙述制作的工艺流程更为有趣,艺术品制作时所发生的趣事或者艺术家本人的心理历程显然更能引发受众的兴趣。

例文解析

最令人快乐的音乐剧
——《发胶星梦》的创作过程(节选)

在我打算用上整个夏天,去楠塔基特岛海边度假的准备过程中,一件快乐的事发生了。没错!就是《发胶星梦》。

2001年6月初,我在纽约的家里接到电话,我的妻子卡洛琳和我正在紧张地准备我们拖延许久的假期。玛格·里昂——《发胶星梦》的制作人,她正全心投入将这部戏搬上百老汇。她问我是否可以立刻与马克·奥·多内尔合作,重新改编《发胶星梦》的剧本。在此之前,我一直忙于投入一项长达两年半没有任何休假的工作,与一位名叫梅尔·布售克斯的人合写《制作人》的剧本。全情投入于《制作人》是我一生中最快乐的经验,因为没有比与梅尔合作更好更开心的事了,而我们的合作又促成了《制作人》的大红大紫。还会有别的戏能给我带来这么多的快乐吗?看上去不太可能,但却发生了!

我借来了《发胶星梦》的电影看,这是80年代末出品的,当时我就很喜欢,然后我又听了玛格寄给我的百老汇音乐剧的音乐小样,由马克·赛门和斯科特·惠特曼创作,最后我读了马克·奥·多内尔机智有趣的剧本初稿,便打电话给玛格,告诉她把我也算在内。楠塔基特岛的度假可以延后,因为《发胶星梦》是另一艘美丽的百老汇游轮,我无法拒绝成为乘客。①

【解析】例文是音乐剧《发胶星梦》(图5-4)的剧本作者托马斯·米汉对创作过程的叙述。这段叙述用讲故事的方式讲述了剧本作者是如何得到合作机会,又是如何进行剧本创作的。在叙述中,可以从字里行间看到作者多处的细节描写和心理状态的呈现,作者用细致的故事呈现了剧作家在创作过程中愉悦的感受。可见,用"讲故事"的方式能够为制作过程的叙述增添更多的色彩。

---

① 费元洪:《最令人快乐的音乐剧——〈发胶星梦〉的创作过程》,《歌剧》2008年第7期。

图 5-4　音乐剧《发胶星梦》剧照

四、提炼美学内涵

艺术作品的美学内涵是显示其艺术独特性的关键所在。提炼艺术作品的美学内涵是挖掘艺术作品审美性、情感性和独特性的重要过程。这个过程常常能揭示艺术作品不易被察觉的特性和深意。一件艺术作品的美学内涵有不同的层次，通常包含了审美价值、文化意义和现实影响三个方面，它们共同构筑了艺术作品的灵魂。通常来说，艺术作品的审美价值既需在感性的主观层面对官能感觉做出描摹，还需在艺术历史的发展脉络中找准定位，做出判定。艺术作品的文化意义则需要我们穿透感官层面的面纱，深入作品内部的深层意涵，深入艺术家的主体性认知，并在古今中外的文化脉络中寻得关联和线索。而判断一件作品的现实影响则需要在深入调查的基础上，评估艺术作品在引导公众价值、创造商业利益、促进社会发展等层面发挥的力量。因此，对艺术作品美学内涵的具体提炼也是艺术推介写作的重要组成板块。

首先，对艺术作品美学内涵的提炼要借助"说明"的表达手法。所谓"说明"，是用简洁的语言界说事物和阐明事理的表达方式。① 提炼美学内涵就是要用言简意赅的文字对艺术作品的形态、构造、特征、性质等要素及其之间的关系进行一种清楚的表达。"说明"这一表达手法的显著特征是"知识性""解说性""通俗性"和"条理性"，② 这些特性在提炼美学内涵的过程中也会充分地显现。换言之，对艺术作品美学内涵的

---

① 尹均生：《写作学概论》，湖北教育出版社 1987 年版，第 353 页。
② 徐中玉：《新编大学写作》，复旦大学出版社 2004 年版，第 92—93 页。

提炼，不能仅仅单纯地停留在通过视觉层面的感官获得的认知，需要结合社会、文化、历史等多维度的知识来挖掘艺术作品更深层次的意义，从而传递给受众以新的认识，让受众获得新的知识。

其次，在提炼美学内涵的过程中，几乎不用"描写"和"叙述"的表达方式，而是直接面对艺术作品的意义，用浅显、易懂、朴实、简洁的语言，从不同的维度做出全面的剖示，解释和介绍艺术作品所传递、隐喻、象征的意义，从而让受众可以理解和接受。而且提炼美学内涵要尝试从社会、审美、文化、历史等多个维度去诠释，这样才能说清楚艺术作品丰沛的意涵。

最后，提炼美学内涵时，我们既要说明艺术作品的美学特质、意义内涵是什么，同时也要说明其美学特质、意义内涵是如何创造的。艺术作品是意象、情感、思想、观念等要素的综合体，因此我们要注意剖析各个要素之间相互联系、相互共通的方式，要尝试回答创作者的情感经验与思想观念的表达是如何经由艺术作品完成的。换言之，要尽量揭示作品在视觉层面所呈现的意象与内在层面所表达的意涵之间一一对应的关系，并说明关系建立、联系产生的过程与原理。

例文解析

田源对王韦雕塑作品《众生相·共同体》的美学内涵推介

青年艺术家王韦雕塑作品《众生相·共同体》探讨的是族群、社会、自然乃至万物之间同频共振构成的有机整体。这件雕塑作品的形象看似惊悚荒诞，实则是利用和谐清醒的造型语言生动地诠释了当代文明的共同纽带。

人类进化与动物繁衍颇具原型意味，回望相似的生命历程与发展轨迹，难以割裂彼此交融的征象。该作品的立体视觉张力表现在两个组成部分：其一，鸟头人身的复合成像，高昂的头颅与挥舞的双手并非狂欢庆祝，而是回溯原始祭祀的传统符号，古老宗教的图腾感召让人对生命心存敬畏；其二，成对紧随的步伐，马蹄等各种动物的脚面与人足杂糅，牵引芸芸众生的现代面相，整齐排列的足迹汇聚成源源不断的生命洪流。

密密麻麻的脚印具有强烈的隐喻色彩。每个人的一生，从婴孩的蹒跚学步到暮年的步履维艰，呈现出截然不同的行走状态，步伐纵向贯穿生命的各个阶段。井然有序的排队步姿、运动奔跑的矫健身姿、一瘸一拐的蹒跚步伐被囊括其中，横向场景的植入让该作品的受众从上班族辐射至城市里的所有居民，纵横交错的经纬空间具有命运的共鸣感。

该作品的材料为镜面不锈钢，光滑闪亮的质地不仅与环境有机结合，还折射出万物生灵的影像，以参与感、互动性促使观众思索，以开放包容的艺术形式回应共时、共气、共命的作品内涵。

图5-5　王韦雕塑作品《众生相·共同体》

【解析】王韦的雕塑作品(图5-5)可谓形式先锋,意涵丰沛。例文中推介者在说明这件作品的内涵时,显然从不同的维度对这件作品做了详细的解读。首先,他结合时代的艺术生态与人类自我处境,说明这件雕塑作品是艺术家王韦利用和谐清醒的造型语言对当代文明的共同纽带的生动诠释。其次,他又从人类进化与动物繁衍的角度,剖析了雕塑作品中相关意象的象征隐喻意义,认为雕塑既凸显出一种古老宗教的图腾仪式感,又牵引出芸芸众生的现代面相,意涵充满内在张力。最后,他还从人类生命共感的层面,指出王韦的雕塑作品以开放包容的艺术形式回应了人类世界共时、共气、共命的主题,足以引起受众的共鸣。例文对作品呈现与观念表达之间的关系做了较明晰的说明。比如,作者谈到雕塑作品中"鸟头人身"所暗示的万物间难以割裂与彼此交融的关系,谈到整齐排列的足迹对生命洪流的隐喻,还谈到"密密麻麻的脚印"对人坎坷一生的象征,甚至还谈到镜面不锈钢的材质对受众的折射与映照,可以说相当细致又一一对应地阐释了作品的美学内涵及其何以生发的过程和原理。

第三节　艺术推介的写作场景

艺术推介写作面向的受众往往是多元的,在不同的场景中,艺术推介的受众也有所不同。艺术推介可能面向艺术领域的策展人,可能面向艺术画廊的老板,可能面向学术领域的评论家,也可能面向教学领域的专业教师,甚至面向全无艺术学习背景的大众。艺术推介写作的最终目的是传播美的艺术作品,进而满足受众的审美需求,达成艺术传播效果的实现,而艺术传播效果实现的根本途径则是受众的艺术接受。换而言之,艺术作品潜在的审美信息,只有通过艺术接受才能获得释放,只有传递到受众那里,符合了受众的审美意识,才能彰显艺术作品的审美价值。① 因此,我们的艺术推介写作在面对不同的场景,在面向不同的受众时,便要有针对性地做出内容的选择和取舍,有策略性地进行形式的调整与创新,从而使得艺术推介写作的文本可以在受众那里得到妥善的传播,能够让受众更容易接受艺术作品的相关信息。毕竟受众是一切传播效果的"显示器",也是作为传播主体的艺术推介写作者是否够格的评判者。② 本节将立足四种不同的写作场景,探讨艺术推介的写作策略,分别是日常生活场景、职场工作场景、学术实践场景,以及创新创业场景。

一、日常生活场景

艺术推介写作所面对的日常生活场景非常广泛。在日常生活场景中,艺术推介所面对的受众是多样化的,他们有可能是艺术馆中观展的群众,有可能是身边的亲朋好友,也有可能是素未谋面的陌生人,他们有着不同的年龄、性别,来自不同的地域和国度,拥有不同的教育程度和文化背景。可见,艺术推介写作在日常生活场景下所面临的挑战是,如何通过推介文本广泛地吸引不同受众的关注,从而使其通过推介文本达成对艺术作品的深入了解。

面对日常生活场景,艺术推介写作的策略有以下三种:

第一,文笔质朴、通俗易懂。所谓文笔质朴,即用日常生活中常见的字眼来表达想要表达的事物和情感,用中国现代文学家孙犁的话讲就是在写文章时"用最少的字,使你笔下的人物和生活,情意和状态,返璞归真,给人以天然的感觉"③,也即在写作时避免要过分的文饰。

第二,口语化、生活化。所谓口语化,即我手写我口,口头如何表达,笔头则如何记录。行文口语化的基本特点是多用短小精悍的句子,用字用词力求念起来一听就懂,不产生歧义,同时注意音韵的优美和响亮。所谓生活化,即是在选择艺术推介写作的语言时,要尽量做到与社会生活贴近,具有较强的生活实感。

第三,情感充沛,以情动人。文案要引发受众的情感共振,做到以情动人,就要把握一个原则:让文案讲述的事情与受众相关。④

例文解析

绘本作品《山楂树的礼物》推介

赵雨萌

不是所有离开都曲终人散,活着的人有回忆,离开的人有眷恋。满怀希望吧! 待

---

① 张安华:《中国传统造型艺术对外传播研究》,东南大学出版社2020年版,第289页。
② 邵培仁:《传播学》,高等教育出版社2000年版,第196页。
③ 孙犁:《读〈沈下贤集〉》,载《孙犁文集续编3 杂著》,百花文艺出版社2002年版,第90页。
④ 赵华、张宇:《推介书写作规范与实用例文大全》,中国纺织出版社2015年版,第3页。

到繁花满树,山楂红透,我们一定会再相见。今天我想向大家介绍我的绘本作品《山楂树的礼物》。

我将从创作缘由、创作过程、成品展示、作品价值四个部分分享我的创作。

首先,我想说说为什么要创作这本绘本。小时候,总觉得死亡离我很远。随着我逐渐长大,死亡和离别似乎是一瞬间闯入了我的生活。在经历了一次次的痛苦与不真实感后,我开始思考离别之于生活、死亡之于生命究竟意味着什么。我渐渐发现,并非所有离开都曲终人散,活着的人有回忆,离开的人有眷恋。冥冥之中,我们总有牵绊。心中感慨万千,难以言说,因而我想通过绘本来抒发内心的情绪。

在绘本的创作过程中,我首先拟定了绘本的故事大纲。故事围绕山楂树展开,讲述了在山楂树的一生中与动物朋友们相遇、相识、离别与重逢的过程。在设计绘本中的角色时,我并没有用人类作为故事的主角,而是选择山楂树作为绘本的主角。因为我不想直言生死,而希望通过委婉含蓄的方式表达,所以用山楂树喻人。山楂树的生长就像是人的一生,山楂花的寓意也很适合用以承载生命的命题。亲情、友情和爱情是人一生中最重要的三种感情,因而我用棕熊、水豚和狐狸代表家庭、朋友和伴侣。同时为了使角色更加生动,我以我的家人和朋友作为角色的创作原型。在绘本的分镜设计中,我希望通过画面的张弛调动读者情绪的起伏。

下面就跟我进入绘本的故事吧!

秋风吹过枝丫,一颗山楂落下。它落入泥土,悄悄生根发芽。棕熊一家遇到它,"看啊!看啊!多可爱的小树芽!"小熊拿出笔和纸,想要为它画幅画。小熊把画挂在枝头,向山楂树挥手告别:"再见啦,再见啦!愿你开出最美的花!"岁岁年年,春秋冬夏,小芽慢慢长大,小树伸出枝杈。"看呐!看呐!多漂亮的一棵树!"狐狸太太对狐狸先生说,"今年冬天会有暴风雪,系上围脖才能保暖。"狐狸夫妇把围脖系在枝头,向山楂树挥手告别:"再见啦,再见啦!愿你开出最美的花!"风雪过后,冰雪融化,水豚兄弟苏醒啦。他探出水面,游到岸边:"看呀!看呀!多坚强的一棵树,我要把最漂亮的贝壳送给它!"水豚兄弟把亲手做的贝壳风铃挂在枝头,向山楂树挥手告别:"再见啦,再见啦!愿你开出最美的花!"春风拂过大地,山楂树长出新芽,开出小花。燕子们在森林里唱着:"它开出了最美的花!"动物们来到树下,山楂花漫天飘洒。大伙儿在花海里唱啊跳啊……白色的小花一天天落下,只剩下灰蒙蒙的枝丫。看啊!看啊!是什么团团簇簇挂在枝头?原来是一树火红的山楂。原来,每一次相遇、离别与重逢,都是生命的馈赠。

山楂树的一生就像是人的一生。山楂树遇到的小动物们则象征着我们的家庭、朋友和伴侣。"天下没有不散的筵席",小动物们与山楂树告别,我们也终有一天会说再见。但我们一生中的聚与散、生与死,都是生命的礼物。虽然最终动物们离开了山楂树,但它仍然绽放出洁白的花朵,结出火红的果实。希望我们每一个人都不要因为离别而失去对生活的渴望,要一生灿烂地绽放。

在绘本创作完成后我收到了许多好评,也收到了一些关于绘本出版和授权分享的信息。但我认为比这些更重要的,是在阅读完绘本后、谈及离别这一话题时,读者内心的共鸣和心灵的慰藉。

满怀希望吧！待到繁花满树,山楂红透,我们一定会再相见。

图5-6　绘本《山楂树的礼物》展示图

【解析】首先,作者为自己创作的儿童绘本《山楂树的礼物》(图5-6)所撰写的推介文案充分体现了文笔质朴的特点。在她的叙述中,几乎没有过多的修饰词和赘词,多用"主谓宾"或者"主谓"结构的陈述句加以描述,鲜少使用起修饰作用的定语、状语和补语。比如"山楂树的一生就像是人的一生"这一句,几乎没有作为定语的形容词,没有"美丽的山楂树""大多数人"这样的表述,而是直接地写成"山楂树""人",直陈绘本勾勒的主体内容和内涵大意。又如"秋风吹过枝丫,一颗山楂落下。它落入泥土,悄悄生根发芽"这一句,用"吹过""落下""落入""生根""发芽"几个明确的动词,四个短句便勾勒出山楂树两个季节的变化动态,文字表达既利落简洁、清晰明确,又能通过三言两语在受众的脑海中建构画面。其次,作者善于用讲故事的方式表达绘本内容,充分体现了口语化的特点。比如"岁岁年年,春秋冬夏,小芽慢慢长大,小树伸出枝杈"一句中"岁岁年年""春秋冬夏"等四字词语,短小精悍,表意清楚,且是我们日常生活中经常付诸口头的短语,不会产生歧义。"小芽慢慢长大,小树伸出枝杈"一句前后两个短句均为六字,而且前句结尾的"大"和后句结尾的"杈"还做到了押韵,所以读起来节奏感十足,符合口语化的特征。"看呀！看呀！""看呐！看呐！""再见啦,再见啦！"等表达增强了推介文本的生活实感,让人感到亲切。另外,绘本创作的故事来源虽来自创作者自身的情感经验,但创作者在推介文案的写作中却并不囿于私人情感空间的描摹,相反她在不断地试图用文字打动读者。作者在行文中频繁使用第一人称复数的"我们",抒情的同时也起到了带动受众共情的作用。作者的行文充满了对人生哲理的思索,也充满了对生命轮回的希望,给人以正能量的力度,能够引起读者回味与反思,从而达到对艺术作品的共情。

二、职场工作场景

与艺术相关的职业场景多种多样。当你作为一个文创设计师向你的老板推介你的创意,当你作为一个室内建筑师向你的客户介绍你的方案,当你作为一个艺术经理人向你的顾客提供艺术管理、展览策划等服务时,艺术推介写作都能在其中起到促进沟通、有效传达的作用。

在职业工作场景中,艺术推介写作的策略体现在三个方面:

第一,建立较为明确的任务性和目标感。所谓任务性和目标感,即我们在写作的过程中要用一定的篇幅对具体工作的任务和目标进行明确的勾勒,并以此为基础,围绕如何解决这一任务和目标来推介艺术作品、艺术项目的特点。换而言之,在职场工作场景之下,推介文本要"运用自己的'闪光点'去吸引、打动对方"[①],要凸显艺术作品的具体特点,以应对具体目标与任务。

第二,建立更为明确的用户思维、市场思维和受众意识。换而言之,艺术推介写作要更多地站在受众接受和用户体验的角度来行文。在职场环境下进行艺术推介写作,要先明确职场的工作与自己躲在个人小天地中进行的纯艺术创作不同,如果说艺术创作从某种程度上讲是让自己得到享受和愉悦,那么工作很多时候则是用自己的价值为别人带去愉悦,为别人创造价值,从而实现自我价值。因此,要明确艺术行业的生存模式和盈利逻辑,在进行推介文案的撰写时紧紧围绕吸引受众和满足用户需求展开。

第三,从文段的结构来看,职场情境中的艺术推介写作要采用"任务需求+解决方案"的结构模型,即在行文的结构安排上,前半部分提出艺术方案的受众需求或核心追求,后半部分则有针对性地提出满足该需求的艺术方式。

——— 例文解析 ———

古 韵 之 美
——我的文创设计观(节选)

文创设计中色彩的表现。如果说平面构成是基础,是最基本的骨架,那么色彩构成则可以认为是一具完美的皮囊,无论从哪方面思考,色彩都是最具有视觉冲击力的设计元素,它能够极大程度地迎合大众的感知和心理,构建气氛,并通过本身的面积大小等方面建立各种设计元素之间的关系,通过自然搭配的色彩关系才能吸引受众的目

---

① 刘建祥:《演说文体写作技巧与艺术》,湖南人民出版社2003年版,第14—15页。

光,为受众建立继续了解设计作品的氛围。人类社会长时间的发展,大众对于外界事物的感知逐渐固化,对于颜色的理解也逐渐形成一套体系,不同的颜色往往被赋予不同的感情色彩,设计师会在设计中运用不同的颜色来烘托气氛,传递给受众,以此来表达作品的情感,色彩不只表达作品情感,也会带有符号的含义。越是简单地运用纯色与纯色之间的对比,越能给受众带来强烈的视觉冲击力。

在"唤醒古籍"系列作品中,我抛弃了年画所固有的色彩处理手法,采用更具有冲击力的纯色进行搭配,运用色彩构成三大要素中的色调、纯度和明度进行对比。色调单纯、饱和度高的画面区别于传统的处理方式,给大众带来一股新的风格体验。再加以黑色、红色较为神秘的色彩,大面积的运用将这种氛围渲染到极致,同时两种配色给人一种忠义两全的色彩情感暗示,迎合消费者对于产品在情感方面的需求。底色并不是传统意义上的白色,而是采用贴合古代书籍微微泛黄的颜色,赋予整个画面一种古色古香的质感,烘托了画面的氛围。整个系列作品,用具有最直接视觉感知的色块传递画面的情感,传递传统文化的意象内涵之美。根据受众的审美需求,对色彩进行选择、搭配、对比、强化,通过强烈的色彩对比增强作品的视觉冲击力。按照黄金比例将色块的大小进行处理,使整个画面达到和谐之美,也使画面的整体风格更加引人注目。由此可以看出,色彩的合理组合运用不仅实现文创产品的视觉之美,也能帮助文创作品完成关键信息的传递。①(图5-7)

图5-7 文创设计"唤醒古籍"展示图

【解析】例文是职场情境中的文创设计汇报。首先,文创设计要面向市场,因此例文的任务性和目标感很强,在首段便直陈了文创设计中色彩表现的重要性,直击文创

---

① 郭勇:《古韵之美——我的文创设计观》,《美术观察》2021年第12期。

设计需要解决的核心问题。其次,在行文中,例文在字里行间均体现出对受众的关切。从"给大众带来一股新的风格体验""迎合消费者对于产品在情感方面的需求""根据受众的审美需求,对色彩进行选择、搭配、对比、强化"等语句的相关表述中,便可看出作者明确的受众意识,想要通过色彩的搭配实现对受众的广泛吸引,从而可以让文创设计产品实现利益的转化。另外,例文首段提出文创产品中亟待解决的"色彩问题",第二段对"唤醒古籍"系列作品中的色彩处理手法进行了详细的介绍,显然切合了"任务需求+解决方案"的结构模式。

三、学术实践场景

在学术实践场景中,艺术推介写作的受众通常来说较为集中,其形式也较为固定。它所面对的受众多是艺术界的从业者、创作者,或者艺术研究界的学者、专家,其形式也多以学术批评、学术报告、学术讲演为主。总结学术实践场景中的艺术推介写作,可以发现以下四个方面的倾向:

第一,基于文本受众的专业性,学术实践场景下的艺术推介写作注重对文本中各板块之间的主次关系进行调整,对艺术作品的背景和基本信息均做简略介绍,甚至直接略过;而对艺术作品的创作构思与美学内涵往往着力较多,且通常做"单刀直入"式的介绍。

第二,在学术实践场景下,要尽量为艺术作品的推介寻找相应的理论支撑,要试图建立艺术作品与相关理论之间的关联。理论以科学为基础,归纳整理纷繁复杂的现象,提炼总结简明精妙的规律,预测指引未来发展的趋势。理论的介入,能为艺术作品的推介提供一种阐释的路径,从而更好地发掘和展现艺术作品的意义和内涵。

第三,在学术实践场景下,艺术推介写作还要兼顾学术性。要凸显艺术推介文本的学术性,在行文方面就要有意识地运用学术专业话语进行表述。所谓学术专业话语,指某一学术或专业领域所使用的话语,旨在帮助相同学科领域的研究者或读者进行交流与对话,实现知识的积累与建构。[1] 学术专业话语一般包括特定的词汇语法特征、专业术语、写作规范等,用以帮助研究者们提出恰当的命题,建立和维持科学本身的权威性。[2]

第四,艺术推介文本的学术性还体现在行文中句与句、段与段之间严密的结构逻辑与映照关系。相较于日常生活场景中艺术推介写作多用感性表述的话语,在学术实践场景中,艺术推介写作的语句构成和句子成分相对来说更为复杂、绵密。

---

[1] 丽娜:《英语话语分析的跨学科审视及应用探索》,吉林大学出版社2019年版,第207页。
[2] 黑玉琴:《跨学科视角的话语分析研究》,北京大学出版社2013年版,第13页。

例文解析

让 物 发 声
——朱羿郎实验作品展自述(节选)

　　此展览是一次关于三维"物"的群体实验,详述如下。"物",即英文词汇"object",其对立面是"subject",即"主体"或"人"的意思,所以按照惯常的理解,"物"与"人"是相对的,这便引申为"物"是与"人"有一定距离,且具有独立性与自足性,不依附于"人"而存在的个体。此次展览意在实验和测试物性理论的合理性,以及它对维护"艺术"这一事业中所起的作用,同时反思"人"在其中的角色,最终让物发声。

　　物性理论首先就是反对以人为中心的人文主义,引申为对所有的"人"的预判、强制和目的论都提出疑问。这是因为物性理论认为,自足的"物"自有运行规律,它远远超出了人的认知,因此人的理性认知及其衍生品在"物"的面前,都显得狭隘和局限。而对于艺术创作或者设计来说,"人"的部分包含着作为创作者的"人",以及作为客户或观者的"人",他们无论是谁,居于画面中心都是对"物"的曲解和损害。……本次展览中的展品并无任何象征和再现的内容,其中的建筑和景观项目的模型在移除功能后,立刻呈现出了雕塑般的空间和光影效果,并从多个层次与观者的直觉相契合。由此可见,不刻意地将"人"置于中心,有利于打开"物"的自由的局面。①

　　【解析】朱羿郎的实验作品展名为"让物发声"(图5-8),他在阐释这一作品时便选用了"物性理论"来对作品的内涵进行观照。在他的作品中,他陈设了众多不包含

图 5-8　朱羿郎展览现场图

---

①　朱羿郎:《让物发声——朱羿郎实验作品展自述》,《雕塑》2021年第4期。

人之主观性的"物",不附加给这些陈列物以任何象征意义和隐喻意义,从而让陈列物在空间与光影的作用下自然地产生意义。这一实验艺术的内涵主旨恰好与"物性理论"的核心要旨相契合。于是,在作者的论述中,他先用了一定的篇幅介绍"物性理论"的基本观点,然后再明确实验艺术与理论之间的关系,即"此次展览意在实验和测试物性理论的合理性,以及它对维护'艺术'这一事业中所起的作用,同时反思'人'在其中的角色,最终让物发声"。可见,作者试图在作品和理论之间建构一种关联。从例文中我们可以看出,在学术实践场景中,作者有意识地使用专业术语,如"人文主义""物性理论"等学术词汇。这些词汇在我们的日常生活场景中较少使用,但是在学术研讨和交流的语境中却被同行专家们所共享,并对此有相当程度的理论认知,因此不会造成受众的接受障碍。另外,例文的行文逻辑严密,语句先后存在严密的论证关系:要论述物性理论与作品之间的关联,就要先阐释理论,再说明作品的立意。例文的语句学理性较强,句式构成也相对复杂,这样的叙述使得逻辑严密、语句严谨,符合学术场景。

四、创新创业场景

在创新创业场景中,艺术推介写作至关重要,它不仅是展示艺术项目的工具,也为艺术与商业、技术与创新的融合搭建桥梁。通过精心准备的推介文案,艺术家和创业者可以更有效地达成愿景,展现艺术项目的独特价值、创新亮点和市场潜力,从而吸引资源,推动艺术项目向前发展。

2015 年 5 月,国务院办公厅印发《关于深化高等学校创新创业教育改革的实施意见》,提出了完善人才培养质量标准、创新人才培养机制、健全创新创业教育课程体系、强化创新创业实践等任务措施。近年来,为落实这一意见,教育部举办了一系列创新创业大赛,实践创新创业教育改革。其中,中国国际"互联网+"大学生创新创业大赛、"创青春"全国大学生创业大赛,以及"挑战杯"全国大学生课外学术科技作品竞赛等是我国深化创新创业教育改革的几个重要载体和平台,为大学生实现创新创业梦想打开了一扇艺术的天窗。

在创新创业大赛中,参赛者可以通过有效的艺术推介写作让评委、潜在投资人明确艺术项目的目标受众、市场定位,说服他们理解和欣赏艺术项目的魅力,增强他们对项目的信任度,从而激发艺术认可、市场融资、商业合作。创新创业比赛里的计划书撰写属于艺术推介写作的范畴,要想让艺术推介写作在创新创业场景中脱颖而出,也需采取相应的写作策略。

首先,要为项目起一个让人印象深刻的名称。所谓印象深刻,即项目的名称既要包含项目的关键信息,同时也要简明扼要、易读好记、朗朗上口。一个既醒目又悦耳的项目名称是一篇项目文书的"定弦之音",新颖的、有吸引力的项目名称,具有大幅度、高强度振动阅读者、评审专家心弦的功能,因此,必须千方百计拟制一个鲜明生动、富有吸引力的项目名称,一开始就以新奇取胜,以美妙夺人。[1]

其次,项目推介文字要言简意赅,内容要与项目计划书的各板块功能匹配,每个板块用100~300字的篇幅进行概括,切忌过于冗长。一般来讲,大学生创新创业大赛的计划书包括项目概述、项目背景、市场调查、发展战略、营销策略、管理团队、融资与资金运营计划、财务分析、风险控制等数十个板块,推介文章要按照计划书细分的模块,逐一归纳对应的核心要旨。

最后,项目推介的内容一定要与时代现状、产业背景、国家政策、自身优势等相关信息建立联系,并立足于此,阐明项目在这些背景之下所能够发挥怎样的效应,产生怎样的作用,或者响应了哪些政策的指导,以此凸显项目的创新性和领先性。

例文解析

一鸣"京"人
——新美育服务公益项目创业企划(摘要)
若鸣京昆戏曲社团

人生出彩,入戏人生!五音和谐的戏曲韵律与五色斑斓的美术图谱共生互融,孕育出一鸣"京"人——"戏曲+美术"的新美育先锋,其公益形态依托"中国高校百强社团"若鸣京昆戏曲社团,以弘扬中华优秀传统文化的"戏曲"为传播媒介,结合四川美术学院学科优势,打造"戏曲+美术"的素质美育平台。

"双减"政策为美育施展提供良机,然而,非遗文化传承与国粹戏曲传播却举步维艰,据新闻报道,许多非遗项目中断停滞,甚至濒临消亡,传统戏曲发展未能匹配国潮风尚,究其原因,大众兴趣发掘薄弱,多维理解壁垒阻隔,少儿接受根基粗浅。项目聚焦精密融合的美育模式,有针对性地突破市场瓶颈。

项目以原创美育课程研发为基础,衍生配套文创产品精准锁定小学、培训机构,京剧、国潮爱好者,社团、剧院等用户群体,目前已与全国五个省市的30余家培训机构,100余个教学点达成签订合作协议,课程线上线下布局,长短期交替,已建设8套课程200余节课时。从创造性思维训练,到跨学科实践模拟,再到PBL项目制辐射,大容量全方位的课程体系累计覆盖逾7 000名学员。

项目传媒效应急剧增长,曾受邀中国国际"互联网+"大赛官方组委会独家专访,团队接受李玉刚面对面指导,备受青睐,互动合影与亲笔签名加持传播力,自媒体互联网宣传多渠道运营,将提供大量教研岗位,带动千人就业。让戏曲文化传承发扬和美术思想创新延展双轨并进,凸显美好生活的文化价值。

项目突破以知识理解、技能操作为基础的传统美育边界,创造以戏曲、美术为载体的素质美育、综合美育新美育格局。京剧积淀中华民族优秀文化,融精神美、视觉美、

---

[1] 刘建祥:《演说文体写作技巧与艺术》,湖南人民出版社2003年版,第189—190页。

听觉美于一体,是素质美育的绝佳胚胎。

项目公益模式吸引来自四川美术学院、重庆大学、西南大学、重庆师范大学等高校的优秀创业学生加盟,辅以专业的导师团队与强大的顾问团队合理组成公益传播的项目人员构架,同舟共济,怀揣梦想,积极投身项目拓展与建设。

项目促进教育领域的公益实践,产学研协同发展。项目蜕变与学校帮扶支持息息相关,已获国家级立项,得到学校场地、资金、专家问诊等多渠道支持,这将进一步引领教育,并培养众多创新、拼搏的时代接班人。只要努力,一定有"戏"!(图5-9)

图5-9 一鸣"京"人新美育服务公益项目

【解析】四川美术学院陈宝昆团队参加了2021年度第七届中国国际"互联网+"大学生创新创业大赛"青年红色筑梦之旅"公益组赛道的评比,他们的美育服务公益项目"一鸣'京'人"在比赛中脱颖而出,获得全国性奖项铜奖。其项目策划书呈现出诸多优点。第一,项目名称亮眼,他们将"戏曲+美术"的新美育公益服务项目命名为"一鸣'京'人",起到了两方面的作用:一方面,将传统京剧的"京"字化用到项目名称之中,使得项目的名称与项目的内容有了较强的关联性;另一方面,取"一鸣惊人"的谐音,表达出该团队想要在创新美育领域做出突破,让行业为之惊叹的创业决心。第二,推介文书的摘要结构合理、言简意赅,就例文而言,摘要总共由七个自然段组成,每个段落分别对应了项目概述、项目背景、项目的研发与服务、项目的市场现状和传媒效应、项目的核心竞争优势、项目的团队架构,以及项目的未来规划与前景走向。作者在撰写每个段落的内容时,几乎都控制在200字以内,用极为凝练的语言阐明每个部分的核心内容,同时段落与段落间的逻辑层次也颇为清晰。第三,项目内容与国家文化发展、中华优秀传统文化传承、新时代美育建设等国家战略关联紧密,是其脱颖而出的关键。进行项目内容的叙述时便注意到与相关的信息建立起联系。一方面,它抓住了当下"双减"政策的实施之于美育发展的推动作用;另一方面它还注意到当下部分中国非遗项目濒临消亡、传统技艺未能勃兴、少儿美育根基粗浅的现状,基于这两个方面的政策背景与时代现状,团队以"戏曲+美术"为核心的美育服务项目可谓恰好击中了其中的"痛点",轻而易举地凸显了项目的针对性与当下性。另外,项目也较好地利用了四川美术学院的学科优势和平台实力,艺术院校较为深厚的学养基础、美育经验及导师团队可以为这支以"戏曲+美术"为载体的美育服务创新团队注入相当大的活力与养分,这也是这支团队可以凸显其独创性、领先性的优势之所在。

导学训练

一、学习建议

艺术推介写作需要建立其独有的文本意识、媒介意识与受众意识,有基本的板块构成与结构层次。与此同时,艺术推介写作需在不同的场景和语境下做出写作意识、写作技法和写作策略方面的调整。学习者需要明确艺术推介写作的目标,明晰艺术推介写作基本构成与基本要求,结合艺术实例对艺术推介写作所面对的不同场景做出判断,并能有针对性地进行艺术推介写作的策略调整。

二、复习思考题

1. 艺术推介写作的实质是什么?需要培养怎样的写作意识?
2. 艺术推介写作的基本构成板块有哪些?
3. 艺术推介写作有哪些文本特征?
4. 艺术推介写作会面对哪些基本的场景?不同场景中的艺术推介写作分别需要注意哪些方面的问题?
5. 结合具体实例,谈谈艺术推介写作中的写作技巧?

三、实践训练

盛会

1. 假如你是一名文化宫的志愿者,今天要接待来自市福利院的孩子们,请结合场景,围绕自己的艺术作品,撰写一篇推介文案。
2. 观看北京冬奥会开幕式纪录片《盛会》第一集,总结开幕式中奥运五环的呈现方式、创意构思、制作过程与美学内涵,并撰写一篇完整的推介文案。

谈山水画《诚亦尽写》的创作感受

 课堂研讨

1. 扫码阅读文章《谈山水画〈诚亦尽写〉的创作感受》,从学术实践场景的角度,谈一谈作者在推介山水画作品时利用了哪些策略。

2.《广西来宾民间艺术推介中新媒体交互艺术的应用》一文中写道：

新媒体交互艺术作为当今学术界研究的热门领域，赋予了艺术一双崭新的翅膀。它一方面拓展了艺术的宽度，另一方面又挖掘了艺术的内在潜力，如果应用到传统的民间艺术，势必推动它的全新发展，甚至开启强大的"新生命"之旅。……来宾民间艺术不仅有瑶族文化，也有壮族、苗族、侗族、毛南族、彝族、水族、仫佬族，还包括汉族等民族组成了丰富的民间艺术群体。而交互艺术应用是一种技术的应用和新时代审美形式的尝试，在瑶族文化上可以使用这种方式，当然也可以借鉴到其他民间艺术中，只需根据不同民族的民间艺术特点设计不同的具体方案，从而使古老的民间艺术焕发新的面貌。如此顺应时代进行一些现代审美方式的变化，符合当下年轻人的审美追求，也符合5G大背景下艺术形式的变革，只要保留民间艺术的精华所在，形式改变只会使民间艺术的非物质文化遗产得到更好的传承与发展，而不是极端保守地只使用"旧"的形式，形成文化的自我封闭。尝试新的方式，也许广西来宾的民间艺术能多一个全新的外部形态，吸引更多的民间艺术传承者。

扫码阅读《广西来宾民间艺术推介中新媒体交互艺术的应用》一文，以小组为单位，结合上述内容，探讨在新媒体时代艺术推介写作者如何建立受众意识和媒介意识。

广西来宾民间艺术推介中新媒体交互艺术的应用

3. 扫码阅读文章《我的创作历程：现实题材纪录片创作谈》，以小组为单位讨论作者在叙述创作过程中是如何讲好故事的？

我的创作历程：现实题材纪录片创作谈

拓展链接

1. [美]赫德森、[美]莫里西：《如何撰写艺术类文章》，潘耀昌等译，上海人民美术出版社2004年版。

2. [美]希文·巴内特：《艺术写作简明指南》，张坚等译，上海人民美术出版社2014年版。

3. 赵华、张宇：《推介书写规范与实用例文大全》，中国纺织出版社2015年版。

4. [英]安德鲁·利、[英]迈克尔·梅纳德：《完美的推介》，王阳译，立信会计出版社2001年版。

5. [英]乔恩·斯蒂尔：《完美陈述推介理念和赢得商机的艺术》，田丽霞、韩丹、刘寅龙译，重庆出版社2009年版。

第六章　艺术评论写作

学习目标

1. 掌握艺术评论写作的定义,熟悉艺术评论写作的三大类型。

2. 解艺术评论写作的要点,包括艺术现象写作的要点、艺术人物评论写作的要点,以及艺术作品评论写作的要点。

3. 掌握艺术评论写作的两个主要方法,并运用到艺术评论写作实践中,包含对艺术现象的评论、对艺术人物的评论,以及对艺术作品的评论。

案例导入

张光宇漫画创作与民族国家想象(节选)

在抗日战争时期,张光宇一方面处于"文化逃亡"的颠沛流离中,其艺术创作条件非常艰苦,另一方面又面临国民政府独裁统治的现实困境,这双重困境正是张光宇其后创作《西游漫记》的背景。抗日战争全面爆发之后,中国文艺事业的发展普遍处于低迷状态,唯有漫画木刻运动相对而言充满活力,在抗日救亡宣传中发挥了重要作用。1937年之前,漫画家们已意识到漫画在改良社会、建构国民意识上所起的重要作用,尤其是1936年第一届全国漫画展览会的举办进一步凝聚了漫画家群体,也为其后的抗日救亡运动的宣传奠定了组织基础。……

《西游漫记》中的政治隐喻及其对于现代中国的想象具有明显的左翼色彩,在随后的解放战争时期,张光宇也成为香港的左翼团体"人间画会"的重要一员。也正是从《西游漫记》发表的这一时期开始,张光宇、张仃、廖冰兄等左翼漫画家对于现代民族国家想象有了共识,这种共识在廖冰兄1948年为《这是一个漫画时代》创刊号所写的跋中有着更为具体的体现:"我们不愿意保持这个漫画时代。我们的一切努力却是为了加速这个时代的溃灭,我们和全世界人民一样渴望另一个没有罪恶、残杀、仇恨、贫穷、灾难的,繁荣富足的时代迅速到来,那是人民的'王朝',整个国家是人们的宫殿。"

(资料来源:《文艺理论与批评》2016年第5期。)

第六章 艺术评论写作

【解析】该例文既是对艺术现象、对人物评论的评论,同时又是针对艺术家作品的评论。

首先,是对艺术现象的评论。艺术家张光宇作为一个艺术文化人而艰难逃亡的事件是一个历史现象的浓缩和代表。它被客观地描述,符合艺术现象写作的第一层——对"客观艺术现象的描述与记录"。例文展现爱国艺术家群体在逃亡的道路上仍然从事文化艺术创作、传播爱国思想的现象,是现象写作中的第二层——"艺术现象的鉴赏与批评"呈现。例文以当时文化人具体的历史事件作为支撑,对他们在艰难时期创作精神的客观评价是写作中的第三个层次"艺术现象的价值与判断"。

其次,是对艺术人物的评论。其与艺术现象评论相同的一点是需要客观评论历史人物及事件,甚至要写到具体事件的时间、地点等,这是艺术人物评论写作的一种方法。同时还需要用理性写作显影艺术人物形象。艺术人物评论写作往往通过作品的时代性与艺术性强化对艺术人物的正面评价,这样人物形象才能更生动、更鲜明,突显出文章的中心与主题价值。

进行艺术人物评论写作时,作者有时会通过隐形色彩的加入来表现人物的精神价值等,读者通过阅读文章能感到时代背景的"黑色"与经典艺术人物精神所代表的"红色"。这也是对文章主题中心的突出,"中心的表达一般比较直接、显露,越清楚、越明确越好"①。"红色"代表革命与希望,衬托出文章标题中的"民族国家想象"等关键词,因此正面描写人物可以让文章自带主观色彩的联想,尤其是对色彩敏感的艺术类学生可以从抽象的文字中获取人物的故事、精神魅力,并从中自然产生出各种联想,对老一辈艺术家产生崇拜之情。心理情感发生变化,能促使自身自觉认识经典的艺术人物及其经典的艺术作品,从而对国家民族时代作品、人物有一个正确的评价。

例文涉及对人物价值的评论,当写到抗战逃亡时,不止一次提到"文化逃亡"的观点,在这里,文化逃亡并不是一个贬义词,而是对那个特殊时代文化人生存现状的一种客观描写,作者也将他对于这一时期的主观观点带入写作中,一面赞扬了艺术家用文化作品进行反抗的精神,一面揭示了时代的黑暗。例文正面评价艺术家没有被战争和逃亡所吓倒,而是不断创作作品,积极投入抗战的宣传中,同时也反映出那个时代有不少有识青年、知识分子用自己的方式支持抗战,唤醒民众。

最后,是对艺术作品的评论,主观色彩的表现并不一定要语言犀利,只需要客观、准确地表达就可以,做到真实记录作品的艺术价值。因为"个体差异性"令

---

① 傅德岷、韦济木、郑江义:《写作基础教程》(第6版),重庆大学出版社2018年版,第38页。

"艺术感知带有主观色彩,写作主体的生活环境、文化素养、个性气质甚至身体状况等都可能对他的感知活动产生影响"①。例文介绍艺术家的作品《西游漫记》(图6-1),一语道破作品的隐喻性,认为艺术家的作品是借神话喻现实,借古代喻当下。

张光宇《西游漫记》

图6-1 张光宇《西游漫记》

第一节 艺术评论写作概述

一、艺术评论写作的定义

艺术评论写作是艺术写作的一种重要类型。它是在艺术写作实践中经常会被运用的一种写作类型。艺术评论写作种类多样,且评论对象明确,如影视评论、舞台评论、戏剧评论,具有大众化评鉴的趋势,论述容量也占据艺术市场的重要份额。"评"与"论"是艺术写作主体价值评判的表述方式,它们凭借叙事性合理延展"语言补充视觉画面(含音乐音响)的不足"②,基于艺术对象的具体事实,通过剖解其内容,阐明核心观点,引发深度思考。艺术评论的观点输出不是纯粹主观意识的激进论断,写作者应综合"艺术现象、思潮、流派、作品、创作者等进行理性分析和科学评价"③。

艺术评论也是大学生经常会接触到的一种艺术写作类型。它通常与我们当下的

① 芮瑞、黄建成:《写作学教程》(第3版),安徽大学出版社2017年版,第30页。
② 宋佳玲、张宗伟:《电视片写作》,中国广播电视出版社2002年版,第23页。
③ 陈旭光、戴清:《影视鉴赏(第2版)》,北京大学出版社2021年版,第124页。

艺术实践密切相关。例如,2023年春节期间首映的动画电影《深海》(图6-2),上映之后,评论褒贬不一,众说纷纭。面对这样一个热闹非凡、充满勃勃生机的中国电影实践现状,李镇在《情愫深似海 愁绪尽斑斓——观动画片〈深海〉有感》这篇评论文章中,旗帜鲜明地表明了自己作为评论者的观点:"即便如此,我仍然想以个人的名义,将2023年的动画片《深海》称为动画史上的里程碑。因为它的精致、超前、真诚和勇敢。"①。

图6-2 电影《深海》剧照

这一观点建立在翔实论据的基础上。文章通过对该电影纤毫毕现的色彩画面、复杂精细的技术特效、精准强大的声音音响、想象力充沛的奇幻场景,以及人文关怀的主题表达,进行逐一论述,最终得出了《深海》是中国动画史上的里程碑的观点。正是由于该评论文章的论据翔实有力、理由充分,因此能够说服读者,产生引导性的作用。同时,文章洋溢在字里行间的真情实感,例如对精雕细琢的影像画面的赞叹、对主创超越观众想象边界的佩服,还有对影片心理写实的深刻认同,也能够深深打动读者,达到评论文章以情动人的效果。

艺术评论应针对具体评论对象展开分析,提炼重点,体现出评论者思想的闪光点。艺术评论写作应透过现象看本质,同时饱含情感,融情于理,打动读者。"写作本身就像是砌墙,没有什么魅力四射的表现。"②无论是出于学习动机,或是兴趣使然,学习者要勤加练习,才能够促进艺术写作水平不断提升。

---

① 李镇:《情愫深似海 愁绪尽斑斓——观动画片〈深海〉有感》,《中国电影报》,2023年2月1日。
② [美]苏载特·马丁内兹·斯坦德灵:《评论写作的艺术》,卞江南译,上海大学出版社2017年版,第98页。

二、艺术评论写作的类型

根据被评论的对象和内容,艺术评论写作可划分为艺术现象评论、艺术人物评论和艺术作品评论三大类型。

艺术现象,是艺术评论写作的主要对象。对于已经得到广泛认可的经典艺术现象,艺术现象评论写作的重点在于进一步阐释评论对象的内涵与意蕴,深入探讨其审美形态的生成等多个层面;对于正处在发展过程中的热点艺术现象,艺术现象评论写作的目的在于挖掘现象背后的动因,并批评其隐忧。

按照艺术人物的不同种类,艺术人物评论主要可划分为经典艺术人物评论、热点艺术人物评论和艺术教育人物评论三种。经典艺术人物评论写作主要包括:经典人物、经典事件、经典作品等方面。热点艺术人物评论主要包括当下热门的艺术家,以及艺术家所创作的艺术作品。艺术教育人物评论写作旨在剖析艺术理念与教育感化的深层关系,辩证认知经典与热点的人物特写。

艺术作品评论是针对艺术家创作产出的成果,进行品鉴与审美的"诠释"写作文体,它逐步揭示艺术作品的内涵意义,攻克读者理解的困境。艺术作品评论的写作,是基于相关作品的内外部综合因素,进行特定论述的专业评价文章。

针对艺术现象、艺术人物和艺术作品的三类评论,明晰的写作对象聚集于艺术评论的内外圈层,关于现象的艺术观察受外部环境影响,奠定评论的历史语境。艺术评论写作应拨开现象的迷雾,走进作为创作主体的艺术人物,评论文字应具有鲜活的艺术生命感,其独特的创作理念或可成为现象成因的一个注脚,也呈现生动自由的个体生态景观,为进一步阐释提供依据。艺术作品评论文章关乎读者审美的意义建构,它能破除艺术家中心论的权威话语,赋予不同身份、感受、经验的鉴赏者柔性的写作空间。

第二节 艺术评论写作要旨

艺术评论写作要旨以了解艺术作品及其创作者的背景为基础,写作者用精准的文字记录视觉印象和相关直观的感受,评析和论述艺术品的思想内涵,并深度发掘艺术品的技术和形式,探讨艺术家可能使用的象征和隐喻,批判性评估艺术品的弱点和局限性,发表独到且缜密的观点,将生动的语言和思辨的论证结合。

一、艺术评论写作的方法

艺术评论写作的方法基于写作者已具备的艺术修养和批评能力,它们促使写作者对艺术作品进行深入解读和评价,渗透其间的写作方法通常包括两个方面。

第一,从整体角度去把握,综合进行分析与评论。这是为了整体把握作品的创作目的、意义、价值等,综合性地来衡量作品,避免认识的片面性。

第二,针对某个作品的风格进行评论与分析,从具体作品或具体创作时间点的创作特点入手,从而分析出艺术家的创作风格,突出评价的重点。同时要找到艺术家成长路径中的每一个节点的关联性,强调评论的客观性与准确度。

(一) 针对艺术家作品的综合评论

评论艺术家作品是一项需要综合能力的任务,它要求评论者具备良好的时空观察力、批判性思维能力和文字表达能力。评论的目的不仅仅是评价作品的好坏,更重要的是通过对艺术家作品的风格、内容、技术手法、创作背景、艺术价值等进行综合性的深入评论,提出建设性的意见,并为其他读者或者观众提供一个不同的整体视角来看待作品。

例文解析

张光宇漫画创作与民族国家想象(节选)

图6-3 张光宇《立体的上海生活》

1925—1926年,张光宇在其作品《白描新仕女图》中已经对新时代女性形象作了清晰的描绘。随后,张光宇对于都市文明的表现更加深入而全面,由个体扩展至整个都市形态,摩登上海在其作品中成为现代中国的代名词。而张光宇为《上海漫画》创刊号及第100期"纪念专号"所绘制的封面漫画最能体现他对于现代性的想象。张光宇将创刊号的封面漫画命名为《立体的上海生活》(图6-3),表现的是一家四口对于未来生活的憧憬,而第100期的封面被张光宇命名为《漫画家的梦》(图6-4)。在这个充满象征意味的作品中,创刊号封面被张光宇几乎原样地安置于画面的上方,下方则是一个画家形象。显然,这一形象正是张光宇本人,他正做着美梦,想象着未来中国的美好图景。而《上海漫画》第95期的封面漫画亦由张光宇绘制,这幅题为《哦,甜蜜的上海》(图6-5)的作品再次说明了上海的现代正是张光宇想象的终点,在漫画日益成为出版文化的重要组成部分时,张光宇也将漫画与中国的现代化进程以图像的形式紧密联系在一起。①

【解析】例文对艺术家在上海时期创作的《漫画家的梦》《哦,甜蜜的上海》等作品进行了综合评述,总结出这些作品均表达了艺术家对美好生活的向往。

---

① 王树良、白冰:《张光宇漫画创作与民族国家想象》,《文艺理论与批评》2016年第5期。

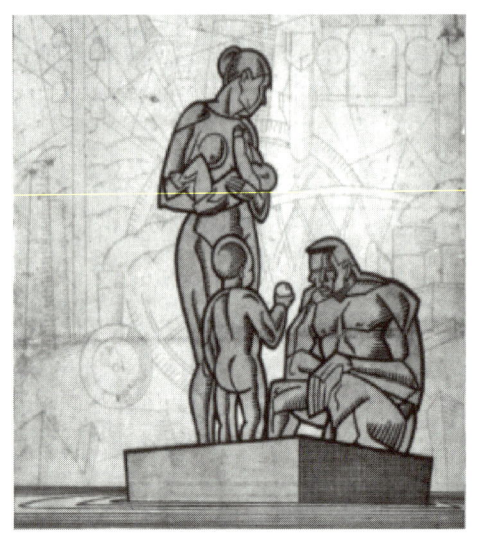 

图6-4　张光宇《漫画家的梦》　　　　图6-5　张光宇《哦,甜蜜的上海》

文章还按时间、地区分别介绍了艺术家在大后方时期创作的作品,这样的写作方法使得历史线节点清晰,也有利于读者了解艺术家创作风格、作品内容流变的原因,从而让读者更系统和全面地了解艺术家。值得注意的是这种以作品为主线从人物事件、历史时间去梳理与评论的写作方法虽然是最常用的方式,但在写作中要有主观意识去归纳作品,有意识地选择主要作品,弱化次要作品,这样才是良好的评论写作,而非资料的堆积。

总之,从不同侧重点进行的综合性评论应该注意,需要根据文章的主题来完成写作,评论的侧重点尽可能放在作品的意义上,这也是初学者在写作时应该注意的重点。

(二)针对艺术家作品风格化的写作

风格化意指艺术家有意识地塑造和强化自己艺术作品的风格,以达到独特的艺术效果。它具有体现艺术家主观因素和作品各方面特质的基本属性,艺术家通过风格传递自己的艺术个性,即便是匿名作品,读者也能通过风格辨识出作者。

针对艺术作品、人物、现象所具有的风格化特征进行的写作,可以通过与其他作品的对比分析来完成。

------ 例文解析 ------

当代艺术家介入公共艺术的研究
——以徐冰为例(节选)

徐冰的《凤凰》(图6-6)一经问世便引发了很强烈的社会反响和讨论,使我们看到当代艺术家介入公共艺术的可能性,引起公众层面如此之多的讨论。这种现象也展现了公共艺术的魅力,因此探索现象背后的原因很有必要。

图6-6 徐冰《凤凰》

……其作品的缘起和落成都颇具戏剧性:原本是为艺术赞助商所做,当时不少人认为作品做完后被人购买收藏就是很好的结局,也有人劝徐冰不必在 CBD 附近做短短几日的展览。徐冰都否决了,他为作品能够在 CBD 展示而奔波……艺术家与赞助商经过一番激烈的资本博弈之后,《凤凰》的第一个展出落脚地才从金融大厦的中央大厅移到 CBD 商业中心旁边的民间美术馆——今日美术馆,此后才得以飞往上海世博会、美国、威尼斯,在世界各地的公众艺术场域中落脚,直接与公众进行亲密的对话。

这两只"非梧桐树不栖身"的精神高贵的凤凰,原本是"精英文化"的缩影,但它们在刚刚诞生的时候,就不得不离开"精英"的场域,借助于世俗强有力的资本平台去展翅起飞,最终才达到了理想的艺术目的。因此,《凤凰》的诞生体现出了在当代转型社会,大众文化与精英文化、传统与现代,以及资本与艺术共构和博弈的时代特征。这使得作品所追求的崇高精神在与尘世资本共舞的时候,往往具有"反讽性"的特征。①

【解析】例文首先介绍了该作品在当时的影响,客观地肯定了作品的价值,为理论观点"艺术家介入公共艺术"的树立提供了依据。其次,例文介绍了作品诞生的背景,艺术家创作时的心理历程,以及在展出时发生的鲜为人知的故事,为作品增加了如同传奇般的故事情节,引起读者的兴趣。最后,作者分析了作品的艺术价值及文化价值,指明了

---

① 苏典娜、王嘉妮:《当代艺术家介入公共艺术的研究——以徐冰为例》,《装饰》2015年第11期。

它强烈的艺术风格,并明确提出作品"反讽性"的特征。针对作品风格化的写作正是通过对作品的分析得出的,条理清楚、事件明确、有理有据。其中还有其他观点的加入,如文章中提到的"反讽性",这个观点虽然不是作者的独创观点,却从另一方面佐证了作者认为艺术家的作品是"介入公共艺术"这一总观点。写作者在初期写作时也应找准艺术家、艺术作品良好的、积极一面,真实地、客观地梳理他人观点,而后再提出自己有建设性的、总结性的、相对客观的理论观点。

在写作时还可以通过介入他人艺术观点进行对比分析。由于热点艺术家作品的时代先锋性,他们的作品往往是现象级作品,因此也被各种评论包围。针对《凤凰》这个作品评论的还有很多,如《格物致实:欧阳江河与徐冰的〈凤凰〉交响》和《当代国际艺术视野下的寿山石雕》是主要针对"诗艺两种艺术形式的互文特征的对比",以及"直接对作品形质和材料评论"进行的写作,这两种观点同样都是对热点艺术家风格化的评论,因此在写作前期很重要的一点是作者需要找到提炼艺术风格的观点,以动态的眼光确保评论文章写作逻辑清晰、观点明确。

进行艺术评论写作的训练时需要注意以下几个方面:

第一,平时要多观察艺术家及艺术作品,多看、多分析别人的观点,总结出自己的观点,同时还要注意人物分析与单纯的作品评论的区别。

第二,写作初期可多练习评论提纲的写作。如进行艺术人物评论写作时,要找出人物与作品的关系,找到不同人物评论写作的结构方式,并逐步掌握多种艺术人物评论写作结构。

第三,加强语言的写作与梳理能力,评论文章往往较为简短,因此精练的、客观的语言能力是初学者需要掌握的。

第四,写作前期对艺术家及艺术作品要有充分的了解,了解艺术家创作的动机和时代背景,力争做到从历史时代的角度去评论,而不是用现代、当下的眼光、语言去评论。

总之,通过上述训练方法不断实践和积累,可以逐步提高艺术评论写作的能力,并在此基础上形成个人独特的艺术观和评论风格。艺术评论写作应以客观、真实的材料为基础,揭示艺术作品的"真""善""美",总结艺术机制与规律。

二、各类艺术评论写作的要点

艺术评论写作是针对艺术作品进行描述、分析、阐释和评价的文本写作实践。这种写作不仅仅是对艺术作品的简单介绍,更重要的是通过评论者的理论素养和实践经验,对艺术品进行深入的解读和评价。艺术评论写作对于展示艺术现象、艺术人物,以及提升艺术作品本身的价值、促进艺术发展具有重要作用。

(一)艺术现象评论写作的要点

艺术现象是指那些在艺术创作、欣赏和交流过程中出现的独特现象,它们反映了人类情感的深度、丰富多彩的文化以及个体创造力的无限可能性。艺术现象评论主要涵盖三个层面,分别是艺术现象的描述与记录,艺术现象的鉴赏与批评,艺术现象的价值判断。

第一,客观艺术现象的描述与记录。用事实说话,艺术现象评论文章应采用客观真实的描述,文字再现遵循真实可感的记录原则,艺术现象的剪影大多数是残损的碎片,避免在复述的写作过程中机械地重复内容。

第二,艺术现象的鉴赏与批评。艺术现象鉴赏应让读者与作者产生共鸣,让鉴赏中的表扬与批评语言打动读者,双方发生情感上的交流与感应。

第三,艺术现象的价值判断。在对艺术现象进行价值判断时,应将其放置到现象背后特定的历史语境中,注意评论对象所处的时代背景、社会环境。

(二)艺术人物评论写作的要点

撰写艺术人物评论时,要注重艺术家的成长环境对艺术风格的影响,以及在艺术道路上遇到的关键转折点。对于艺术家的创作,不仅要描述它们的美学特征,还要尝试理解其中蕴含的思想深度和情感表达。同时,还可以将艺术家与同时代或历史上的著名艺术家进行对比,指出其创新之处和对后来艺术发展的推动作用。艺术人物评论需用理性的文字展现艺术人物形象,并指明艺术家的人生故事给阅读者带来的启示和影响。

第一,合理选择人物材料。进行经典艺术人物评论写作时首先要对历史人物、历史事件进行梳理;对真实的事件要有轻重的选择;选择的故事内容要体现人物在当时的代表性形象、表现,给人物打造出一个鲜明的特征。

第二,客观评论历史人物及事件。区别于感性抒发的艺术现象鉴赏,艺术评论写作过程中的艺术人物评论更多呈现出理性的特征。客观分析人物所在的历史时代、作品出现的历史契机、作品的生产历程,对正确认识艺术家及艺术家的作品有着积极作用。这样相对客观的分析与写作才能使观者代入时代,写出来的艺术人物评论才能更加鲜活。

(三)艺术作品评论写作的要点

艺术作品评论旨在分析、评估、解释艺术形态和功能。一篇优秀的艺术评论文章应帮助读者理解作品的基本形式、思想意义、审美价值及艺术家的创作意图。

第一,需要真实记录作品的艺术价值。艺术作品是塑造人物和事件的重要资料,写作需从正面梳理艺术作品的背景、时间,掌握艺术家的心理活动、创作动机等,并正面评价作品的价值。

第二,针对不同历史时期的作品有以下写作要旨:

(1)厘清作品的创作时间、创作环境、创作意图;

(2)分析作品的形态、作者表达的意义、作品的材料等;

(3)对标作品展示的照片或效果图,让读者相对直观地了解作品;

(4)在评论中加入自己的观点。

类似案例较多,包括一些人物传记类的书籍,如动画艺术家万籁鸣的自传《我与孙悟空》。简短的人物评论文章也可以采用历史时间与作品对照的写作方法,这样的写作逻辑清晰,事件相对明确。

第三节　艺术评论写作实践

艺术评论写作所涉足的对象,如优美的书画、雕塑与装置艺术,生动的影视、舞台艺术(音乐、舞蹈、戏剧)、跨界展演与行为艺术等,皆具有抽象表达及多重叠加语意的外在特征,通常具备"一物(符号)多义"的诠释特质。欲掌握艺术评论的写作技巧,首先要掌握以下基本写作概念:① 观察现象:顾名思义,通过感官的观察,尽可能地记住艺术作品的相关信息;② 分析现象:将上述观察所得的信息与相关文献材料,依据相关艺术理论进行分析;③ 归纳现象:通过归纳整理,发掘艺术作品的主要特征与次要特征,并发现艺术作品的内在意义;④ 比较现象:运用某些理论视角,以客观的论述方式对艺术作品进行深入剖析与分析;⑤ 诠释现象:结合理论与作品特征,进行适当的意义诠释;⑥ 评价与建议:为读者提供讨论与思辨的观点,同时也向创作者或团队反馈相关的具体客观的建议。

上述基本概念并非指行文的段落次序,这是因为艺术评论写作重视评论人的书写风格、行文的逻辑、评论的合理性,艺术评论写作并没有"最好"的写作技巧,只有如何达到"方便阅读""客观理性""洞见精辟"的写作技巧。多数人观赏艺术作品时,往往会遇到"如何看""如何品鉴"的问题,而专业评论人的点评,能作为读者讨论与思辨艺术作品提供重要的参阅文本。本节延伸前述两节的内容,摘取部分评论文章段落,进行文本写作的讨论。

一、艺术现象评论写作

艺术现象评论写作在对评论对象进行全面阐释的基础上,往往还要引起读者的进一步关注及深入思考。面对生活阅历、审美口味和艺术素养千差万别的读者,评论文字要情理结合,传递一种直击心灵的力量。以下为常见的几种评论方式。

(一)多重观点的融汇论证

这类艺术现象评论写作,强调以佐证辨明的方式,通过不同观点的交叉讨论,对艺术现象进行比较与分析,并提出自己的观点。

例文解析

当代艺术的中国转向(节选)

尽管随着经济的起飞,我国艺术实践取得了长足的进步,特别是在以实验性美术探索为主导的当代艺术领域,我国艺术家取得了不错的成绩。但是,无论当代艺术如何全球化,西方的话语霸权依然存在。在这种情况下,中国艺术家依然面临着中国与西方、本土与国际、传统与现代、继承与创新、学术与商业等之间的紧张二元对立,而缺乏足够的自信。但是,面对百年未有之大变局,中国艺术家受到现实的刺激和传统的启示,创作了一批具有地方特色和现实关怀的艺术作品。尤其可喜的是,艺术在乡村建设方面发挥了重要作用,这让我们看到了一种建设性的"介入艺术"的巨大潜力和理论前景。进入 20 世纪之后,艺术多以批判性的姿态介入社会。但是,批判性的"介入艺术"及其批判性理论,最多只是发现问题,而无力解决问题。批判性的"介入艺术"最终进入观念领域,成为少数知识精英的观念游戏。与批判性的"介入艺术"不同,建设性的"介入艺术"立足于现象学意义上的"回到事物本身",通过深入的个案研究,设计出问题的具体解决方案并予以实施,从而摆脱了观念艺术的空洞和做作,真正将当代艺术从宏大叙事中解放出来。这种从本土经验上生长出来的艺术探索,值得理论家和批评家去进行研究、分析和总结。①

【解析】作者在文中强调,中国当代艺术不仅要有"当代性",还要有"中国性",文章理性地探讨了两种不同的艺术现象,并得出自己的结论,进一步将中国当代艺术实践与理论推向更深入的探讨。

(二)艺术流派的价值解读

这类艺术评论写作往往针对当下艺术界出现的现实问题进行深度讨论。因此,它可以对艺术欣赏者进行引导,同时为艺术创作者提供反馈,促进艺术实践与艺术理论的良好互动。

例文解析

"视觉格式塔"与沈伟的大型舞作创编
——从现代舞诗剧《诗忆东坡》谈起(节选)

沈伟在多年的听乐作画中所形成的心理图式,令他"看"到了东坡居地迁徙图所具有的表现性。这种由沈伟之"心"所契合的迁徙之"图",便是"视觉格式塔"表现理念的较高层次——"心物"同构。实际上,"视觉格式塔"表现理念所审视的"舞蹈式样",至少还有以下应当关注的要点。

其一,视觉式样处于一定的空间环境结构之中,式样本身的形式结构与其在空间环境中的位置结构必然发生关系。《诗忆东坡》第一幕就是由此来定位"舞蹈式样"的。幕启后的舞台,通过对天幕遮幅式的经营,将观众习惯中的在舞台平面上捕捉"舞蹈式样"引向对天幕遮幅式屏幕的关注。天幕屏两旁投照出两面巨大的"团扇",极具仪式感的"团扇"上各书一联诗:上场门一侧是"谁道人生无再少,门前流水尚能

---

① 彭锋:《当代艺术的中国转向》,《中国文艺评论》2021 年第 9 期。

西";下场门一侧是"人似秋鸿来有信,事如春梦了无痕"。在两面"团扇"之间,是传统园林中常见的镜式门洞,这里便是这一幕"舞蹈式样"的呈现空间。我们注意到,如果仅从舞者的动作主题来看,似乎是行云流水、藤缠蔓绕的太极运动;但由其独特的位置结构来体悟其形式结构,则明显具有了强烈的孤独感和幻灭感。

其二,有一定边界的视觉式样都有一个支撑点或重心——使各种力相互支持或相互抵消的支撑点,使视觉式样成为一种平衡图式,如《诗忆东坡》第二幕的"十四印章舞"便以此为遵循。沈伟在追寻"东坡精神"时,注意到苏东坡仅存于世的十四方印章,印章上篆刻的不同名号,体现出"东坡精神"的多面性与复杂性。虽然沈伟也强调运用舞者的肢体线条、运动节奏乃至空间流动与篆刻的章法、刀法进行对话,但他首先确定的是让14名女性舞者与14个边长为80厘米的立方体共舞——众舞者与各自所关联的立方体之间的关系,以及这14组表演单元在空间流动中所构成的关系,形成了直指"东坡精神"的多面性与复杂性;其间,促使各种力相互支持或相互抵消的"支撑点"(或曰"构图重心")在平衡中失衡,在失衡中抗衡,在抗衡中求衡,让人体悟到沈伟想要表现的是"横看成岭侧成峰,远近高低各不同"的意象,他甚至使用东坡诗词来直接表白——让那14个立方体各"亮"一字,分两列组成"惆怅东栏一株雪,人生看得几清明"。

其三,一个式样的视觉特征主要由它的结构骨架所决定,"结构骨架"是整体式样的组合原则,它决定着某一整体式样中各部分之间的关系。"视觉格式塔"的表现理念在聚焦《江城子·十年生死两茫茫》的第三幕表现得最为充分。当"料得年年肠断处,明月夜,短松冈"以戏曲念白形式道出时,舞台上苏东坡亡妻王弗以披散的长发为笔,蘸墨在有舞台之宽的长卷上书写。应当说,王弗这一"舞蹈式样"在剧中其实是苏东坡的"心象外化"——在沈伟的表现理念中,以"发"蘸"墨"的书写动态其实并非最为重要的,因为观众无法去"鸟瞰"长卷上的书写状态;重要的是王弗由下场门向上场门方向匍匐前行的动势,因为这一动势事实上成为包括苏东坡在内的台上一众舞者"视觉式样"的"结构骨架",将一句"夜来幽梦忽还乡"表现得淋漓尽致。

其四,视觉式样相对于其原型来说,通常是被具有高度选择性的视觉简化了的;这一"简化"要求意义的结构与呈现该意义的式样的结构达到一致,这种"一致"也即"视觉格式塔"表现理念中的"同构"。①

【解析】作者以"视觉格式塔"艺术理论对艺术作品《诗忆东坡》(图6-7)进行诠释与解析,不仅为艺术欣赏者提供了一个"读舞"的方式,该评论更是一篇有目的的引导赏析指南。一篇艺术评论中出现这样的写作技法,通常是为抽象的艺术作品作解读或导览,在评论美术馆中陈列的现代艺术时,经常会出现这样的短评文章。而在舞蹈中,由于现代舞或现代舞诗剧的叙事自由,艺术的表现性更直接地与艺术创作者的个

---

① 于平、邱宇:《"视觉格式塔"与沈伟的大型舞作创编——从现代舞诗剧〈诗忆东坡〉谈起》,《艺术学研究》2023年第6期。

人审美经验息息相关。因此,评论者为展现某种艺术流派的价值,通常会将某艺术理论与艺术家实践过程进行双向的验证,此为该类艺术评论的重要写作技法。

图6-7　沈伟《诗忆东坡》

(三)出入作品的思想评鉴

这类艺术评论写作具有独到的洞察特征,评论者会跳出艺术视听的有限空间,使评论鉴赏不止于对作品核心思想进行内容分析,而是还包括对作品艺术表达进行形式分析等,为读者提供进入作品细节、内涵意义的渠道。

例文解析

当代舞剧《深AI你》:舞出"数字中国"的好故事(节选)

佟睿睿舞剧作品风格各异,却多有一个鲜明特色,即立足"现实",寻求作品的人文关怀,开掘各类舞剧题材的审美现代性和现实意义,有意识地去连接"现时回溯性""当下现场性"和"未来开放性"等。就选材、立意而言,佟睿睿的作品分为三类:其一是寻求建立历史与现实大跨度联系的现实题材作品,比如从文化记忆的思想深度入手的《南京1937》和《记忆深处》等;其二是涉及传统文化和地域特色的"当代寓言",比如《花界人间》《大河之源》等；其三是聚焦改革开放以来的当代中国和中国人的故事，比如《到那时》《深 AI 你》等，尤其是其中涉及的普通人的情感表达，浸透着编导的坦诚。

……《深 AI 你》的"观念性"聚焦人类与 AI 的某种两难关系和情感连接，情节主线围绕孩子与 AI 之间"类母子关系"的形成、累积的生活细节而展开，叙事视角个人化且日常，但涉及人机关系探讨的文化语境却很普遍且具思辨性。因为在艺术作品中，人类与 AI 之间的依恋感和悖论，已经被常常拿来表现和思考了。

人工智能会走向哪里？在艺术家的视野里，最复杂的问题或许答案最简单，它就在这部剧名中，那就是"爱"，且深爱。佟睿睿在"导演的话"中，更将其视为一种"美好的愿望"。科学家也提醒我们，"理性"的工作，机器都能做，也许未来"人性""感性"更重要。舞剧的主人公是自幼失去妈妈的男孩和陪伴他成长的 AI 机器人。就像我们每个人都会面临亲人离世一样，或许选择如何与人工智能告别，也会摆在我们面前。AI 机器人不是妈妈的替代品，却是像妈妈一样的"陪伴"；但"陪伴"也会离我们而去，我们最终拥有的是"爱"的记忆，记忆在，"爱"就在。正是这一点，引发了观众的理解和感动，营造出一个共情空间。①

【解析】作者在进入评论之前，首先对编导佟睿睿过去的创作风格进行了归纳与例证，并提炼出编导在进行艺术创作时的核心理念：有意识地去连接"现时回溯性""当下现场性"和"未来开放性"，之后再进入评论主体《深 AI 你》的讨论。这类评论写作是在拓展读者对编导的认知程度。前期的梳理写作虽尚未真正进入评论，但却做到了对艺术家风格进行凝炼整理，对读者而言，就是在进行对艺术家知识点的拓展学习。其次，在文后作者也将个人对作品的感受与理解真诚地分享给读者，由此抒发情感，揭示了作者与作品之间的共情与认同。

二、艺术人物评论写作

在艺术人物评论写作中，常用艺术作品反映真实历史，对正面的、真实的、多角度的人物评论起到良好的辅助作用，也让读者更容易理解人物、理解作品、理解历史事件。以下为常见的几种评论方式。

（一）铺垫背景材料

艺术家的创作以所处的外部环境为基础，尤其是写实主义的艺术家，主张用艺术品去如实地呈现社会的真相。因此，真实的艺术品是时代风貌的再现，评论这类艺术人物需要深入客观的历史语境，铺垫令读者信服的文字。预设艺术相关历史事件的导入式叙述，是揭示艺术家思想奥秘的一种基本写作方式。

---

① 慕羽：《当代舞剧〈深 AI 你〉：舞出"数字中国"的好故事》，《艺术评论》2024 年第 1 期。

例文解析

当代艺术家介入公共艺术的研究
——以徐冰为例(节选)

《木林森》计划开始于 2008 年,是中国当代艺术家首次在非洲国家实施的艺术计划。艺术家选择在曾受长期殖民统治且相对贫穷的肯尼亚实施,通过建立自循环模式,将募集所筹用于当地环保等,摆脱只能接受捐助和怜悯的困境,实现自我发展和良性循环。这个系统用艺术的方式提高当地人对环境的保护意识。其后陆续在巴西、中国香港和台湾地区等贫穷地区或自然灾害区进行。比如 2013 年的《木林森——台湾》,则是从曾受莫拉克风灾重创的中国台湾三地门乡启动。这样既能帮助实现恢复环境建设,也无形中传播了当地的文化,促进了公众对当地的了解和对艺术的兴趣,而这种艺术的自循环系统更是艺术家介入社会的多种方式之一。同样,《地书》的构思也给世人带来了再创造的契机,广告商们用这些普及性符号发挥创意,教材的编纂借助这些符号将会更加有趣,学生们也可运用这种方法进行天马行空的创造,像我们熟知的用"绘文字"表情表现艺术史、生活、心情等,广泛调动了每个人的参与性。

【解析】例文通过列举《木林森》(图 6-8)在肯尼亚、巴西、中国香港和台湾地区展出的事实以及出版《地书》等一系列事件,将它们作为背景材料,得出"徐冰作品及思想的'国际语'""公众参与性"等评论观点。作者认为,徐冰的《木林森》及《地书》是中国当代艺术家首次在非洲国家实施环保议题的艺术计划,有利于提高不同地区的民众的环保意识。这样的观点可以通过与其他作品的对比分析得出,也可通过主观意识的判断来写作,但需要注意评论时从作品入手,有理有据。

图 6-8 徐冰《木林森》

（二）归纳核心思想

这类写作主要以艺术家，以及艺术家所创作的艺术作品的思想内涵为对象。写作中需要有作者主观的理论评论，这些评论可以是正面的，同样可以是提出疑问的，但总的来说评论需要相对客观地突出艺术人物、艺术品及相关事件。

例文解析

论林风眠戏曲人物画的艺术创新（节选）

林风眠将戏曲人物画这一中国传统的优秀艺术样式，用借鉴现代艺术理念表现出来，对原有的形象产生了全新的感受，对传统文化形象赋予新的时代生命。挖掘传统文化资源，赋予新的时代意义，这是与时俱进的创作观念。全球化现代社会，民族性是各个民族在日趋同化的世界中保持独立个性的本质所在。中国作为历史悠久的文明古国，有着深厚的民族传统文化，要发展先进性文化，必须古为今用，洋为中用，推陈出新。作为传统的中国画，必须通过新的创造、注入新的血液才能焕发出新的光彩。这是林风眠戏曲人物画给我们的启示，具有重要的时代意义和深远的历史意义。①

【解析】评论者以艺术家的核心思想为抓手，深刻总结艺术品的特征和价值，指明艺术守正创新的文化魅力，既展现艺术作品的思想传承性，又印证热点艺术人物的思想创造力。

（三）运用理论分析

针对艺术人物的嬗变轨迹，需要理性地选择相关作品对问题提出尖锐的批评，并加上自身新锐的理解，通过观点理论启发大众对优秀艺术的思考。艺术人物评论的理论分析要注意评论的作者及作品是否具有热点性及进步性。"热点性"受商业市场、艺术环境等影响，而"进步性"则是评论作者及其作品是否具有社会正能量及宣传推广性。

例文解析

师法承继　百变传神
——当代戏曲艺术家李鸿良昆丑表演艺术（节选）

丑行从舞台的装扮形象而言，的确算不上俊美帅气，但内在的品质却同样是值得尊崇的；所扮演的角色虽然多是阴险狡诈、猥琐奸猾之流，但也不乏刚正不阿、正直善良的人物。昆丑"传"字辈大师王传淞一再强调："戏曲的表演，里外都应讲究一个'美'字。"作为一个行当的代称，"丑"并非与"美"相对立审美范畴，笔者更愿意将其

---

① 林春华：《论林风眠戏曲人物画的艺术创新》，《暨南学报（哲学社会科学版）》2007年第3期。

视作"子丑寅卯"之中性的序号词来看待。所以对于任何一位丑行演员来说,"丑"只是其舞台上诠释中国传统戏曲艺术魅力的一种外在表现形式,通过这种脸谱化的模式、充分调动程式化的表演手段,让观众在对舞台上"丑"的人物形象的欣赏,获得艺术上的审美享受和满足,这正是作为昆丑表演艺术家的李鸿良最本真的艺术追求。

图6-9　李鸿良在《春江花月夜》中饰演刘安

李鸿良曾说:"我既不做复古派、保守派,我也不做肢解昆曲的创新派,我既做继承者,又做创新者,保守和探索并行。创新是在继承的基础上,在保证传统不走样、汲取昆曲传统百分之百养分的前提下,做一些让现代人更能接近昆曲本体艺术的小改动。"李鸿良转益多师,在承继师辈舞台表演艺术精华的基础上,结合自己的实践与体会,锐意创新与发展,从而形成了凸显个人特色诙谐奔放、生动传神的表演艺术审美特征。①（图6-9）

【解析】 这篇文章剖析戏曲艺术家李鸿良的昆丑审美特征与艺术追求,并在结论中提道:"在中国戏曲表演艺术的百花园中,丑角虽然只是调节气氛的配角,但要演好却是难上加难,甚至比生、旦更难应工。李鸿良深知其中三昧,他苦修勤练'内功',不断提高自身艺术修养,在原汁原味继承传统的基础上,加入个人独到的见解,与时俱进,守正创新,丰富了昆剧丑行的表现手段,赋予昆曲新时代的生命力。"读者能从文中获悉李鸿良这位艺术家的高超技能与独特审美观,理解"丑"角在戏曲中的重要地位。

三、艺术作品评论写作

艺术作品评论写作常以多种理论如现象学、心理学、社会学、教育学、符号学、地理

---

① 郭克俭、袁锞:《师法承继 百变传神——当代戏曲艺术家李鸿良昆丑表演艺术》,《南京艺术学院学报（音乐与表演版）》2022年第5期。

学、文化研究等对艺术作品进行分析与讨论,以凸显该作品的特殊表现形式或理念。对艺术作品内/外部环境语言的特征、内容与形式进行意义分析,对诠释手法进行分析、比较与讨论,以及评价与建议,是资深评论人较常使用的写作技法。其中对诠释手法的分析、比较与讨论是整篇文章中最重要的辩证文段。每位评论者可以针对自己的专长,分析艺术作品的内容与形式,并从作品的诠释手法中发现惊喜,从而抒发己见、拓展文章的深度。以下为常见的几种评论方式。

(一) 分析内/外部环境语言的特征

所谓"内部环境语言"(internal environment language)是指作品的语言表意形态,如使用的语言元素、语用的种类特性、艺术语言的风格、作品独特的审美思路等;"外部环境语言"(external environment language)是指环绕在艺术作品之外,却又与之有间接或直接联系的环境语言,如展示场所的空间、声音、文字、语言等烘托艺术作品氛围的环境语言符征。艺术作品评论写作主要采用"描述"与"分析"两种写作技法,从内/外部环境语言的特征的角度切入,能对艺术作品进行详细的观察和特征描述,使读者快速地掌握作品的艺术的内涵和风格。

例文解析

梅洛·庞蒂知觉现象学视角下的舞蹈身体感知(节选)

2016年底至2017年初以中国台北美术馆两间展室演出,其一展览场域为动态演出与开放创作讨论区;其二为影音档案区,提供观众自行电脑查询与阅览萨维耶·勒华过去舞蹈档案影片与文字档案。根据《回顾》(图6-10)展演内容,是将剧场元素音乐、灯光、布景、道具等排除,仅保留舞蹈动作元素与美术馆空间的关系。每日演出约六小时,以马拉松形式,维持7~9位舞者在偌大的展览厅,舞蹈内容以档案为主体,将类似文献回顾分析进行舞蹈演绎,并邀请观众对档案内容的创作进行双向对谈,舞者多数独立完成演绎互不干扰,亦可多人进行讨论。

演出进行时,舞者会依不同逻辑命题(logical proposition)的舞蹈档案向观众提问:"你看到了什么""我再跳一次,你换个角度看,然后告诉我你的想法""你想怎么改""我改变了一些动作元素(意指动作的时间、空间、力量、流程与关系)与上一次不同,分享一下你的想法与感受""你觉得怎样跳更好""你可以试着加入你的想法,然后我跳给你看",演出期间,观众可随时中断或加入自己的想法。由此可知《回顾》虽将舞蹈作为表述特定身体档案的手段,却又不以叙事方式呈现,而是利用破碎的舞蹈文本,放置档案中分类与归纳。①

【解析】作者以观者的身份参与并进入观察,简洁地归纳出这场演出"内/外部环境语言的特征"的重点。此处运用描述与分析的综合写作技巧,有效地引导读者进入

---

① 石志如:《梅洛·庞蒂知觉现象学视角下的舞蹈身体感知》,《北京舞蹈学院学报》2020年第2期。

图 6-10 《回顾》展演现场

评论者的诠释、分析、讨论的方向。作者对这场"参与式剧场"的表演形态,做了详尽的说明,一方面向读者交代了观众、表演者与原创者之间在"内部环境语言"中的互文关系,另一方面总结了这场展演的独特性,凸显这场舞蹈展演具有的特殊的评论价值。作者运用描述与分析技法详细地将作品的现场性传递给读者,同时这场演出强调观众参与和讨论,这也就成为这场展演讨论与思考的节点。然而很多写作者在碰到这样另类的展演形态时,并未真正进入创作者所设下的参与环节,因此在进入评论写作时,就往往会出现停留在外围信息中的写作危机,故而面对当代艺术作品时,评论人需要熟悉作品展览的方式与意图,并大胆地身临其境,如此才能为后续的作品评论留下客观的观点与建议。

(二)对诠释手法的分析、比较与讨论

对诠释手法的分析、比较与讨论,是为读者提供评论人的解释视域,使其获得作品意义与审美关系的深度思考与发现。这类写作需注意与思考的几项要点如下。

(1)作品的脉络框架为何?

(2)作品的意境表述以何种形式出现?

(3)在人物、物件、事件等符号关系中,艺术家运用哪些理论或技法进行表述,该符号特征又传递出哪些信息?

(4)在当代人文与艺术思潮视角下,艺术家与作品如何回望传统与新生?

(5)艺术家与作品如何回应国家、社会、教育或人民的期待?

(6) 从历史与展望的视域看,艺术家与作品的未来性发展如何可能?

其中前三项以微观的作品思考模式进入艺术诠释与审美,后三项则从宏观的人类艺术发展史的过去式、现在式与未来式来思考。

── 例文解析 ──

现实底色与类型策略
——评《我不是药神》(节选)

《药神》(《我不是药神》的简称)创作者在构思之初就锁定"现实主义+商业表达"的策略,电影宣传、创作者阐述及影评舆论都指认其为"现实主义题材电影"。事实上,现实主义作为创作手法和精神品格,与影片题材并无直接关联,题材亦非决定其属性的必要条件。如果更为精确地概括,《药神》是基于真实事件创作的电影(film based on a true story)。此类电影在类型经验介入后,往往形成对既往社会事件强有力的现时反馈,但其对"现实"的处理又具有天然的滞后性,从而也为创作者留下了在主流文化与意识形态语境中周旋的余地。此外,现实素材的改编强烈依赖创作者对原型事件的处理手法,当类型化经验介入时,改编文本也常因简化现实和净化环境而招致"失真"的批评。上述矛盾使电影"基于真实"的创作透显出暧昧的复杂性。《药神》一片显然也是在此框架内对"真实事件"进行了审慎的类型转化。① (图6-11)

图6-11 《我不是药神》电影剧照

---

① 饶曙光:《现实底色与类型策略——评〈我不是药神〉》,《当代电影》2018年第8期。

【解析】 这篇电影评论在首段行文中,首先分析了《药神》的创作手法及表现属性,并根据该表现属性提出个人的见解,后续从"现实题材改编与类型经验介入"的视角对该电影进行诠释分析。这篇评论文章的写作方式采用了议论文的辩证法,也就是在反复辩证的情况下,采取最贴近《药神》表现手法的评论观点。文章通过辩证法解析当代艺术家眼中的世界,从现实生活的所感所想与作品之间的再思考切入,将现有存在的问题一一罗列进行分析讨论。评论人可从自己的观察或专业角度对该剧作进行不同视角的评论,即使评论观点是相互矛盾也都可以成立。因此,艺术作品评论写作鼓励写作者有自己独特的见解,为读者提供一个不同的观看世界的视角。

艺术作品评论,是基于相关作品的内外部综合因素,进行特定论述的专业评价文章。评论写作是通过个人专业素养与对艺术史的纵横通晓,以客观的立场,用敏锐的观察力和缜密的逻辑辩证,为艺术作品创建新颖的洞见思维的过程。因此,进入艺术作品评论写作时,必须要站在一定的高度立场,将所见、所闻、所感与自身专业结合,树立明确论述方向,依靠有凭有据的论证畅所欲言。

导练平台

一、学习建议

艺术评论写作从文艺评论写作中来,针对艺术类学生侧重对艺术现象、艺术人物、艺术作品等方面进行评论。学习者需要注意艺术评论写作一般主要针对普通民众,因此做到通俗易懂、有理有据的同时,还需要用正确的言论进行引导,内容不宜偏激,应客观理性,这是优秀艺术评论写作的关键一步。

二、复习思考题

1. 什么是艺术评论?艺术评论写作的主要特点有哪些?
2. 艺术评论中人物写作应该要注意什么?写作重点通常是什么?
3. 艺术人物评论写作主要分析作品的哪些方面?
4. 艺术现象评论可分为哪三个主要层面?
5. 艺术作品评论写作应该要注意什么?通常写作重点是什么?
6. 艺术作品评论写作可以从哪几个方面着手?

三、实践训练

1. 选取当下艺术市场中的一位热点人物进行评论写作。
2. 选取当下的一个热点艺术现象进行评论写作。
3. 根据自己的艺术专长为一部艺术作品进行脉络化评论写作。
4. 用风格化写作方式对一部艺术作品进行评论。

 **课堂研讨**

叶朗在《谈艺术评论工作者的文化修养》中提道：

艺术评论工作者要有艺术感。艺术感就是艺术感受能力和艺术鉴赏能力。同一个艺术作品，在不同的人那里，感受是不一样的。如果缺乏艺术感，一首好诗，一幅好画，你看不出它的好，看不出它好在哪里。我们有时会看到，一个本来是很差的作品，低级趣味的作品，有人却以为它很好，把它捧得很高。艺术感是一种文化修养。

艺术评论工作者要有理论感。做艺术评论、艺术研究，除了要有艺术感，还要有较高的理论思维能力。这种理论思维能力，表现为一种"理论感"。理论感就是爱因斯坦所说的"方向感"，即"向着某种具体的东西一往直前的感觉"。当你读别人的著作的时候，这种理论感会使你一下子抓住其中最有意思的东西。当你自己在研究、写作的时候，这种理论感会帮助你把握自己的思想中出现的最有价值的东西（有的是朦胧的、转瞬即逝的萌芽），它会指引你朝着某个方向深入，作出新的理论发现和理论概括。

艺术评论工作者要学会写文章。谁都要写文章，艺术评论工作者、艺术研究工作者尤其要写文章。但是文章要写好很不容易，要下功夫学习。多年以来，我发现我们许多大学生（包括研究生）不善于写文章，也不重视学习写文章。我一直想编一本《文章选读》，选一些真正写得好的文章，供大家学习、参考。2012年，我把这本书编出来了。朱光潜先生说过，古人编文选，都是为了提倡一种好的文风。我编这本《文章选读》，也是为了提倡一种好的文风，概括起来就是：简洁、干净、明白、通畅、有思想、有学养、有情趣。

结合以上材料，以小组为单位探讨艺术评论工作者需要有哪些修养？针对艺术人物、艺术现象、艺术事件的分析应该注意哪些方面？

 拓展链接

1. ［英］王尔德：《意图集》，罗汉、杨恒达译，东方出版中心2022年版。
2. 史可扬：《影视批评方法论》（第二版），中山大学出版社2015年版。
3. 傅雷：《世界美术名作二十讲》，中央编译出版社2023年版。

第七章 艺术论文写作

学习目标

1. 理解艺术论文写作的定义、类型及特征。

2. 了解艺术论文写作的准备与规划,掌握选题原则、定题途经等基本要求与方法,掌握艺术学位论文的写作形态与路径。

3. 理解艺术论文写作的研究策略,掌握艺术论文写作的资料收集与整理的基本方法,深入写作的流程设计与研究阵地,井然有序地书写学理性文字。

4. 掌握艺术论文写作的开篇导入、论文主体、论文收尾三部分结构的写作方法及写作框架,构建艺术研究必备的学术能力。

案例导入

数字媒体艺术沉浸式场景设计研究(节选)

孙玉洁

对数字媒体艺术沉浸式场景设计的解析可从"数字媒体艺术"和"沉浸式场景设计"两方面展开。目前业内对"数字媒体艺术"的普遍定义是指"以计算机为平台,0 和 1 数字组集合的、将计算机硬件和应用软件与相应的艺术载体、艺术媒介、艺术形式、艺术创作规律相结合而形成的艺术创作过程和结果"。而"沉浸式场景设计"又具体可从"沉浸式"和"场景设计"两方面解释,"沉浸"这一心理行为的理论来源是美国积极心理学奠基人之一米哈里·契克森米哈赖(Mihaly Csikszentmihalyi)的心流理论(Flow):"心流即一个人完全沉浸在某种活动当中,无视其他事物存在的状态。这种体验本身带来莫大的喜悦,使人愿意付出巨大的代价。""场景"一词"常应用于戏剧领域中,指在特定的时间、空间内发生的一定的任务行动或生活画面""在交互设计领域,基于场景设计的思想最早由 Carroll 提出,强调将设计工作的焦点从定义系统的操作转变到描述什么人将使用该系统去完成期任务。交互设计改变了设计中以物为对象的传统,直接把人类的行为作为设计对象。"卡罗尔将这"场景"一戏剧领域词汇应用于分析、阐

> 释用户在使用某个应用时最可能出现的情境,简单来说即在一定时间(when),一定地点(where),发生了某些事情时(with what),某类用户(who)产生了某种欲望(desire),鉴于这一可能产生市场行为的状况,设计师试图通过某种手段(method)予以满足。戏剧中的场景因素众多,其中包括一定人物关系、发生的各类事件以及作为活动背景的环境,相应地设计中的场景也可细分为用户、主题、时空、技术等要素。
>
> (资料来源:中国艺术研究院2021届博士学位论文)

第一节 艺术论文写作概述

一、艺术论文写作的定义

艺术论文写作是以科学的、客观的、严谨的方法与步骤,解决艺术专业问题的文章写作。它与其他学科论文写作的最大区别在于它将研究对象(同艺术相关的人、事、物)作为探索世界真理与实践的目标。虽然研究对象特殊,但艺术论文写作都必须确定研究问题的性质(理论或应用)、解决问题的研究方法属性(定量或定性),以及阐述资料处理、分析与诠释的方法。

大学生学习艺术论文写作,在学术界和艺术界具有重要的意义和价值。首先,通过艺术论文写作的学习,可以全面检测学生的综合素质和学校人才培养的教学质量。其次,有利于推动艺术领域的学术发展,助力理论创新与实践进步。最后,有助于推动艺术相关领域的学术交流与合作。对大学生而言,在开启深入广阔的艺术视域的同时,学习规范的学术写作技能,有利于提升研究能力。在写作过程中,大学生也能通过研究方法,逐步完成"对艺术的叙述、阐释、鉴赏与批评"[①],洞察艺术的多元性、客观性与专业性,最终审视艺术与生活的关系,获得全新的人生感悟与心得。

二、艺术论文写作的类型

艺术论文写作针对不同的文本形态与培养目标,可分为学位论文写作与一般学术论文写作两种类型。

艺术学位论文分布在不同的高等教育学习阶段,基于各层级培养目标设定。学士学位论文写作,确保艺术生认识与研究艺术学科的概貌;硕士学位论文写作,侧重发现问题及解决问题的能力塑造;而博士学位论文写作,则是重组话语结构,以成熟的学术

---

① 赫云、李倍雷:《艺术论文写作与学术规范》,南京大学出版社2013年版,第4页。

素养建立系统的研究范式,同时具备宏观与微观的研究视角,探究深层次的艺术学理。当艺术生进入艺术学位论文写作的训练时,就是学习如何采取研究手段,对艺术相关的人、事、物等问题,以科学性研究步骤与方法,提出建设性建议,进而反思优化策略。

一般学术论文写作是在精细的问题意识里,凝练个人的研究成果,并在具有审议性质、公正、公开的学术期刊、学术会议、学术报章、公共学术网络平台等发表。学术论文的主要目的是学术交流,介绍对某一问题的研究及结果,艺术生若能将个人的论文研究成果,以学术论文的形式公开发表在学术平台,则代表该艺术生已具备一定的研究能力与写作水平。

学位论文的撰写与修改应围绕系统、完整地反映科研训练全过程的要求组织实施,与学术期刊、学术会议及学术报章等发表的论文不完全一样。但是,它们之间也有相通之处,艺术论文写作文本皆有严明的格式要求、参考文献规范以及篇幅容量指向。鉴于学位论文写作体量较大、涵盖内容较广,本章艺术论文写作以学位论文写作为例。

三、艺术论文写作的特征

艺术论文写作基于研究者的艺术学科知识储备与思考积淀,长期深耕艺术园地的发散式视野逐渐聚集于颇具价值的艺术焦点,求真务实的锤炼结果"是一种知识集群的有效勾连,是一种积极的想象,是仔细'看'出来的问题"[①]。由此艺术论文写作生发出学术性、创造性、专业性和文献性等基本特征,表现在研究议题上,呈现前沿性、创新性与建设性等核心特征。

首先,艺术论文写作要具有学术性,这是艺术论文最基本的存在条件和品格。其次,艺术论文写作要具有创造性,艺术论文写作是一种科学研究,需要在研究方法、研究理论、文献资料等某一方面具有独特的发现观点和见解。再次,艺术论文写作要具有专业性,针对艺术专业领域进行专门化、细致化的深入研究,要体现一定的专业水准和造诣。最后,艺术论文写作要具有注释性,不管是艺术理论研究,还是艺术实践的应用研究,最终以论文形式呈现的研究文章都应具有对应的文献注释,能够为他人在该领域进行后续研究时提供检索、参照和查阅。

在研究议题上,第一要具有前沿性,应根据当下研究主流思想,谨慎思考未来的研究课题,研究视野应富有远见;第二,议题要具有创新性,可以老瓶新装、交叉学科、跨领域研究等方式,将相似的研究议题通过文本的多重分析与诠释,使其获得新的研究意义;第三,研究成果应能给予研究问题适当、具体且具有实质性的建设性意义,为理论与实践的成果转化构筑双向互补的渠道。

总之,艺术论文写作既具有人文学科学术论文写作的共性,又具有艺术学科的特性。一般来说,学位论文的工程量、精密度、逻辑性,均超越一般的学术论文,硕士、博士学位论文往往能拆分成若干篇小巧的学术论文。因此,艺术学位论文写作可被视为

---

① 顾平:《艺术专业论文写作教学》,安徽美术出版社2010年版,第30页。

艺术论文写作中体系化的翘楚,具体而言,它的基本要求与方法、流程设计与研究、框架结构与要素等,是艺术论文写作的核心部分,渗透其间的方法将指导大学生完成艺术论文写作。

第二节　基本要求与方法

不同形式的论文写作对于高等院校学生的重要性不同,学位论文则因其特殊的考核性和目的性,是每位高校毕业生必须完成的任务,且学位论文写作相较于其他论文写作有更为明确和严格的规范和要求。中华人民共和国国家市场监督管理总局和国家标准化管理委员会2022年末发布的《学术论文编写规则》(2023年7月1日实施)规定:学术论文是"对某个学科领域中的学术问题进行研究后,记录科学研究的过程、方法及结果,用于进行学术交流、讨论或出版发表,或用作其他用途的书面材料",艺术学位论文的撰写也要遵循学术论文的科学界定,学生必须进行规范完整的写作,从而保证学位论文的严谨科学。艺术类专业大学生应依照环环相扣、循序渐进的策略,探寻和掌握艺术学位论文写作的基本规律、方法、要领。

《中华人民共和国学位条例暂行实施办法》规定,本科毕业论文要求学生"掌握本门学科的基础理论、专门知识和基本技能,并具有从事科学研究工作或担负专门技术工作的初步能力"。因此,本科毕业论文的写作过程,不仅是对学生大学期间综合能力的实践检验,也是初步培养学生的科研能力和写作能力,为今后从事艺术及其相关工作奠定基础的综合训练。

一、写作准备与规划

学位论文写作对大学生的要求是全面的,尤其是对以艺术技能训练为主的艺术类专业大学生来说,更是一个全面考验和检验的过程。艺术学位论文写作是一项复杂且有着严格规定性的工作,论文需要具有一定的水平和质量,以此来反映学生在大学期间的学业水平,并对学生是否具有良好的表达能力和严谨的学术作风进行检验。因此,在艺术学位论文写作开始之前,需要有充分的写作准备和规划,以保证论文写作顺利且有质量地进行。

(一)文献资料基础

在写作艺术学位论文前,必须掌握大量的文献资料,因此学生需要具有梳理写作资料的能力。学生阅读和掌握的本学科和专业领域的、可供后续参考使用的文献资料是否充足有效,直接关系论文写作的进度和水平。掌握充足的文献资料,可以对国内外前人相关研究有较为清晰和全面的认识,把握研究动态及研究水平,便于从中发现问题;可以借鉴前人的成果,使研究少走弯路,有利于选题和定题;也便于在写作中引用或参考他人的数据、论点及事实等成果,辅助论证。否则,缺少文献资料基础,论文写作将会成为"空中楼阁",缺少学术性和说服力。只有掌握了大量、有效的文献资料,才能为艺术论文写作奠定最初的基础。

(二)文化素养基础

艺术学位论文写作,要求学生具有一定的文化素养基础。这里所指的文化素养基础主要包括三部分。第一,特定艺术门类的专业素养。如音乐素养、舞蹈素养、美术素养、影视素养等,这是进行艺术论文写作的重要条件,艺术论文写作要求作者具有相关艺术学科的专业知识和基础素养,了解特定学科的艺术规律和特征,以便更深入地研究。第二,其他姊妹艺术的综合素养。虽然不同艺术门类具有各自的特点,但艺术也有相通之处,因此,学生不仅要具有特定艺术门类的专业素养,还要尽可能多地了解姊妹艺术,尤其是在艺术跨界现象日趋普遍、当代艺术逐渐盛行的时代,积淀艺术的综合素养极其重要。第三,文化知识素养。艺术学位论文写作的研究对象虽然是以"美"为追求的艺术,但学位论文作为学生毕业学识的综合体现,必须具有以"真"为追求的学术性。任何的科研工作都要具有广博的知识、深厚的学识,艺术研究也是如此。因此,为使艺术论文写作达到相应的水平和要求,学生必须具备一定的文化素养,才能更好地为写作奠定基础。论文写作者具备的思想修养、道德素质,直接影响这一精神生产的效率和产品质量。① 要达到理想的艺术论文写作目的,就要努力提高自身的综合素质。

(三)理论研究基础

学生除了具备文献资料基础和文化素养基础,还应具备艺术学位论文写作的理论研究基础。这是指学生要具有理性的逻辑思维能力,并掌握一定的研究方法。尽管艺术创作本身是对情感、情绪、观念、意境等的表达和抒发,其中涉及诸多的主观因素、感性色彩和形象思维,但以艺术为研究对象的艺术论文写作,却不能仅仅停留在感性思维层面,而需要具备逻辑思维能力,以及客观、求真的治学态度。此外,学生在进行艺术论文写作时,是否能够运用科学的研究方法,是关系到论文成败的关键。研究方法是探索新事物、研究新现象、提出新理论过程中所使用的工具,一般按照研究手段的不同,可分为定性研究和定量研究。不同的研究方法要结合具体的艺术论文写作进行选择和使用。

总之,文献资料基础、文化素养基础及理论研究基础是学生进行艺术论文写作前应做好的写作准备,当学生已具备这些能力的时候,便可以进行论文选题工作了。

二、选题原则

选题,是选择一个适合的题目作为研究对象,并逐渐聚焦出自己的兴趣点。能否写出一篇具有学术价值的艺术论文,在很大程度上和选题有直接的关系。选题的过

---

① 徐中玉:《新编大学写作》,复旦大学出版社2004年版,第14页。

程,就是发现并提出问题的过程。在实际的选题过程中,学生往往处在徘徊不定中,要么觉得想选择的题目已经有人研究过了,要么会在几个不同的选题之间纠结,所以,学生如何选择一个既具有学术研究价值又适合自己的题目,在艺术论文写作中至关重要。学生可以遵循以下原则,进行论文选题。

(一) 创新性

任何的研究,最重要的就是要具有创新价值。程千帆认为:"创新,就是要在某个问题上取得前人所未有的进展。"[①]艺术论文写作,也要尽可能选择具有创新性的题目,可以是研究对象的创新、研究内容的创新、研究观点的创新,也可以是研究方法的创新、研究视角的创新、研究理论的创新等;既可以是聚焦于某一方面的创新,也可以是涉及多方面的创新。比如,对艺术理论的突破,对表演方法的改进,对民族传统艺术的挖掘,对新媒体艺术的探索,等等。例如,邱语涵《"一带一路"视域下中华传统舞蹈海外传播的意义》,选取了舞蹈领域较少涉猎的一带一路主题,探讨中华传统舞蹈海外传播的意义,在研究内容方面具有一定的延展和拓新价值。再如,洪泓凯《"鸢尾花冒险团"中古奇幻日系角色插画设计研究》以作者本人亲自设计的插画作为论文的研究对象,这在研究对象及研究资料方面具有一定的创新意义,有效避免了与他人研究重复。当然,创新点并不是越繁复,选题就越好。对于小论文,或者本硕学位论文来说,少量有依据的创新点足以支撑行文。时刻保持创新意识,选择一个具有创新性的题目,会使后续的研究和写作更有价值,更有意义。

(二) 适当性

在选择论文题目的时候,要选择自己能力范围内可驾驭的题目。首先,题目的大小要合适。学生切忌选择过大的题目,要充分衡量自己对该题目的驾驭程度。艺术本科学位论文一般在 6 000~12 000 字左右,由于字数的限制,切忌贪大求全。如果题目太大,会造成文献庞杂混乱、研究目的不精准、研究对象不确切、研究理论不聚焦等问题。因此,选题要遵循"小题大做"的原则。其次,论文的工作量要适当。选题时,要充分衡量该题目的难易程度、文献资料的多少、信息搜集的复杂程度等问题,这些都会影响论文写作的工作量。如果工作量太大,势必会超出自己的能力范围,影响论文写作的正常进行。最后,写作时间安排要充裕。在着手艺术论文写作前,从选题开始,就应该做出合理的时间安排,这样可以使整个论文写作过程有条不紊,在既定的时间内完成。因此,艺术论文的选题要遵循适当性原则,选择自己力所能及的题目。

(三) 专业性

艺术论文写作在选择题目的时候,要充分考虑自己的专业特长,扬长避短,围绕本专业领域范围进行选题。建议运用所学的专业知识、实践技能,分析和解决艺术领域内某一特定问题,可选择本领域的热点和焦点问题,也可选择自己在本专业的兴趣点,

---

① 程千帆:《贵在创新——关于学术论文写作的问答》,《程千帆全集·桑榆忆往》,河北教育出版社 2001 年版,第 187 页。

如最熟悉或擅长的舞台表演、艺术活动、文创设计、田野调查等。只有研究对象和研究内容是自己最擅长、最感兴趣的内容，才能使选题具有可持续性，保证研究的专业性。此外，重视学科前沿问题，也可增加艺术论文的专业度，使学术研究触碰学科高度。

（四）地域性

中国地大物博，中华文化艺术资源丰富，民族艺术源远流长，为身处不同地域的学生提供了大量的研究资源，例如，地方戏曲、民间舞蹈、民歌等，都能为论文选题提供可能性。以地方特色、传统艺术为选题对象，会在田野调查、资料搜集等方面有较多便利，也较容易产生独具特点的研究成果。如，东北师范大学陈芊竹《东北民间二人转艺术存续现状与发展研究——基于对东北三省二人转民间艺人的田野调查》，云南艺术学院蒋海冰《云南哈尼族代表性民间舞蹈教学组合编排与应用探析》，华侨大学肖冰《泉州木偶的视觉语言研究》，都是以作者所在地域的民间艺术为研究对象开展的学术研究。优秀的地域性民间艺术是中华民族文化的结晶，源远流长、博大精深，承载着中华民族的集体记忆，对地域性艺术资源的挖掘，对当代大学生民族情感的养成、地方文化艺术的传承都具有重要的作用，而且这样的选题重复的概率较小，也容易出新。

（五）时代性

当今时代科学技术飞速发展，各种信息日新月异，推动了不同艺术门类相互之间的跨界和交流，开拓了很多新兴的艺术形式。因此，艺术论文选题，要能够切实考虑学科发展和社会发展的需要，关注和洞察现实中迫切需要解决的问题，敏锐地发现本学科领域亟待研究的最重要、最具现实意义的热点现象，具有一定的前瞻性，这样的选题，将会成为极具研究价值的题目。例如，乂燕婷《后疫情时代的"治愈系"插画设计研究》立足当下，从自身专业出发，敏锐地洞察艺术抚慰心灵的社会需求，大胆探索"治愈系"插画在当下应用的可能性。当代大学生"应充分注意现代艺术中的新的思潮、新的主义、新的艺术流派"[①]，紧跟时代发展。

综合上述艺术论文写作选题的原则，学生在选题的时候，既要立足专业，满足"小我"的兴趣爱好需求，也要兼顾"大我"的时代与学科需要，尤其是艺术类专业学生要避免过于偏重感性的一时冲动，仅停留在对鲜活艺术现象本身的关注，而忽略了对形而上的深层思考。学生应经过反复思考、推敲和论证，选择具有创新价值、现实意义且力所能及的题目，这样，初步拟定出适合自己的选题将不再困难。

三、定题途径与方法

在艺术学位论文写作准备充分的情况下，依循选题原则，有了初步的选题意向以后，确定最后的题目则需要学生经过多方考量和认真思索。好的题目应该有明确性，包含具体问题，要言简意赅，要符合惯例规范等诸多要求和限定，需要学生在导师

[①] 陈池瑜：《艺术文章写作概论》，山东教育出版社2018年版，第260页。

的指导下全方位、多角度对题目进行论证和审视,此时,学生可以参照以下途径和方法进行定题。

(一)定题的途径

艺术论文的定题途径有很多,主要可以通过以下途径来定题。第一,指导教师提供选题,学生自主选择确定。第二,学生可以在导师指导下确定题目,当自己有了初步拟定的选题时,可以咨询或参考导师的意见建议,进一步确定题目。第三,学生可以从搜集的阅读资料中获得选题,在搜集、查找资料的过程中,不断对文献资料进行梳理和筛选,了解前人研究的进度和程度,同行关注的焦点和热点,这样不仅可以发现他们研究的不足之处,还可以从中逐渐提炼出自己的题目。第四,学生可以从社会实践或亲身艺术经历中寻找选题。艺术来源于生活,来自各种艺术实践活动,选择曾经参加过的、印象深刻的艺术实践活动,从中进行总结,这也是选题的突破口。总之,不管从哪种途径定题,都必须建立在大量的阅读基础之上,必须经过筛选和深思熟虑才能确定选题。

(二)定题的方法

艺术学位论文的题目应当明确且包含具体问题,题目要避免过于宏观,学生可参考以下方法来定题。第一,确定题目的基本结构。可选择"论+××××(研究对象)",如《论潘天寿画面的平面分割》《论当代陶艺创作中材料语言的表达》;也可选择"××××(研究对象)问题+研究",如《刀美兰舞蹈的艺术风格和价值研究》《社区美育的价值分析及路径研究》。艺术论文的题目有多种结构,但不管是哪种结构,都应该符合学术规范。第二,确定题目的表达用语。题目的语言表达要和题目所概述的核心信息一致,题目要精练、明确,避免用生僻词、缩略语等,要能够准确表达研究内容,直观体现研究深度,一般不超过 20 字。尽量避免使用"初探""试论""感想"等词语作为题目。第三,确定主标题与副标题。艺术论文一般使用一个清晰的标题,但有时为了缩小研究范围、突出研究重点或限定研究对象,也可采用主副标题,副标题一般是对主标题的解释或说明。例如,《文旅融合背景下"大型室内情境"演出研究——以王潮歌的"又见"系列为例》《油画风景中光的运用——以弗里德里希和莫奈为例》。学生参考以上途径和方法最终确定的选题,将会是一个既符合自身实际需求,又具有研究价值的论文题目。

通过对艺术学位论文写作准备与规划、选题原则及定题途径与方法的学习,大学生对论文的前期准备会有一定的认识和把握。从思想认知聚焦选题定题,再触发论文构思,严谨有序的写作线路引领研究者"从宏观到微观的角度勾勒整篇论文的研究要点"[①],它们构成艺术学位论文写作的重要基础和前期条件。在此之后,学术写作便可以进入实质性设计与构思阶段。

---

① 郭峙含:《从方法到写作:艺术专业学位论文的写作要点》,四川美术出版社 2023 年版,第 97 页。

第三节　流程设计与研究

艺术学位论文写作与一般学科论文写作的最大区别,在于研究对象以艺术相关的人、事、物作为探索世界真理与实践的方法。虽然研究对象不同,但是都必须确定研究问题的性质、解决问题的研究方法属性,以及阐述资料处理、分析与讨论的方式。如本章开篇案例《数字媒体艺术沉浸式场景设计研究》以特定的研究架构、研究方法,以及资料收集与整理等书写,展现研究者所关注的视角。由此可知,艺术类的研究对象因具多元、流动、抽象等特征,在流程设计与研究中,以表述研究策略的逻辑、资料搜集的方法和艺术形式转译的方法等运思历程为主。其写作过程应具备逻辑性、系统性、科学性,展现研究者的研究思路和研究能力,囊括学术写作的研究策略、资料搜集与整理以及观点的建立等程序要点。

一、研究策略

研究策略是指通过学术的系统性与科学性语境,针对特定研究对象设计相关解决问题的对策和方略。在艺术论文写作中,任何严谨的研究计策与点子,只要能解决研究问题,都能成为上乘的研究策略。以下介绍四种艺术类论文较为常见的研究策略。

(一)实证性研究

实证性研究通常以研究过程的各个阶段来架构文章内容。内容包括:

(1)前言:推导研究问题并陈述研究目的。

(2)方法:描述所采用的研究方法。

(3)结果:报道所发现的研究成果。

(4)讨论:解释和讨论研究结果的意涵。

一篇构思清晰的实证性论文,会在绪论中对研究目的、研究问题、理论基础、研究方法、研究策略、预期结果等研究架构进行详细阐述。

例文解析

民族的身体、艺术的表达、科学的训练
——纯正身体文化基因探寻与传统舞种专业建设(节选)

高　度

从古代舞蹈文化资源中不断挖掘并确立的明晰的身体观,可以为我们构建当下身体语言体系奠定基础。如果比较目前的现代舞作品,可以从中辨识出很多中国传统身体运动路线与身体运动轨迹,并发现舞者的身体虽然被开发得很"先进",但其背后的身体运动观却特别强调以"圆"运动为核心的轴心运动与脊柱的放松和松弛。我们从作品当中发现身体运动存在圆曲线的身体审美共性因子。作为传统舞种专业,关键在于我们能够从中看到当下中国现代舞作品中,身体运动与传统身体文化之间的内在关联。

无论是探寻身体文化基因,构建身体语言体系,还是创作者对所取之材进行重构与重塑的探讨,事实上都需要在传统哲学、美学、艺术学、历史学等跨学科研究中,考察中国舞蹈身体文化的历史变迁,从而构建独属于中国舞蹈的身体文化与审美体系。笔者认为,对于这种纯正身体文化基因的探寻与身体语言体系的构建,还有赖于相应教学层级的搭建、教学体系的探索以及相关管理机制和研究机制的跟进。纯正身体文化基因的"守正"要求学生从基础教育阶段开始,就要打下纯正身体文化基因的坚实基础。这就对现有舞蹈专业教育教学和训练体系提出更高要求,即如何在中国舞蹈高等教育教学体系中实现身体文化基因的重塑,需要学生从最初的基础训练开始就层层搭建,从对身体的感知、认知,再到身体文化审美,贯穿整个教学与训练过程,直至学生进入大学,之前所奠定的身体文化基因能够促使他们在接受更高层次舞蹈专业教育时,无须再考虑如何在已经定型的身体动力、审美认知的身体观基础上进行重塑,而是继续深入感知和认知身体文化和身体语言。当然,这样的做法将对现有的教育教学训练体系形成冲击,这将意味着从学生最基础的训练开始,就要考虑身体基因如何在专业教育教学体系中进行重塑,而非以往的身体技能训练。此外还要思考学生的基础训练与其之后所进一步接受的舞蹈高等教育之间,具有怎样的不同和内在衔接,以便更有效地帮助学生既能建立身体认知,又不拘泥于对身体的单一认知,让学生能够将自己的所学"为我所用",激发学生潜力,培养他们的自主实践和探索能力。①

【解析】作者为了探索中国的自身文化形态与认知跟中国舞蹈身体文化与审美体系的关联性,以传统舞种专业建设为出发点,提出当下建构"内生现代化与传统延续性"并重的建议。例文运用的理论与方法,皆为了验证研究者最初的问题意识。当代艺术由于作品的发生论复杂、诠释性偏向多元,因此实证性论文写作正好提供了一个验证理论或方法的研究策略。

(二)诠释性研究

诠释性研究是一种后设分析的研究方式,基于研究对象的相关议题性研究,主要针对已出版的图书、期刊论文等各类文献,进行批判性评估。在艺术领域中,通常对艺术家的自传、刊物里的论述等进行时代、人物、事件的研究。

---

① 高度:《民族的身体、艺术的表达、科学的训练——纯正身体文化基因探寻与传统舞种专业建设》,《北京舞蹈学院学报》,2021年第1期。

> **例文解析**

顾曲三叠：顾正秋的三度传记与女性的
战争伤痕和疗愈（节选）

周慧玲

对于顾正秋这样一位开创京剧艺术在台扎根半世纪的人物而言，一部记录其艺术生涯的传记书写，当是众所期盼。然而对一个退出舞台半世纪的演员而言，三度成为传记的撰述对象，就有些非比寻常了。从最早由顾正秋本人口述、刘枋访谈记录的《顾正秋的舞台回顾》(1967)，到传记主挂名作者以第一人称叙事、由季季整理执笔的《休恋逝水——顾正秋回忆录》(1997)，乃至季季以全知观点撰述的《奇缘此生顾正秋》(2007)，顾正秋的三部传记看似针对同样事件的反复描摹，但把它们放在四十年的历史进程来看，却有另一番风貌。本文将顾的三传并读，反复比对，指出顾正秋的三度传记，可以被解读成战争的人文测绘。① （图 7-1）

图 7-1 顾正秋的三本自传封面

【解析】 这篇论文从论题上明显能看出是以三篇传记为研究对象的研究写作，并针对自传中的内容，以女性的战争伤痕和疗愈作为研究目的，此研究写作方式能展现研究者对某些议题的研究旨趣，同时亦能凸显不同文本所聚焦的论述语意的态度与观点。

（三）个案性研究

个案性研究是通过研究个人或组织，从而全方位探索问题的研究。内容包括：

(1) 引言：陈述研究假设、问题或目标。综述相关文献。

---

① 周慧玲：《顾曲三叠：顾正秋的三度传记与女性的战争伤痕和疗愈》，《近代中国妇女史研究》2009 年第 17 期。

（2）研究目的：通常是描述、解释或评价一个与实际问题相关的现象。

（3）研究设计：研究者描述将要研究的案例及其各方面。研究者还要描述个案所处的情境，需要决定从主位视角还是从客位视角，或者同时从两种视角来研究个案。如果个案研究是建立特定的质性研究传统的基础上，也要详细说明。

（4）抽样过程：研究者需要介绍在研究中使用的目的性抽样策略，并说明为什么选择该策略。

（5）测量方法：个案研究通常通过访谈和观察收集数据。

（6）数据分析：研究者介绍如何使用解释性分析，或者运用反思性分析解读个案研究的数据。研究者还要描述数据分析所得的主题和模式。

（7）讨论：总结研究的主要发现，指出研究的缺点和局限，以及研究发现对进一步研究、理论发展的专业实现的启发。①

例文解析

他者的视线
——2005年—2014年中国艺术形象在美国艺术刊物中的体现（节选）
雷坤宁

本文将以《艺术论坛国际版》和《艺术杂志》的分析对比为主，以另外两本刊物的数据作为辅助，先选取四本杂志在2005—2014年时间段内有关中国当代艺术的论述，做定量分析，就关于中国当代艺术评述的总量、在不同时段的变化情况和报道态度的情况进行分析。之后，再借助批评话语分析法，建立起这些论述和具体事件、社会情况、国际关系等方面的联系。②

【解析】上述案例对特定时期的四份杂志进行了文本论述分析。从该文的研究策略可以发现，研究者在既定的研究问题前提下，从这四份特定的刊物中，对文章的关键词取样并进行定量分析，对所得结果再进行批评话语分析，最后通过语义分析，发现当时与该事件相关的情境脉络，由此反映中国当代艺术在西方世界的地位。

此外，电影、音乐、舞蹈或戏剧等动态表演艺术作品，也是该领域重要的研究对象。如《寻回非洲自我与直面非洲现实——奥索菲山对索因卡的继承与反叛》，作者讨论了两位非洲戏剧家在创作意识截然不同的情况下，如何运用戏剧表现手法，将个人的意识与非洲文化使命紧密联结在一起。

---

① ［美］梅瑞迪斯·高尔、［美］乔伊斯·高尔、［美］沃尔特·博格等：《教育研究方法》（第六版），徐文彬、侯定凯、范皑皑等译，北京大学出版社2016年版，第325页。

② 雷坤宁：《他者的视线——2005年—2014年中国艺术形象在美国艺术刊物中的体现》，中央美术学院硕士学位论文，2015年。

例文解析

寻回非洲自我与直面非洲现实
——奥索菲山对索因卡的继承与反叛(节选)

高文惠

奥索菲山对索因卡的戏剧艺术既有继承又有反叛。两位戏剧家在戏剧的社会功能、舞台与观众的关系等方面的观点有诸多相似之处。索因卡的戏剧表现手法和戏剧题材也对奥索菲山产生了直接影响。但是索因卡的精英主义和奥索菲山的大众立场之间的本质差异导致二者的戏剧理念又存在着明显的不同甚至对立:与索因卡以神话思维反映现实的间接性相比,奥索菲山的戏剧则强调对现实生活的直接干预;与索因卡依靠传统文化资源建构非洲本土戏剧精神的倾向相比,奥索菲山则是以一种辩证的革命态度来使用传统元素。归根结底,索因卡与奥索菲山二者在戏剧理念上的分野来源于尼日利亚两代作家文化使命的变化。面对不同的文化语境,两代作家的创作意识由寻回非洲自我转向了直面非洲现实问题。[①]

【解析】 这篇论文的个案性研究策略,侧重艺术家如何运用戏剧手法呈现他要传递给观众的非洲文化。因此这篇文章聚焦在分析剧场的文本结构和元素符号如何构成非洲自我与非洲问题等意义诠释。

(四)理论性研究

理论性研究是研究者根据现有的研究文献进行理论推导,其研究目的是提出理论或弥补当前理论的缺失。理论性研究通常必须花较长时间对该学科或理论进行观察与探究,才能从学科建设的历史轨迹中洞悉问题的所在。

例文解析

中国当代舞蹈史研究中的若干问题
——兼谈现实题材舞蹈创作(节选)

冯双白

中国当代舞史的一些研究尚局限在具体历史事件、历史人物及其相关作品的介绍和分析层面,但对于发展动力之溯源、环境因素之影响、关键要素之作用等历史问题缺少足够的关注和研究。作为历史研究的具体执行者,一个研究者在记述历史现象的时候,是不是能够达到历史研究之自觉,即研究者自身的历史自觉,这对历史研究是非常重要的。例如,我们对于历史脉络纵向发展的前因后果这"来龙去脉"的关注不够,显

[①] 高文惠:《寻回非洲自我与直面非洲现实——奥索菲山对索因卡的继承与反叛》,《德州学院学报》2021年第5期。

示出当代舞史研究常常被动地担任着历史现象记录者的角色,而尚未达到自身之自觉。反过来说,梳理社会、文化、艺术思潮、经济等种种条件制约下当代舞蹈长期的、纵向的历史线索,从而揭示艺术与其背后历史现象之间复杂而深刻的关系,应该引起当代舞蹈研究者的高度重视,舞蹈研究者应综合所有相关因素从整体上把握历史,在历史时间长轴的演进中寻找历史发展的主线,解开当代舞蹈历史发展之谜。①

【解析】 这篇研究的研究架构以史鉴今,强调历史研究的方法论,立足中国现有研究现象,提出中国舞蹈史理论建构的改革路线。

综合上述,我们可以归纳出四项研究策略的特点:

(1) 实证性研究主张以具代表性的作品或思想,作为探究理论或方法的研究策略。

(2) 诠释性研究主张从他者视角,重新审视文本诠释的可能性。

(3) 个案性研究主张从案例的深入分析,获得不同的观点或发现。

(4) 理论性研究则使要探索的问题与该学科的建设形成紧密关系,并在原有的理论基础上,提出具有建设性的建议。

二、资料搜集与整理

各种资料搜集与分析的取径,都来自不同的研究概念,这让目前的资料搜集与整理方法多种多样。艺术类领域的资料来源,除了一般研究文献及史料档案,相关展览、展演、排练等事前、事后的报道,评论文及相关有声、无声的出版品等资料,皆能为研究提供更多元的研究视角。同时,相同的研究材料在不同理论的诠释视域下,其研究成果也可能产出不同的研究发现。因此,资料搜集与整理关乎"研究工作的深化与细化"②,关乎研究者将现有研究素材转变为具有发掘阐释价值的文献宝库的过程。

(一) 资料搜集

资料搜集是决定研究者对研究对象了解程度的重要基础工作。影视、书画、美术、设计、音乐、舞蹈、戏剧、多媒体等艺术学门类的表现形式既多元且迥异,当我们在搜集艺术材料时,应留意其艺术形式的表现特征,尤其是音乐、舞蹈、戏剧、音乐剧等表演艺术类的作品,几乎是"稍纵即逝"的"当下"艺术,因此"原始资料"又称"一手资料"的搜集就极为重要。

一般原始资料会由创作者或制作团队保管,有些会放在线上资料库,包括:

(1) 纸质手稿或打印的文本,如绘图手稿、乐谱手稿、舞蹈或戏剧编导的创作手稿、剧本、舞台灯光设计手稿、电影分镜头设计图、舞台美术设计图、服装设计图、造型设计图、舞蹈或戏剧排练纪录、展览纪录、多媒体实时影像的虚实互动纪录、节目单、出

---

① 冯双白:《中国当代舞蹈史研究中的若干问题——兼谈现实题材舞蹈创作》,《舞蹈》2021年第1期。
② 王菡薇、陶小军:《艺术学科本科生毕业论文写作教程》,南京师范大学出版社2015年版,第38页。

版物、教案、教学档案……

（2）影像，如田野调查影像、舞蹈或戏剧排练影像、多媒体实时影像的虚实互动影像、正式展演或展览影像……

（3）声音，创作录音档案、调查录音档案、演奏档案……

（4）其他，图画、雕塑、服装、装置素材、空间模型、舞台美术设计模型……

这些一手资料不仅能还原艺术家的创作构思，更能从材质、形式、表现方式等方面与当时的社会情境相连，因此当我们的研究是以艺术作品为个案讨论对象时，上述艺术构思与产出的载体，将是我们不可或缺的重要资料。

除了获取原始创作手稿，在文献综述部分也需要大量的"研究资料"作为理论论述的支撑与研究方法的辅助。图像符号学大师巴特曾建议研究资料的搜集，需思考研究资料与研究主体的关联性、同质性与同步性。

（1）关联性：是指所搜集的素材必须与理论最具关联性，而且应该聚焦在特定的观点。

（2）同质性：是指资料的物质性尽可能同质，也就是说搜集到的资料，如不同视角的文本纪录、多人口述录音、多人影像纪录等，可以在研究计划中分开探讨，但是不要将资料混杂在一起；又如个别访谈的逐字稿不要与焦点团体访谈的资料混用。我们可以将不同物质性的研究素材分在不同的资料库，以便在后续分析资料的时候进行比较。

（3）同步性：是指大部分研究素材的发生皆与其历史时间交错，如一件艺术品的产生背景，与艺术家的个人经历有极大的关联。人的经历复杂且因素多变，当我们在选取研究资料的同时，必须关切到艺术家所在年代的社会环境或国际氛围，如欧洲巴洛克时期的艺术画、美国嬉皮文化的摇滚乐、中国的样板戏等，这些艺术的风格都与当时的人文思潮有极大的关系。因此同步性是指研究素材在时代周期下，可能出现的单一或多重的艺术素材，搜集这些同步在同一时空的艺术素材，可以将其与研究主体进行对照或比较。

（二）资料整理

资料整理是指通过逻辑的、科学的、系统的归纳整理，获得资料的内部信息的过程，一般包含分门别类、有序归档、转译与记录等步骤。

（1）分门别类：是指将不同属性的资料，依照其特性进行分类。可以按形式属性进行资料分类，如文本、影像、声音、物件等；也可以按内容属性进行资料分类，如不同时期的作品分类、不同风格的类型分类、不同区域的表现分类等。

（2）有序归档：是指将上述已分类妥当的资料，依照一定逻辑的序列进行编号与归档，如依照作品出现的时间或地理空间等进行归档。

（3）转译：是指对那些具有抽象符号特征的乐谱、舞谱、访谈录音、美术、书画、雕塑、电影镜头等资料进行文字的转译分析。我们可以通过符号学、色彩学、构图学、图像学等进行转译。转译需要研究者花费较多时间在沉浸与理性之间挖掘研究资料的特性。

（4）记录：研究者对艺术作品的观察与感受是很重要的，毕竟艺术来源于生活，指向人类社会实感，因此现场的实录记载，比起任何研究资料都要宝贵。

此外，当研究资料数量庞大时，如《他者的视线——2005年—2014年中国艺术形象在美国艺术刊物中的体现》以四份刊物的总体内容为对象进行历时性的研究，就需要借助抽样方法获取样本量数；又或者是相关艺术教育的现状普查或未来趋势研究等课题，皆需要借助社会调查研究方法，以获取最具代表性又拥有高信效度的样本群体。

三、观点的建立

"如果没有论点，文章无异于材料的罗列与堆砌。学术论文观点的形成，是在占有大量相关材料的基础上，运用理性的思维和科学的方法，对材料进行分析、归纳，形成概念，再经过思维的飞跃与理性的概括，最终得到有价值的结论。这个结论的产生，也就标志着论点的确立。"①艺术的形成离不开技术经验的累积、形式与内容的创新，以及观念上的突破，这看似简单易懂的过程，却是人类高度智识的积累。据此，哈贝马斯曾在《知识与人类的兴趣》一书中提到，观点分为：技术的（经验分析）知识、实践的（历史诠释）知识及解放的（批判）知识。

（一）技术的（经验分析）知识

从归纳经验与分析相关物理法则的过程中所获得的知识，也就是说，人类走向文明社会的关键在于从经验中吸收具有最佳生存效益的手段，再从这些技法中，凝练出操作原理并且理性地归纳出操作步骤，逐渐形成工艺的基本理论。

几乎所有艺术门类的生成史与技术的理论建构密不可分，我们可将之视为"艺术表现的基石和前提"②。篆刻、绘画、曲艺、舞蹈、电影……但凡含有操作性理论的艺术项目，皆从经验开始，再分析因素，最后形成观点。

例文解析

再探葛罗托斯基剧场实践与理论（节选）

厉复平

葛罗托斯基（Jerzy Grotowski）的剧场应该被了解为一个实践与理论间的辩证过程，而非单纯的只是他的"贫穷剧场"（Poor Theatre）理念的直接实现。为呈现此一动态的辩证发展过程，本文将葛氏的剧场工作分为三个阶段逐一探讨。在第一个阶段（1955—1960）中，葛氏在其政治理想的脉络下来思考其剧场理念，这一阶段的葛氏剧场非常明确地企图教诲观众以达成社会改造的目的，葛氏以梅耶荷（Vsevolod Meyerhold）剧场理念为师，尝试各种在表演中直接影响观众的可能性。葛氏在第二阶

---

① 顾平：《艺术专业论文写作教学》，安徽美术出版社2010年版，第51页。
② 马遥：《美术专业学位论文写作指导》，高等教育出版社2016年版，第130页。

段(1961—1963)中以挑战社会既定信念的方式来引起观众对演出的关注与反省。葛氏特别质疑形塑波兰国家民族意识的救世主的信念,以此作为引发观众共鸣的施力点,并促使他们在剧场中进行集体内省,葛氏在这一阶段建立起更为有系统的剧场实践体系,是谓集体内省剧场(Theatre of Collective Introspection)。然而此后的发展并非依循葛氏原先所设想的方向,在接下来的第三阶段(1964—1969)中,持续的转变贯穿整个实践的核心,在演员训练中所体悟出来的消去法(Via Negativa)使葛氏剧场实践的手法、方向与美学皆有了内在质性的转变。葛氏在1965年发表《迈向贫穷剧场》一文所展现出的是整个转变阶段中的一个切片而非全貌。在这个阶段中,葛氏的关切重心持续地由在演出中促成观众的政治社会意识觉醒,倾斜至训练活动对个人内在有机过程的启迪,乃至于1969年后扬弃了剧场演出而专注于以训练活动为蓝图所设计的新工作形式。①

【解析】例文详细阐述了戏剧大师葛罗托斯基剧场实践的三个阶段:第一,思考剧场理念;第二,挑战社会既定信念,引发观众对演出的关注与反省;第三,在演员训练中体悟消去法,使之成为葛氏剧场实践的手法、方向与美学等。他逐渐从一位理想主义者转变为开发演员身体训练方法的行动者。这无疑告诉我们,艺术不能空谈,必须通过经验的累积,寻找适当的表现方法,最后通过作品的实践,方能从作品中检验艺术表现技法的审美功效。

(二) 实践的(历史诠释)知识

实践的知识的建立是指通过多元视角的观点对历史文本进行意义诠释的重建,让破碎的历史观获得新意义,进而形成连接当代艺术的论述,并采取较为客观的、科学的方式对历史文本进行考据,从而获得新的论述观点。

例文解析

走向"高尚的舞蹈"
——赵得贤舞蹈创作观念及其形成研究(节选)

高 鑫

赵得贤是功勋卓著的中国朝鲜族舞蹈艺术家,是中国现代舞蹈史上影响深远的舞蹈编导家、教育家和理论家。他一生实绩斐然,在舞蹈创作、表演及教育各领域均富于创见,皆具典范意义,而本文聚焦于他的舞蹈创作观念,致力于探索它的构成与形成。赵得贤的舞蹈创作观念从来不只是单纯的有关如何创作的技术性问题,而是包含着对舞蹈艺术与舞蹈创作本身的根本性领会,涉及创作"为了谁""有何用"的问题,亦涉及

---

① 厉复平:《再探葛罗托斯基剧场实践与理论》,《戏剧学刊》2009年第9期。

对何看待与处理新/旧、传统/现代、民族/世界、特殊/普遍的关系问题,这也是新时代中国舞蹈艺术家所共同面对的问题。因此,本文希望通过对赵得贤舞蹈创作观念及其形成的研究,获得富于启示性的认识论与方法论框架,以助益新时代中国舞蹈艺术发展。

鉴于以上,本文拟从"为人生""为人民"及"为民族"三个方面对得贤舞蹈创作观念加以系统阐释,并从宏观(社会历史背景)与微观(个人实践经历)两个角度来把握其舞蹈创作观念的形成,由此揭示其舞蹈创作观念的整体图景,即走向"高尚的舞蹈"。"高尚的舞蹈"可以视为赵得贤舞蹈创作观念的"原型语码"(narrative prototype)与核心枢纽,能够统摄他丰富多样的创作主张,揭示其"个人的同一性"。在此基础上,尝试立足新时代语境从赵得贤舞蹈创作观念中提炼出当代启示。

【解析】作者对舞蹈家赵得贤的"为人生""为人民"及"为民族"三大舞蹈创作面向进行阐述,揭示了一位舞蹈家的实践理念,彰显了舞蹈艺术在实践中的要义,对过去破碎的知识概念进行了重构,即从宏观(社会历史背景)与微观(个人实践经历)两个角度来把握其舞蹈创作观念的形成。

(三)解放的(批判)知识

解放的知识建立强调写作者的自我反思(批判)过程,它同时也是科学的基础。在本章第一节曾提到艺术论文写作的研究议题需要有前沿性、创新性与建设性等特征。如何从过去已知的论点上,重新思考问题,甚至发现未知的问题,这就需要研究者从过去海量的已知学识中,解放出新的思维。例如本节"理论性研究"所列举的范例《中国当代舞蹈史研究中的若干问题——兼谈现实题材舞蹈创作》的摘文中,作者从过去历史研究中发现问题,并从当代舞蹈创作梳理出当代的艺术特质,由此反思未来舞蹈研究的方向。

这三项知识旨趣的概念,为当代研究者提供循环更新的思维模式,即面对日新月异、瞬息万变的世界,艺术论文写作应站在一个符合时宜能正面解决问题的研究高地,从经验中建构属于当代的艺术理论。

综合上述,本节介绍艺术论文写作的流程设计与研究,帮助写作者了解艺术研究中的策略安排,学习资料如何搜集、如何整理与分析,以及观点如何建立。所有研究问题都应寻找最适合的研究策略与方法,资料搜集的方向也决定了研究内容的真实性。

第四节 框架结构与要素

艺术学位论文有其基本的框架结构,它是"一套独特的结构程序",稳固的模块使其"同一般文章的写作严格地区分开来"①。通常来说,一篇结构合理的学位论文由三部分构成:一是论文的开篇导入部分,即前置部分;二是论文的主体部分,即本论部分;三是论文的末端收尾部分,即附属部分。

一、开篇导入

艺术学位论文的开篇导入部分,也是前置部分,一般包括论文摘要和关键词。

(一)论文摘要

论文摘要,也称提要,是对论文内容的概括提炼和简短陈述。摘要能够使读者快速了解论文的内容,可独立成篇,但应短小精悍。艺术学士学位论文摘要一般在300字左右,硕士学位论文摘要一般在500~600字,使读者在不阅读全文的情况下就能了解论文的主要信息。摘要大致包括研究目的、研究方法、研究结果和研究结论四部分内容,无特殊情况,摘要中不出现图、表等内容,不加注释,不引用参考文献。需要注意的是,论文摘要虽然属于前置部分,放在本论之前的位置,但一般却是在主体论述结束之后,最后才进行摘要的写作。

例文解析

从《上下舞千年》看全媒体时代下中华传统舞蹈文化的当代发展路径(节选)

全媒体时代,中华传统舞蹈文化与全媒体的有效结合,为中华传统舞蹈文化的发展提供新机遇,因此,探寻既体现中华传统舞蹈文化自身特性且符合时代特征的发展路径已成为当下业界的一大课题。本研究以《上下舞千年》为个案,采用文献搜集法、PEST分析法和SWOT分析法,通过分析作品发展的因素、前期的支撑条件、价值和意义以及成功的因素,挖掘作品在全媒体时代能够立足的内在原因,探讨所形成的"文化+技术"的呈现形式,以此探究中华传统舞蹈文化的当代发展路径。研究发现,全媒体时代下,中华传统舞蹈文化的当代发展应借助逐渐发展的技术手段丰富形式,运用影视媒介拓宽空间,并关注反馈渠道,以此为中华传统舞蹈文化探寻出可行的当代发展之道。②

奇情俗趣:《陶庵梦忆》与张岱的艺术世界(节选)

《陶庵梦忆》是晚明文人张岱的小品文集,记录了张岱前半生的繁华靡丽。而构筑其繁华靡丽之前半生的,恰是张岱多趣的艺术生活。张岱出生于江南高门世族,颇

---

① 陈刚:《艺术类学位论文写作教程》,陕西人民美术出版社2012年版,第25页。
② 张赟:《从〈上下舞千年〉看全媒体时代下中华传统舞蹈文化的当代发展路径》,华侨大学学科学位论文,2022年。

事豪华,兴趣广泛,尤其多痴:痴于诗琴书画,痴于花鸟橘茶,痴于鲜衣美食,痴于华灯骏马。在张岱的朋友圈当中,亦多奇士艺人、疵侠癖客,他们或擅书画,或精梨园,或专茶道,或通音律,皆有一技之长。本文从艺术人类学的角度,试图还原张岱与这些奇士艺人、疵侠癖客交往的历史语境,进而构建出一个晚明文人的艺术世界,并对其艺术世界的特点作出归纳。从论文框架上看,绪论、正文和结语是构成整篇论文的三个部分,而正文部分主要分为三大块来论述:第一章分析张岱艺术世界的形成背景,认为张岱深受其祖辈崇尚文艺风气的影响,从小生长于艺术氛围浓厚的文化语境之中,拥有与其他晚明文人一样的审美趣味,由此形成雅俗互动的艺术世界。第二、三章分别从人与物的角度论述张岱和他的艺术物品,指出张岱在其艺术世界中所扮演的各类角色,如艺术赞助商、艺术创作者和艺术鉴赏家等;指出书画、香茗、古琴等艺术物品对于张岱的影响,认为艺术物品将张岱的社会关系网络串联了起来,从而形成艺术世界。第四章将张岱艺术世界的特点归结为"奇情俗趣",认为张岱游于文人艺术与庶民艺术之间,显示了广泛的艺术爱好,其艺术世界则体现出奇雅之趣和世俗之乐的特点。简言之,《陶庵梦忆》是张岱艺术世界的缩影,"奇情俗趣"则是它的鲜明特征。[①]

【解析】上述两篇论文摘要都分别包含了研究目的、研究方法、研究结果和研究结论四部分基本内容。《从〈上下舞千年〉看全媒体时代下中华传统舞蹈文化的当代发展路径》的摘要较为直接地阐述了研究目的、方法、结果和结论,简单明了。《奇情俗趣:〈陶庵梦忆〉与张岱的艺术世界》的摘要增加了对论文结构内容的阐述,整个摘要较为详细,能够使读者对全文有更加全面的了解。这两种摘要的写作方式都是艺术学位论文中较为常见的,读者通过阅读摘要,可以快速了解论文所论述的内容,并为他人的检索提供方便。学生可根据自己论文的写作情况及学校要求,选择适合自己论文摘要的写作方式。

(二)关键词

关键词是为了方便他人进行文献检索,而从题目、摘要、正文中选取出的能够代表全文主题信息的词语或术语。关键词一般不能选取形容词、动词等词语,数量以 3~8 个较为合适,放在摘要之后。

二、主体论述

艺术学位论文最为重要的部分便是论文的主体部分,它是整篇论文中占比最大的部分。论文在整个研究过程中的分析、论证及创造性的成果都要在这个部分有逻辑性地呈现。对论文主体部分的论述,要求论点清晰明确、论据充分翔实、层次结构分明。论文主体部分的写作需要按照论证的逻辑展开,根据论点和逻辑关系可下设不同层级

---

① 庄振富:《奇情俗趣:〈陶庵梦忆〉与张岱的艺术世界》,中国艺术研究院硕士学位论文,2021年。

的标题。主体部分主要由绪论、本论和结论三部分构成。

（一）绪论

绪论，也称引言、序言等，是为了说明本篇论文研究的相关背景和缘起、选择本论题的原因、理论及实践意义、研究的价值，总结、评述本论题相关领域的国内外研究现状，以及使用何种研究方法达到研究的目的或者研究设计等。艺术学位论文的绪论，需要有足够的篇幅来进行叙述，一般需单独成章，大致包括研究背景、研究目的和意义、文献综述和研究方法。绪论中除了上述内容，还可依据个人的研究需要，适当增加如名词解释、相关概念界定等其他需要在绪论中为后续论文的开展做好铺垫的内容。

例文解析

"鸢尾花冒险团"中古奇幻日系角色插画设计研究（节选）①

```
绪  论 ……………………………………………………………… 1
一、研究背景 ……………………………………………………… 1
    （一）日系插画发展状况 ……………………………………… 1
    （二）日系插画受众分析 ……………………………………… 1
二、研究目的和意义 ……………………………………………… 2
三、研究综述 ……………………………………………………… 2
    （一）国外研究综述 …………………………………………… 2
    （二）国内研究综述 …………………………………………… 3
    （三）研究综述总结 …………………………………………… 4
四、研究方案 ……………………………………………………… 4
    （一）设计插画角色 …………………………………………… 4
    （二）角色周边制作 …………………………………………… 4
五、研究方法 ……………………………………………………… 5
    （一）文献研究 ………………………………………………… 5
    （二）实证研究 ………………………………………………… 5
六、创新点与不足 ………………………………………………… 5
```

【解析】从《"鸢尾花冒险团"中古奇幻日系角色插画设计研究》的目录中可以看出，绪论部分除了包括必须包括的研究背景、研究目的和意义、研究综述、研究方法几个基本内容，还根据研究需要，增加了研究方案、创新点与不足，绪论的整体结构清晰且内容完整。

---

① 洪泓凯：《"鸢尾花冒险团"中古奇幻日系角色插画设计研究》，深圳大学学士学位论文，2022年。

(二) 本论

论文的本论,是论文篇幅占比最大的部分,是作者把自己搜集、学习、研究及调查的材料按照一定的研究方法进行论证,并形成观点的过程。

经过前述所有研究工作的铺垫,本论才算是正式进入论文写作的最核心阶段。关于本论内容的写作,需要注意以下几个方面。

1. 论文结构及符号选择

艺术一般使用"章—节"式的结构,可使用"第一章""第一节""一、""(一)""1"的结构符号,也可使用"1""1.1""1.1.1"的结构符号,具体选择可根据自己的写作习惯及学校(院)的规定,但不管使用哪种标题符号,不同符号之间不可混用。

2. 论文标题的确定

论文中的一级标题、二级标题乃至三级标题等的划分数量,应在考虑论证内容及研究需要的同时尽量做到均衡,以防止论文的某个部分过多或过少,出现头重脚轻、头轻脚重或中间大两头小的布局,使整体论述失衡。各级标题要简单明了地概括本部分的研究内容,提纲挈领地点明主旨,做到言简意赅。同一层级的标题尽量长短接近,用词或短语类型一致,表述方式尽量统一。各级标题最好精练为一句话或短语,尤其是在目录中出现的标题,一般不使用标示语句并列的标点符号,如",""；",但可以使用表示词语并列的标点符号,如"、",使标题更醒目,更上口,更能吸引读者。

3. 本论内容的写作

本论部分一般按照论文的结构顺序展开论述,可将论文按照一级标题分为几个部分,每个部分围绕分论点进行论证,但要注意每个部分之间要有机衔接,这样才能使全文不会割裂和分散,合乎论证的逻辑关系。在写作的过程中,语言表达要"精确、简明、平易、庄重"[1],可依据"承续性展开""接近性聚合""比偶性铺排""证实性解释"[2]的话语语流模式展开,做到严谨、有逻辑性,切忌过于感性的抒情,或感想式、随想式的写作,既不要使用晦涩词句,也不能口语化,要使用书面用语、学术语,标点符号要准确、规范。

4. 图、表的标注

艺术学位论文中,还会经常出现乐谱、图片、表格等内容,这些内容都需要按照插入或引用顺序进行标注,每一个图、表都要有图题或表题,且要在论文中有明确的提及。图题和编号置于图的下方,表题和编号置于表的上方。乐谱、图片和表格要清晰、排版整齐。

(三) 结论

结论,是论文最终的整体结论,要求精练、准确和全面。结论一般包括三部分内容:第一,本论文的最终结论;第二,本论文有待进一步研究的问题;第三,本论文相关论题的未来前景。如果研究没有明确的结论,也可以在结论中提出建议、期待或设想,为后续研究提供积淀。

---

[1] 顾平:《艺术的理论研究与学术表达》,天津人民美术出版社2004年版,第204页。
[2] 於可训,乔以钢:《写作》,高等教育出版社2013年版,第134—135页。

本论作为整篇艺术学位论文的重点,是作者学术水平的集中体现,应做到结构合理、主题明确、逻辑严密、论证充分、案例翔实、结论清晰。当然,艺术论文写作还要考虑不同艺术门类专业的特点,这样才能写出一篇既符合论文写作基本原则和规范,又符合艺术规律和特性的学位论文。

例文解析

主题性绘画的生成机制研究——以"国家主题性美术创作项目"（2017—2019）为例（节选）[①]

第一章　现象：国家主题性美术创作项目的发生
　　第一节　"主题性美术创作"理论概述
　　第二节　"国家主题性美术创作项目"综述
　　第三节　"国家主题性美术创作项目"影响艺术体制的表现
第二章　承继、拓展与挖掘：结合当下的探索
　　第一节　题材之变：叙事角度微观化
　　第二节　形式之变：组织更具新特点
　　第三节　影响之变：项目模式可持续
第三章　书写、塑造与民族记忆：培育共同意识
　　第一节　国家主导项目发起价值
　　第二节　艺术视觉文化符号体系的建设
　　第二节　国家主导文化项目的再思考
结　论

【解析】《主题性绘画的生成机制研究——以"国家主题性美术创作项目"（2017—2019）为例》使用的是汉字"章—节"结构,全文分为三章和结论,每章由三节组成,整体结构均衡。三个一级标题在语言表述方式上一致,都分别使用了冒号引出本章论述内容的主旨,使标题内容清晰且直观。其中,第二章的标题"继承、拓展与挖掘"中间使用了符号"、",如前所述,该"、"出现在继承和拓展两个并列词语之间,合乎学术规范。总体看来,章节结构合理、详略得当。

三、末端收尾

艺术学位论文经过开篇、主体的写作以后,最后进入末端收尾的部分,也就是论文的完结部分。这部分内容一般包括附录、参考文献及注释、致谢。

[①] 周庆玺：《主题性绘画的生成机制严谨——以"国家主题性美术创作项目"》,四川美术学院学士学位论文,2022年。

(一) 附录

艺术学位论文写作的附录并不是必要条件,这部分内容可依研究需要自行决定。附录是论文的组成部分,一般因各种问题不适宜收录在正文中的研究资料,均可放在附录中。究竟哪些内容有必要作为附录列于文后,可以考虑以下几种情况:第一,由于内容过多或篇幅多长,不适宜在正文中列出的资料;第二,论文中涉及的学科专业术语的缩写;第三,不适宜放入正文中的其他珍贵文献资料;第四,重要的图、表、原始数据等资料;第五,田野调查过程中的问卷、深度访谈提纲、内容等资料。总之,所有附录内容都是对正文的补充说明。

例文解析

《中国电视舞蹈综艺的他鉴与本土化(2006—2020)》附录①

```
附录 ················································································ 63
附录一  1999—2020 年电视舞蹈、舞蹈综艺节目一览表 ·············· 63
附录二  《舞蹈风暴》个案田野调查相关人员采访名单 ················· 71
附录三  田野个人采访记录(部分) ·············································· 73
    一、采访冯双白记录 ······························································· 73
    二、采访夏小虎记录 ······························································· 79
    三、采访《舞蹈风暴》编导胡岩记录 ········································ 81
    四、采访《舞蹈风暴》编导池咚咚记录 ···································· 89
    五、采访郑子豪记录 ······························································· 93
附录四  《舞蹈风暴》第一、二季作品名单(部分) ······················ 100
```

【解析】《中国电视舞蹈综艺的他鉴与本土化(2006—2020)》的附录共有四部分内容,包括论文中涉及的节目及作品名单、采访名单及采访记录,旨在使读者准确了解论文中分析的舞蹈作品及舞蹈综艺节目的整体情况,并使读者对论文所做的田野调查内容有更加全面的了解,有助于读者理解论文的研究内容。

(二) 参考文献及注释

参考文献是指艺术学位论文写作时曾经参考的文献资料。在主体论述之后,统一集中列于文末,目的是为读者提供文献资料的来源和出处,方便查询。参考文献虽然不是论文主体部分,却是论文不可缺少的组成部分,参考文献代表作者尊重前人研究成果的学术态度,也是反映论文科学性的重要依据。它展现了论文作者应具有的学术道德,杜绝了抄袭、剽窃等学术不端行为。文末所列参考文献一般是作者直接阅读或

---
① 董爽:《中国电视舞蹈综艺的他鉴与本土化(2006—2020)》,中国艺术研究院硕士学位论文,2021 年。

者引用过的、在正式出版刊物上公开发表的文献。艺术学位论文参考文献包括书籍、期刊、资料汇编、报刊、乐谱、影音、画册、节目单、海报、手信等,参考文献的格式可参考《信息与文献——参考文献著录规则》(GB/T 7714-2015),有时还需结合学校(院)的具体要求分类列出。

在艺术学位论文中,文章中会出现较多的图片、表格、乐谱等参考文献,都要对其出处进行相应的标注。注释,是对正文中需要进一步解释的字、词、术语及文献来源的补充说明,一般用脚注或尾注的方式标注。为方便读者查阅,艺术学位论文脚注多用页下注。

(三)致谢

致谢,有时也写为"后记",一般放在全文的最后。致谢是为了对研究工作中给予帮助或提供便利条件、提出建设性意见、提供珍贵图片或数据、提供研究经费的组织或个人表达感谢和谢意。这体现了作者对提供帮助的人的尊重,也是一种严谨治学态度的表现。在艺术学士学位论文中,学生大多是初次涉猎学术论文写作,在写作过程中,会得到多方面的帮助,比如论文指导教师,其他相关教师,父母、同学、朋友等,都应该在致谢中表示感谢。致谢语要朴素、诚恳,避免不切实际的浮夸和吹捧。

总之,艺术论文写作的主要框架需由开篇导入、主体论述和末端收尾三部分组成,而其中主体论述是重中之重,包括绪论、本论、结论。以上框架和要素共同构成艺术论文的整体结构。至此,一篇格式完整的艺术论文基本完成;但是,要想完成一篇高质量的论文,除了按照本章所讲内容进行结构和构思,还需要后续认真修改和不断打磨,提高论文写作质量,最终完成一篇结构完整、内容充实、论证严谨的艺术论文。

导练平台

一、学习建议

艺术论文写作,首先,要进行前期的写作准备与规划,要注意平时文化素养的积累和养成,以及按照特定的标准和原则进行选题,最终确定一个符合自己实际情况且具有研究价值的题目。其次,进入最重要的研究过程,即选择适当的研究策略与写作架构、搜集充分的资料,并适度合理地将资料进行有效的处理,从整个研究框架中,提炼个人研究的诠释与立论视角,有了这些,整篇论文才能算得上是有骨、有肉、有内在核心思想。最后,在论文写作时,论文的结构尤为重要,包括开篇导入、主体论述、末端收尾三个部分,主体论述中以本论为写作的重中之重,它是整篇论文的核心。本论的写作要注意整体框架、不同层级标题的确定、论证内容的严谨性和逻辑性,以及图谱、表格等的标注问题。在论文的收尾部分,需要完成附录、参考文献及注释和致谢等内容,至此,一篇完整的艺术论文便完成了初稿的写作。之后,需要经过多次修改和打磨,直至最终定稿。

二、复习思考题

1. 艺术学位论文写作选题的原则和标准有哪些?

2. 艺术学位论文的实证性、评论性、个案性、理论性等研究策略的主张分别是哪些？

3. 艺术学位论文由几部分构成？分别是哪几部分？

4. 根据艺术学位论文写作选题和定题的方法，拟定一个论文题目。

5. 就艺术学位论文写作需求而言，何谓原始资料？何谓二手资料？

三、实践训练

1. 根据自拟的艺术学位论文题目，延伸设计研究策略。

2. 根据研究策略，完成资料搜集，并列出资料搜集的对象与分析方法。

3. 自拟艺术学位论文题目，写出该论文的目录，其中本论部分列至二级标题。

课堂研讨

1. 团队准备工作：首先选定相关研究方向与议题，并制作100份国内外文献资料登记表，并依序编号区分为中文、外文学位论文与中文、外文期刊论文，表格内容含有：论文题目、作者（如有译者也应注明，并填上）、发表单位、出版单位、出版年份、页码、文章摘要、理论基础、研究方法、研究发现等。

2. 合作学习：根据上述所得资料，延伸讨论研究议题的相应研究理论与方法，进一步整理详细的基础概念与研究架构。

3. 分组报告与讨论：延伸以上的基础概念与研究架构，撰写研究理论与方法的系统性报告，并在报告中列举几个案例进行分享与讨论。

拓展链接

一、文献检索网站

1. 中国知网（CNKI 学术）

2. 万方数据知识服务平台

3. 维普数据库

4. 中国国家数字图书馆

5. 中国科学文献服务系统

二、研究方法工具参考书

1. ［美］梅瑞迪斯·高尔、［美］乔伊斯·高尔、［美］沃尔特·博格等：《教育研究方法》（第六版），徐文彬、侯定凯、范皑皑等译，北京大学出版社2016年版。

2. 陈向明：《质的研究方法与社会科学研究》，教育科学出版社2000年版。

3. ［美］罗伯特·K·殷：《案例研究：设计与方法》（第三版），周海涛主译，重庆大学出版社2004年版。

第八章　数字时代艺术写作

学习目标

1. 了解艺术写作在数字时代的发展、特征和写作意识,理解这一领域的创新性和多元性。

2. 理解问题意识、积累意识、想象意识和创新意识的重要性。

3. 认识数字时代艺术写作不同板块的具体情境,在结构、标题、标语、正文、附文等环节发挥创意。

4. 结合不同艺术写作场景,认识内容生产、形式呈现、受众互动,进一步探索数字时代艺术写作的创新和突破,创造独特的艺术价值。

案例导入

新媒体艺术不只是酷炫,它更是一种新的创意表现形式与理念

每次和非行业内的朋友们聊起新媒体艺术,他们总会不停地说类似这样的话:"新媒体艺术我知道啦,上次我经过一个商场,那个实时动态影像追踪做得很酷哦。"似乎在大部分人眼中,酷炫就是新媒体艺术的代名词。然而,小编今天要说的是,新媒体艺术不只是酷炫,它更是一种新的创意表现形式与理念。

新媒体艺术的新表现为三个方面,即新媒体艺术更强调参与者的介入和交互、新媒体艺术更注重观者感知层面的共鸣与整合、新媒体艺术以计算机技术作为主要的创作媒介。

1. 新媒体艺术更强调参与者的介入和交互

新媒体艺术作为人造的作品,不再只是作为人的对象而存在,而是把人的介入放到作品里去。

人在此处是指在艺术中趋于具备平等权利的作者和观众的整体。所谓的介入,是指作品不再只是被作为观看的一种可能性,也就是观众一开始就成为真正的参与者。(图8-1)

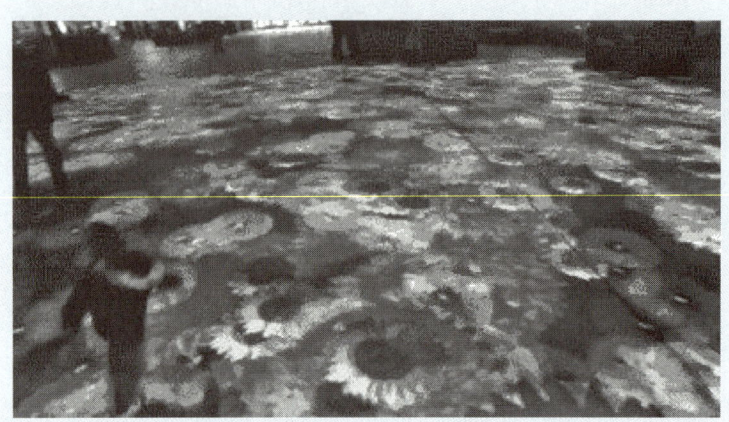

图 8-1 互动投影作品《Power Flowers》

2. 新媒体艺术更注重观者感知层面的共鸣与整合

新媒体艺术通过神经科学、脑科学、生物结构和遗传分子学等,对人的神经机制和感觉机制进行了更为深入的研究和认识。新媒体艺术不是一种工具,而是一种感觉,这种感觉是全局互动,牵一发则动全身,似乎更接近生命现象本身。(图 8-2)

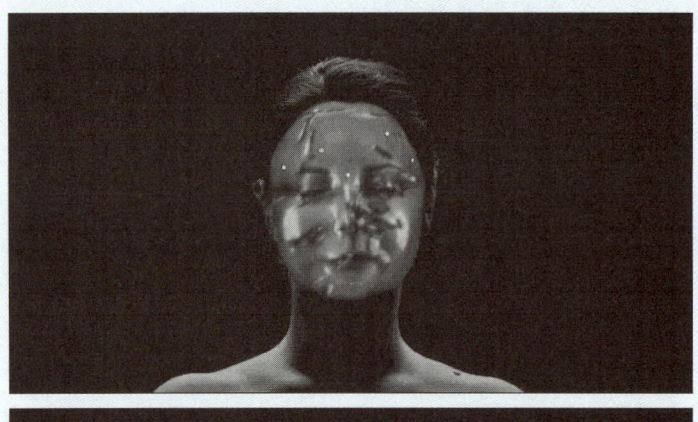

图 8-2 实时面部追踪投影作品《Dare to Dream》

3. 新媒体艺术以计算机技术作为主要的创作媒介

和诸如绘画、雕塑、书法等传统艺术不一样，新媒体艺术游走于 0 和 1 之间，它以计算机作为主要的创作媒介。

当我们的艺术创作从画布转移到电脑软件，从画笔转到鼠标，从二维到四维，这是当代技术创新给这个时代的艺术带来的变革。在这个时代背景下，我们手上的工具，或者说越来越先进的高科技，已经在改变我们的情绪，我们的情感处理方式，当然也影响了我们这一代艺术家的表达方式。

日本艺术家柴田大平（Daihei Shibata）将合唱团的表演影像投射在展览现场大屏幕上，配上艺术家之前的动画装置视频，利用视觉错觉模拟了一场生动的室内合唱团表演。（图 8-3）

图 8-3 沉浸式虚拟合唱团

2012 年，电音偶像组合 Perfume 挑战了虚拟影像与真人结合的表演。通过全息投影，随着三人的动作的改变，她们的周围不断出现形态各异的幻影。（图 8-4）

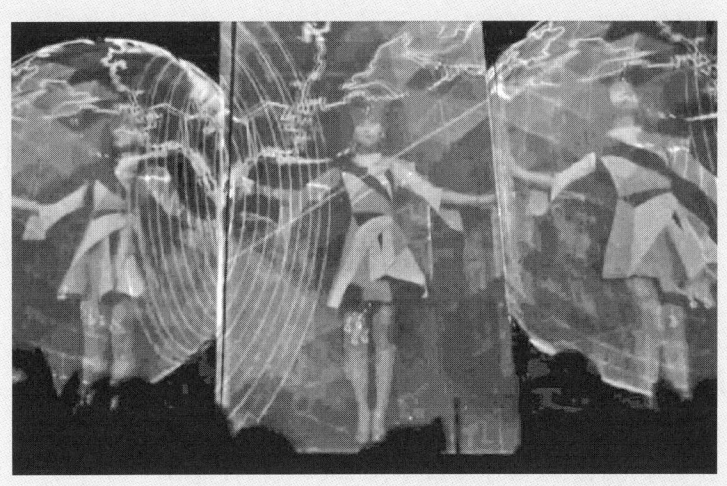

图 8-4 Perfume 全息投影

（资源来源：微信公众号 OF COURSE）

第一节　数字时代艺术写作概述

数字时代的艺术写作如同行走在快速变化的河流中,既要顺应潮流,又要保持自己的独特性。这一时代的艺术写作不仅继承了传统文学的深邃和精致,还融入了现代科技的创新和多样性,形成了一个跨时代的文化现象。它在快速的信息流动中寻找着停泊的港湾,试图在短暂而密集的数字信息中,为读者提供深刻的情感体验和思想启示。

我们在艺术写作中需要面对数字时代的挑战与机遇,正是新技术手段的出现构成艺术写作的发展瓶颈,同时也是新技术手段的普遍使用为艺术写作带来新的生长点,二者是一体两面的问题。问题的关键不是站在何种价值立场对数字媒介展开评判,而是面对数字技术的持续更新,传统意义上的艺术写作如何在秉持原初审美价值理念的基础上焕发新的生机。写作者通过想象意识的发挥和创新意识的实践,探索新的创作方式和表现形式,创造出更具有独特性和影响力的作品。

一、数字时代艺术写作的发展

20 世纪 90 年代末至 21 世纪初是互联网起步的阶段。个人网站、博客、论坛等平台兴起,人们开始通过网络进行文字创作和分享。艺术写作主要以纯文本形式进行创作和传播,图片和其他媒体形式较少。

2005 年至 2015 年社交媒体兴起。数字时代的艺术写作进入了社交媒体时代。人们开始在社交媒体上进行短文、微博、朋友圈等形式的艺术写作和传播,内容更加简短、即时,并且具有更强的互动性。

移动互联网时代从 2015 年至今,智能手机的普及标志着数字时代的艺术写作进入了新的阶段。在数字时代,艺术写作借助新媒体形式展现出了更为丰富多彩的面貌。例如,微信公众号成了许多创作者展示作品和与读者互动的平台。另外,H5 场景的运用也为艺术写作带来了全新的表现形式。通过 H5 场景,艺术家可以将文字、图片、音频、视频等元素结合起来,打造出富有视觉冲击力和交互性的作品,吸引更多受众的关注。App 广告成为商业推广的绝佳方式。再如,短视频平台为艺术家提供了展示创作成果的机会。许多艺术家通过短视频展示绘画、雕塑、手工艺品等作品的制作过程,吸引了大量观众的关注和参与。这些具体的例子展示了数字时代艺术写作在不同新媒体平台上的多样化呈现,为创作者和观众之间的互动和交流提供了更加丰富的可能性。在数字时代的艺术写作场景里,ChatGPT 和其他 AI 工具也是不可或缺的伙伴。通过灵感生成与创意扩展、结构优化与语言润色、情感与风格分析、互动与多媒体融合、发布与读者互动这五个大项的系统化应用,艺术家们可以大幅提升创作质量和效率,探索新的创作可能性,并创造出更加吸引读者的作品。合理利用这些工具,艺术家们将在艺术写作的领域中不断突破,迎接更加辉煌的未来。

人工智能、虚拟现实、增强现实等技术的不断发展,数字时代艺术写作进入了新的发展阶段。个性化定制服务、虚拟展览、互动体验等新兴形式不断涌现,为艺术写作和用户提供了更多可能性,数字时代艺术写作将继续向着更多元化、更个性化、更智能化的方向发展。人们对于艺术创作的需求和期待也将不断变化,艺术写作需要不断创新和适应,以跟上时代的步伐并保持竞争力。

二、数字时代艺术写作的特征

数字时代的艺术写作的特征:突破常规写作范式,内容不拘一格;明确的目标受众,适众的语言表达;准确的选题角度,有效的互动形式。数字时代的艺术写作在呈现方式和个性的语言方面都需精心打磨,包括结构、标题、标语、正文、附文等方面。作者需不断追求艺术作品的外在品质和内在美,用心打磨艺术写作中的细节,这样才能让艺术写作在数字时代呈现艺术价值。

(一)突破常规写作范式,内容不拘一格

本章我们所有的艺术写作方法及内容,都需要结合数字化手段进行创意表达,在数字时代艺术写作中,应该不拘泥于传统写作的内容和框架的限制,大胆尝试各种新颖、有趣的写作内容和风格。例如写一则广告文案:"把春天装进口红里,让你的嘴唇也开出花来。"(图8-5)当"春天"一词出现,就会产生愉悦、轻松、憧憬感觉;当把"春天"植入口红里,就会让人们感受到生命的活力和绚烂的色彩;"让嘴唇也开出花来",生动呈现出嘴唇涂上口红后如花朵绽放般的艳丽样子,形象生动。这则广告的写作方

图8-5 "把春天装进口红里,让你的嘴唇也开出花来"

式超越了传统的直接宣传产品功能的写作方式,通过营造出春天的美好景象和嘴唇盛开花朵的形象,引发了受众内心深处的情感共鸣。它不仅仅是对产品的简单介绍,更像是一种对美的追求和生活情趣的表达,更注重情感体验和美的感知。

通过数字化的创意和技术手段,艺术写作内容将呈现出更加生动、丰富的视觉体验,并与观众进行更直接的互动。这与传统艺术写作方式相比,更加注重数字化的创新和个性化的体验。

(二)明确的目标受众,适众的语言表达

在数字时代,明确目标受众的特点并运用适当的语言表达方式至关重要。数字时代的读者群体广泛而多样化,他们的阅读习惯和偏好与传统读者有着显著差异。其中一个显著的特点是他们渴求"即时获取信息"。随着互联网的普及,人们现在比以往任何时候都更加容易获取所需的信息,无论是画廊展览导览、在线音乐会评论、实时艺术展览解说,还是其他任何形式的资讯,都可以迅速通过互联网呈现。这也改变了他们的阅读行为。相比之下,传统读者可能更习惯于从书籍、杂志或报纸等传统媒体中获取信息,对即时性的需求没有数字时代的读者那么迫切。

另一个与传统读者不同的方面是数字时代读者的信息获取途径多样化。他们不再局限于传统媒体,而是借助各种在线平台和设备获取信息,包括社交媒体、公众号、直播、短视频等。这使艺术写作需要考虑如何利用这些多样化的平台来吸引并留住他们的读者。与此同时,数字时代的读者更加倾向于互动,喜欢与作者和其他读者进行评论、分享和交流。这种互动性不仅提高了读者对内容的参与度,也为艺术写作提供了更多的反馈和互动机会。

随着互联网的普及和全球文化交流的加深,"跨文化和跨语言阅读"也变得更加普遍。读者不再局限于自己的文化和语言范围,而是可以轻松地接触到来自全球的艺术作品和艺术写作内容。这意味着艺术写作需要考虑如何在跨文化和跨语言的背景下进行有效的沟通和表达,以吸引更广泛的受众。还有"个性化阅读体验"也是通过个性化推荐算法获取定制化的内容推荐,以及"短时间阅读"更倾向于阅读短文、快速浏览信息,而非深入阅读长篇文字。这些特点促使艺术写作需要更迅速地对市场需求做出反应,创作出更具时效性的内容,以吸引和保留受众的注意力。

这意味着要对受众的兴趣、需求、阅读习惯和文化背景有深刻的理解,使用适众的语言进行艺术写作。例如,为年轻人创作的短视频文案可能需要使用活泼、时尚的语言和元素,如"这款手机真是酷毙了! 带你解锁全新社交方式,任何时候都能 hold 住!"使用了流行的网络用语和年轻人喜爱的音乐,以及年轻人常见的生活场景。而针对专业人士的内容,则需要深度和专业性。

"心语共鸣,言之有物。"数字时代艺术写作应考虑如何准确地触及受众的情感,使其产生共情。这通常需要作者深入挖掘主题的情感层面,以及研究如何通过艺术手法表达这些情感。例如,"艺术疗愈"主题的展览文案就能通过艺术家的创作故事和作品,与观众产生情感上的共鸣,传递积极的感知。

例文解析

艺术真的可以疗愈情绪问题吗？（节选）

"艺术疗愈"这个议题非常吸引我，这是我接受邀请策划这个展览的重要原因。很多年以来我都很关注情绪问题。身边太多朋友都有或轻或重的抑郁、焦虑，包括我自己也会偶尔陷入"情绪黑洞"。所以策划这样一个小展览（图8-6、图8-7、图8-8），我和参展艺术家，包括主办方，都有一个正向愿望，就是通过展览可以传递给观看者一些积极的感知。让人们了解艺术家的创作，在某些情境下也是情绪通道。

……

艺术并不能起到真正的"治疗"作用，它也不是一个目的。更多时候艺术是一个通道和路径，始终相信艺术是有温度的。这样一个小展览，和观众建立联结，得到感应、引导和启发，是内心的祈愿。因为情绪问题的成因非常复杂，可能专业

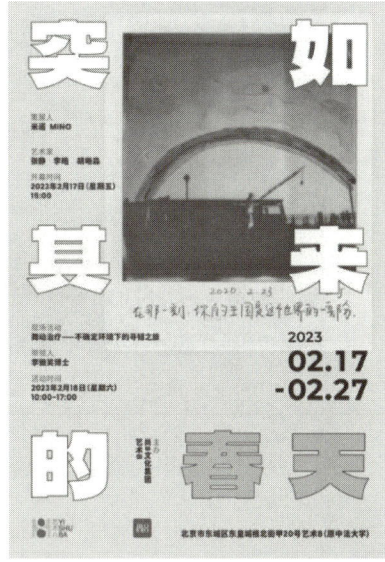

图8-6 "艺术疗愈"为主题的展览："突如其来的春天"

的心理治疗师都不能承诺最终的治愈效果。通过一个艺术展，让更多的观看者了解缓解情绪焦虑或抑郁有很多方式，艺术可以成为其中一种，也是我们的收获。

（资料来源：微信公众号 Dominoart）

图8-7 展览现场张静的部分作品一

 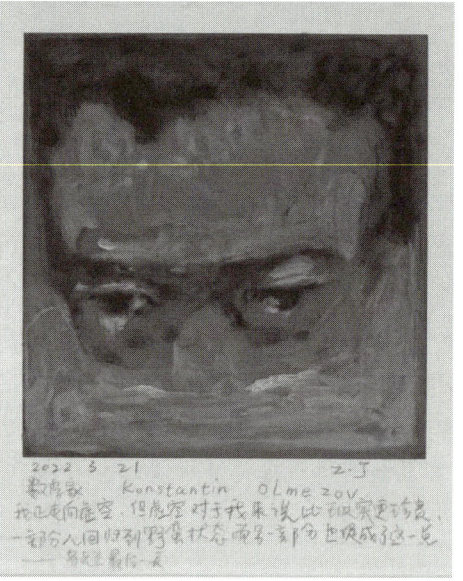

图 8-8 展览现场张静的部分作品二

【解析】这篇例文以艺术为载体和切入视角,生动地展示了艺术是如何疗愈情绪的。作者直接谈及自己和周围朋友的情绪问题,包括抑郁、焦虑等,使得读者能够与作者产生情感上的共鸣。例文精准地定位到有相关经历感受的人们,目标受众明确。同时作者策划艺术展览的初衷,即通过艺术传递积极的感知,表达了一种希望能够通过艺术来缓解情绪问题的愿望,这种愿望也能让读者感受到作者的善意和关怀,从而与作者形成情感上的共鸣。例文将各种文字、数据、图片、声音、动画与网络上相关的作品文本链接在一起,生成图文一体化的生动组合,再加上艺术的排版和构图,呈现出一个多元、多极、多层的发散性空间,成功地与读者形成了心灵上的共鸣。

(三)准确的热点把握,有效的互动形式

数字时代艺术写作的选题往往准确把握受众关注的热点话题,并结合数字时代的特点,采用有效的互动形式,如引发问题的讨论、分享经验和观点、提出挑战或任务,以增加读者参与感和互动性,提升文案的传播效果。

1. 引发问题的讨论

提出引人思考的问题或话题,引发听众或读者的讨论和参与。如:"你认为未来十年最有可能发生的科技变革是什么?""你对环境保护有何看法?"

2. 分享经验和观点

分享个人经历、见解或观点,鼓励听众或读者分享他们的经验和观点,展开交流和互动。例如:"我想分享一下我最近读到的一本好书,你们有没有类似的阅读体验?"

"我对这个问题的看法是……,你们呢?"

3. 提出挑战或任务

提出一个挑战或任务,邀请听众或读者参与其中,展开互动。例如:"我给大家提个小挑战,看谁能在一分钟内列出最多的水果名字!""请大家分享一下你们最近学到的一项新技能。"

数字时代艺术写作对热点的把握和形式多样的互动,让交流更加丰富和有意义,有利于各方建立起积极和富有成效的沟通关系,促进知识的共享和交流。

三、数字时代艺术写作的意识

在数字时代环境中,艺术写作不再是一种单向的创作行为,而是一个多元互动的过程。问题意识的培养,使作者在变化的数字媒体环境中能敏锐地捕捉时代脉搏,提出新颖而富有挑战性的议题。积累意识的强化,促使艺术写作在内容的深度和广度上不断拓展,在技巧和方法上不断探索与完善。同时,数字时代艺术写作中的想象意识,能促使作者跨越现实的界限,创造出超越常规思维的艺术语言形式。创新意识和想象意识可以理解为一对相辅相成的概念,想象意识为创新提供了源源不断的新想法和灵感,而创新意识则将这些想法转化为文字及语言,并创造出真正的价值和影响。

问题意识、积累意识和想象意识这些核心素养的培养有助于我们深入地理解数字时代艺术写作的内涵与挑战,也为我们探索创新的创作途径和表现形式提供了丰富的思想启迪和理论支持。

(一)问题意识

在数字时代艺术写作中,问题意识是指作者对当前社会、科技、文化等方面存在的问题和挑战的认识和敏感度。在数字时代,艺术写作不再局限于传统的纸质媒介,而涉及网络、社交媒体、虚拟现实等新兴平台和技术。因此,艺术写作者需要具备一种敏锐的意识,能够从数字时代的角度去审视社会现实,发现其中的问题和挑战,并将其融入自己的创作中。这种问题意识不仅能够激发写作的灵感和创新,还可以使作品更加贴近当代社会的主题和需求,引起观众的共鸣和反思。

此外,问题意识的培养还应注意以下几点。首先,数字时代读者的阅读不受时间和空间的限制,在写作时要注意根据其"碎片化"的阅读特性进行问题的解决。其次,问题预设应从数据出发而不是从传统的兴趣出发。大量推荐引擎的数据应用,导致用户获得信息的方式从兴趣主动出发逐步变更为被动发现的过程。最后,从单向输入转变为双向交互。针对这种变更,数字时代的艺术写作更加需要对数据跟踪和分析进行关注,同时利用新媒体的技术特点把单调文字和图片的静态输出转换为综合了音频、视频以及网络技术的双向交互性的输出。

(二)积累意识

在数字时代艺术写作中,积累意识是指作者和艺术家在数字化环境中有意识地积累、管理和利用文字艺术、图像、音频和视频等多种形式的艺术创作素材。这种意识包括积累灵感、观察、情感体验,以及对社会和文化的观察和理解,并将其转化为创作的原材料。在数字时代,写作者可以通过各种工具和平台积累素材,例如互联网、社交媒体、数字图书馆等,从而拓展创作的可能性,并在创作过程中更加灵活和多样化地运用这些素材。

1. 传统素材的积累

通过阅读、观察和体验,积累各种文学和艺术作品、历史事件、人物故事等素材,从中汲取灵感和启发。

2. 数字化资源的收集和整理

利用互联网上丰富的数字化资源,如图片、音频、视频、文章等,从各种网站、数字图书馆、在线数据库等平台获取丰富的创作素材和灵感来源。

3. 社交媒体上的观察和互动

社交媒体是获取时事信息和了解受众需求的重要渠道。通过观察社交媒体上的热门话题、用户互动、时事评论等,可以了解当前社会和文化的动态变化,从中获取创作灵感和素材。同时,写作者也可以通过在社交媒体上的积极参与互动,与读者建立联系和交流,获取反馈和建议,不断提升自己的写作水平。

4. 数字化工具的应用

利用各种数字化工具和软件,如写作软件、图像处理软件、音视频编辑软件等,这些工具可以帮助写作者更好地整理素材、构思创意、编辑作品,提高创作效率和质量。

5. 网络社区的参与和交流

作者可以加入各种网络社区和平台,与其他作者和读者进行交流和分享,了解他人的创作经验和观点,从中获取启发和反馈,不断丰富自己的创作经验。这些网络社区和平台还可以为作家提供展示作品和推广作品的机会,有利于扩大作品的影响力和受众群体。

(三)想象意识

在数字时代艺术写作中,想象意识是指在各种媒介平台上创作时所展现的创造性和艺术性。这种意识要求写作具有故事性,激发读者的思维和想象力,同时使用视觉化语言,激发受众的感官体验和情感共鸣。

1. 故事性

情节的错杂交替是故事丰富的标志。冲突、转折、高潮,能让读者随着故事的发展而产生情感上的波动,体验到情感的起伏和戏剧性的张力。在新媒体平台上进行艺术写作时,应注重叙述的故事性,增加情节的丰富度、叙述的层次和深度,以此提高艺术写作文本的吸引力,激发读者的想象。此外,还可以利用不同平台和技术手段来丰富和扩展写作内容,为读者提供更多参与和体验的方式。

2. 视觉化语言

通过生动、具体的文字表达和形象化的语言描述,创造出清晰、生动的视觉感受,使读者能够在脑海中形成具体的图像或场景。在数字化媒介平台上,艺术写作应注重文字与图像、视频和音频等多媒体元素结合。文案应使用生动的视觉化语言,与视觉元素协同,创造丰富的用户体验。

(四)创新意识

在数字时代艺术写作中,创新意识指在新技术、新媒介、新表达形式不断进步的数字化环境下,进行更有创造力和吸引力的艺术文本写作的意识。创新意识在数字时代艺术写作中具有多重含义。首先,它意味着对传统观念和约束的挑战。"我们不能用制造问题的思维方式去解决问题。"这句话出自爱因斯坦对思维和创新方法的深刻见解,它强调了面对新挑战时需要采用新的思维和方法,这一点对于艺术写作创新意识培养至关重要。创新意识的核心,即跳出传统框架,用全新的视角和方法来探索艺术表达的可能性。这不仅仅是术上的创新,也包括思维方式和表达手法的创新。

在进行艺术写作时,首先,要大胆地进行思考,敢于突破旧有的写作模式和思维定式。其次,要勇于探索和尝试,可以与其他领域的专业人士进行跨界合作,探索新的艺术写作表达方式。创新意识推动着写作者不断挑战自我,不断突破界限,最终创造出充满想象力和独特性的作品。

数字时代的艺术写作与传统意义上的艺术写作存在着诸多差异,这一客观事实不容置疑。写作者需要真正立足于艺术写作的宗旨,充分释放新技术媒介的发展潜能,从艺术写作的终极审美理想出发,在创作与接受的双向互动中探索艺术写作的新方向,创造未来人机交互的艺术写作发展新生态。

第二节 数字时代艺术写作要点

数字时代艺术写作虽然承受着主体性下行的压力,但并不意味着创作主体在艺术写作的过程中的重要作用被根本取代。相反,作为一种技术手段的数字媒介始终是一种辅助性工具,或者更为确切地说,数字媒介作用的发挥依旧取决于艺术写作的主体,没有艺术写作主体的有效使用,数字媒介正负两个层面的作用都无法发挥。因此,艺术写作在数字时代更需要关注创作主体的文化素养,创作主体的创新能力一定程度上关系着数字时代艺术写作的未来。

数字时代的到来,为艺术写作创造了多种传播渠道,同时也为艺术作品走向更为广泛的受众市场创造了更多的可能性。特别是日新月异的互联网媒体,成为当下艺术写作的重要传播途径,其呈现的特质包括:"目标营销""容量巨大""形式丰富""互动性强""更新方便""效果易测""销售潜力"。[①] 在此语境下,媒介过载,信息爆炸,各式各样的信息扑面而来,微信朋友圈的"爆款软文"、微博热门的"小品段子"、短视频中

---

① 初广志:《广告文案写作》,高等教育出版社 2005 年版,第 216—217 页。

的"心灵格言"、电视广告中的"洗脑口号",无时无刻不在吸引着受众的注意,刺激着受众的感官。在注意力稀缺的时代,艺术写作文本如何能够在海量的信息中"突出重围",进入受众视野,引起受众兴趣和关注,是艺术写作在数字时代面临的巨大挑战。因此,数字时代艺术写作不仅仅是艺术家基于艺术作品而撰写介绍性的书面材料的过程,在新媒体的传播环境下,它还应该是以抢占受众市场为目的,以营销艺术作品为准则的鲜活事件,在写作过程中不断展露"新的认识、新的发现、新的意义"①。

如何在艺术写作中发挥创意,吸引更多的大众目光,是当下大学艺术写作需要掌握的要点。多元架设的"结构"、吸引眼球的"标题"、画龙点睛的"标语"和脑洞大开的"软文",能在文本中创生出一种富有意义和意外的新的可能,使大众通过文本了解、熟悉、认同、喜爱某件艺术作品的同时,留下深刻印象和惊喜之感。

一、多元架设的结构

数字时代的艺术写作打破了传统写作中一维模式(文字图片),其结构向二维模式(音视频),甚至三维模式(H5互动)进行转变。这为艺术写作的结构模式提出了新的要求。数字时代的艺术写作的结构要充分考虑受众的关注倾向与审美趣味,同时也要根据不同的媒介场景作出调整。根据篇章设置、组织逻辑、内容侧重等方面的差异,常用的结构模式可分为以下四种:

第一,"3+6"型写作结构。在一篇篇幅有限的文章中,以三个故事为核心,每个故事末尾再配以两到三段评论、抒情或总结性的"金句"作结,形成"三个故事+六段金句"的结构模式。这类写作结构满足了数字时代受众对轻松化内容的喜爱和期待,将艺术写作包裹于"扣题的故事"之中,再以"深入人心"的"金句"概括艺术作品的旨趣和内涵,从而让艺术作品更易被读者接受。"3+6"型写作结构要注意三点。首先,故事是核心,要为每个故事都选好角度、侧重点。一般来说比较典型的公式是,第一个故事扣住观点,第二个故事反证或者侧证观点,与第一个故事在角度上形成差别,第三个故事则偏重情绪渲染或概括归纳,做出观点的升华。其次,形式上要体现出节奏感。文章的节奏很关键,要在声音和观感上做出起伏和层次。因此,要做好素材、引证、金句、名言的和谐穿插。最后,"3+6"是一个泛称,并非严格的三个故事加上六段金句,写作者在使用时可以根据素材与侧重点进行一定的调整和改动,比如加入引子开篇,然后再开始"3+6",或者"2+n"都可以。

第二,T型结构。所谓T型结构,也即不太严格意义上的总分结构。该结构通常以一段文字开篇引出主题、点明核心内容或观点,接着以若干小段(以小标题的形式)来对核心主题作详细的阐述。这类写作结构契合了数字时代"短平快"的特点,受众的阅读倾向于碎片化、快节奏,有时候可能仅仅只是对文章的小标题进行浏览,便完成了文章的阅读。因此,该结构需要特别注意对小标题的凝练。T型结构写作模式的优

---

① 何坦野:《新媒体写作论》,浙江大学出版社2008年版,第187页。

势在于：首先，该结构能够通过各个小段从不同的角度阐释核心主题，从而在大的主题下囊括较为多元的内容；其次，该结构打破了僵硬的叙事或者说理的写作模式，让行文变得较为灵活，说理、叙事、抒情、引用可以无所不包、无所不纳，可以从古今中外的案例中寻找资源，也可以从影视音乐的片段中截取素材，还可以将所见所闻的生活点滴化为内容；最后，T型结构对小标题的凝练和重点打造，避免了逻辑不清、流水账式的行文误区，各级小标题在相互独立的基础上又相互映照，使得文脉清晰。因此，T型结构也是数字时代艺术写作常用的结构模式之一。

第三，拼图型结构。拼图型结构主要用于艺术热点、艺术事件类的文章写作。该结构主要是首先概括艺术事件、艺术热点本身，让读者对艺术事件和热点形成基本的观点和主张，然后再引入同类型的事件、热点作为相关素材，从而增强读者的情绪感知，提升文章的思想张力。通常的表现形式是"艺术事件图文（故事A）+结尾句子+艺术事件图文（故事B）+结尾句子+艺术事件图文（故事C）+结尾句子……"这样的连锁模式。此类文章结构的特点是信息量大、图文并茂、论据充足，通过看似重复的拼贴，在情绪调动和观点呈现上产生"1+1>2"的阅读效果。因此，该种行文结构也是新媒体"爆款"文章常用的写作范式。当然，此类结构模式考验写作者对素材的搜集和整合能力，同时也很能体现出写作者的审美能力和写作技巧。

第四，麻辣烫型结构。对应的文章往往没有固定的写作范式，受到某种艺术话题的引领，可以包罗故事、说理、引用、段子、杂谈等多种写作方式和要素。该结构方式契合了数字时代包罗万象、丰富多元的媒介生态，以此结构方式架构的艺术文章往往表现出内容丰富、形式多变、个人色彩突出的特征。作为一种比较贴合传统写作气质的文章形态，它又是较为典型，同时彰显文章风采和个人写作性格的写作模型，也需要写作者拥有极多的知识储备和观察、概括、归纳的能力。

总而言之，数字时代艺术写作的高级形态应是多重灵活的开放性结构。我们应该适时、合理地对结构进行思考和架设。

二、吸引眼球的标题

标题即文本的题目，通常用来表明文章主旨，传达最为重要的或者最能引起别人注意和兴趣的信息。特别在数字时代环境中，不论是微信公众号的推文，还是公共网站上的帖文，标题通常都以最特别的字体显现在最突出的地方，处于受众获取信息时非常关键的位置。因此，在数字时代，想要获取更多的关注，起一个吸引眼球的标题至关重要。标题的类别多种，拟写的方法多样，如何拟写一个吸引眼球的标题，以下标题类型可作为参考。

第一，"一语双关"型。所谓一语双关，即一句话包含两个意思，表面上一个意思，而暗中又藏着另一个意思。比如微信公众号文章《艺术家们都是怎么玩蛋的？》，它标题中的"玩蛋"一词就明显使用了一语双关的修辞技法。一方面，"玩蛋"一词表明了文章中的艺术家围绕鸡蛋进行艺术创作的主旨；另一方面，"玩蛋"又与"完蛋"谐音，是对艺术家天马行空的艺术灵感的反讽性表达，可谓一语双关，妙趣横生。

第二，"设置悬念"型。所谓设置悬念，也就是在标题部分设置一个疑问或矛盾冲突，以引发读者对正文部分的迫切期待与关心。比如，前述"艺术家们都是怎么玩蛋的？"就以一个疑问句，巧妙地在读者心中留下了问号，引导读者进入正文去寻找答案。又如，微信公众号"飞地 Enclave"上的一篇关于艺术家李舜的采访，标题为"李舜，世界是否真美丽？"在这个标题中，以一个问句的形式提出问题，引发读者的兴趣，从而使得读者愿意走进访谈的正文寻找问题的答案。

第三，"制造反差"型。所谓制造反差，就是在标语中制造一些反常识、颠覆认知的信息，使得熟悉的场景陌生化或者陌生的场景熟悉化，从而博得受众的注意。"艺术家们都是怎么玩蛋的？"这样一个标题，显然也是在制造反差。艺术家往往都与一些"高大上"的词汇相联系，又怎么会与"玩蛋"或者"完蛋"这样的词汇产生关联呢？这无疑会使得读者产生无限的好奇。

第四，"正话反说"型。所谓正话反说，即运用跟本意相反的词语来表达本意。这种方法运用到标题中也能吸引受众的关注。比如在微信公众号"时尚芭莎艺术"上的一篇推文，其内容是介绍艺术家们的一些有趣的艺术品创作，而这些有趣的艺术作品却来源于艺术家在日常生活中的无聊的状态，这些无聊至极的时刻却成为艺术家灵感迸发的契机。于是这篇推文的标题便命名为"这些艺术家，你们真的很无聊！"用"无聊"一词"正话反说"，既贴合了艺术家的艺术理念，又凸显出艺术家的有趣和创造力。

三、画龙点睛的标语

标语，顾名思义就是很具有标志性意义的语句，很多时候也叫"口号"。通常来说，标语凝聚了艺术作品最可被感知的信息，它可以非常直观地标示出艺术作品的独特性，同时又能朗朗上口，让人印象深刻。因此，在艺术写作中插入独具匠心的标语，可以为艺术文本增色，起到画龙点睛的作用。

第一，标语的内容要与推介对象的特点相关联，要注意突出推介对象的事实与价值。比如微信公众号"设计便利店"的推文《县城美学》的标语"当土成为一种美"就颇具代表性。《县城美学》介绍了近些年先锋艺术对县城街头广告的美学借鉴，认为其呈现出一种直白、市井甚至粗糙的艺术特色。县城的街头广告通常给人一种杂乱、随意、不够时尚的感觉，但当通常给大众时尚、前卫感觉的先锋艺术从县城广告中汲取灵感时，我们会有一种化"腐朽"为"神奇"的观感。因此，标语"当土成为一种美"也就很好地诠释出了这一艺术现象的特点，同时也精准地突出了其中的艺术价值。

第二，标语的形式要精练简洁、充满巧思、易念易记。标语只有简洁易记，才能让受众过目不忘，如果标语还能做到一定的押韵，读起来有节奏感、朗朗上口，就更能加深受众的记忆。比如第七届国际少儿创意设计大展的标语——未来无界·与梦有约。标语仅由八个字组成，却在只言片语中表达出丰厚的意蕴。设计展的创作者为少年和儿童,"未来无界·与梦有约"八个字既表达了对儿童、青少年创作群体投入艺术创作的鼓励,又表达出对其"未来可期"的殷切期盼。另外,"无界"与"有约"既做到了对仗,又做到了押韵,使得标语读起来朗朗上口,容易给受众留下深刻印象。

第三,标语要与标题、正文相互配合。标语要诠释推介对象的核心价值,那自然要跟正文、标题相互呼应、相互配合。比如2024年上海城市艺术博览会(图8-9)的宣传标语——AArt新十年,共筑"艺术·家"。短短十个字却和"2024上海城市艺术博览会"的标题以及艺术展的宣传正文形成呼应关系。正文明确指出2024上海城市艺术博览会的理念:"2024,我们邀请观众、艺术家、参展机构与我们一同探索关于'艺术与家'的课题。过去十年,我们创办了一种至今仍是'生活化、场景化'的酒店型艺术博览会模板,树立了上海城市艺术博览会的品牌定位。新的十年,我们将继续深化艺术的生活化和生活中的艺术化,呈现不同的生活场景,在生活场景中精选与艺术与审美相关的展览内容,包括艺术品、设计品、生活美物、服装、配饰、艺术装饰品等。"①在标语中,"AArt新十年"点明了作为一个举办了十届的艺术博览会继往开来、继续前行的决心。标语用一个"家"字体现出博览会对艺术生活化、生活艺术化的审美追求,"共筑"一词既体现出城市艺术的建构性,又展现出博览会将艺术家、艺术作品汇聚一堂、共襄盛举的艺术意图。可见,我们对标语的拟写一定要注意和标题、正文的关联性,而当我们对标语的写作无从下手时,也不妨去正文、标题中寻找灵感。

图8-9 2024上海城市艺术博览会展览海报

四、精心包装的正文

在数字时代环境中,艺术写作的正文是标题、标语的延伸和拓展,应该进一步诠释艺术作品的理念、内容和风格。与传统媒介的文风不同,新媒体传播的文风更为多样,

---

① 《AArt新十年,共筑"艺术·家"——第十一届AArt上海城市艺术博览会即将启幕》,手机中国网,2024年5月9日。

形式更为灵活,为了吸引受众关注艺术作品,我们要将正文内容和形式"按照一定的逻辑进行排列组合,从而形成完整和谐的整体"①。

首先,正文的风格要与艺术作品的风格相一致,要对作品的标题、内容和立意做进一步的延展和升华。

例文解析

**"城市治愈计划"装置艺术作品的
"小红书"推广文案(节选)**

当我们向自然索取了太多的树木、土地、阳光、空气,这个世界变得越加满目疮痍。我们透支着后代的资源,挥霍、占有、浪费,留下太多烂尾的楼群厂房和无人村落,却丢掉了对自然与人文力量的敬畏。当我无意走进那些被废弃的地方,总会看到鲜花开满废墟的景象,仿佛这些植物在安抚着大地。我想,与我们交错的时空里,应该有神明来过,偷偷帮我们治愈着这片土地。因此我开始创作"城市治愈计划"这个系列——一个神明,有时在山间,有时在花海,有时在楼丛,有时在海边。神明透明的身体是植物和动物们的庇护所,也是天地人和精神之所往。

图 8-10 城市治愈计划

---

① 史伟:《网络软文写作》,中国人民大学出版社 2020 年版,第 75 页。

【解析】当代艺术家 Tyler 田在社交媒体上发布自己名为"城市治愈计划"的装置艺术作品(图 8-10),其在"小红书"App 上的文案就颇为精心。他的装置艺术作品是将一个透明蜷缩的巨大人形充气装置放置于城市废弃的地区,艺术家称这一巨大的透明人形装置为一个"神明",它在人间偷偷守护着那些被城市化进程荒废的地方,以及那些被城市生活伤害的心灵。显然,这个艺术作品想要表达对自然万物的关注,以及对城市人精神状态的抚慰。为了配合作品的标题与立意,贴近作品"有人在索取,有神明在治愈"的艺术标语,艺术家在社交媒体上的推广文案也选择了"治愈系"的文字风格,充满诗意,娓娓道来。在正文诗意化的语句中,既包含了标题、标语中"治愈""神明"等关键词,同时又用了几个优美的排比句将装置艺术作品想要传达的意象、理念都串联在文案之中,可谓颇具巧思。

其次,在艺术写作的文案中,要有一两句让人印象深刻的"金句"。"金句"或在形式上充满创意,或在内容上充满深意,或在语言表达上充满艺术感。幽默、诙谐、一针见血的"金句"能够在短时间内引发广泛的传播,特别在这个碎片化阅读流行的新媒体时代,读者的注意力分散,所以,只有在文案中不断制造"金句",才能抓住受众的眼光。

例如"书单"视频号在一则介绍一场 1985 年的欧洲全明星慈善演唱会的视频文案中就"金句"频出。当时,为了给埃塞俄比亚的饥荒难民募得善款,包括鲍勃·迪伦在内的 100 多位摇滚歌手举办了一场伟大的演出,让世界看到了音乐人改变世界的力量。在介绍这一善举的视频文案中,创作者写道:"四海一家,'音'爱伟大。当政治家喋喋不休时,艺术家在舞台上拯救世界,音乐便成了插在枪口上的鲜花,芬芳了整个世界。"在这个短短的文案中,有很多让人记忆深刻的"金句"。比如第一句"四海一家,'音'爱伟大"用了八个字,简短精练、朗朗上口,生动地表达了这场演唱会"世界命运共同体,互爱互助"的主题。同时,用"音乐"的"音"代替"因为"的"因",用谐音替代的方式喻示了音乐和音乐人的力量,颇具巧思。另外,文中将音乐比作"插在枪口的鲜花",这个比喻也属于"金句",以一个特别的比喻让演唱会和视频文案想要传递的主题显得更加形象、生动,让人印象深刻。

最后,精心包装的正文还需要在情感层面下功夫,文案要争取引发受众的情感共振,做到以情动人。而要想做到引发受众共情,就要把握一个原则:让文案讲述的事情与受众相关。

五、锦上添花的附文

所谓附文也叫随文,它是对正文内容的补充。附文在艺术写作中不是必须出现的部分,但是如果选择要呈现附文,那它就必然要起到锦上添花的作用,切不可随意添加,起到画蛇添足的反作用。在数字媒体环境下,附文通常呈现在艺术文本的尾端,它可以是艺术推介文案结尾中的一个概念式的"金句",也可以是艺术访谈尾声中的一段意味深长的话语,同时也可以是艺术鉴赏视频中最后一段振聋发聩的文字。好的附文能够在艺术写作文段的末尾留下"惊鸿一瞥",给受众以深刻的印象。因此,附文的写作要注意以下两个方面。

第一,附文不要随意添加,虽然附文一般只是出现在文本的结尾或者印刷品的边角,貌似不起眼,但却要对正文起到补充乃至升华的作用。比如一个名为"悲伤之外"的装置艺术展,这个艺术展展出了众多头戴帽子、双手插兜、低头沉思的小人形象,表现一种悲伤的状态。在整个展览动线的结尾处,有这样一句附文:"万物皆有缺口,那是希望生长的地方。"正是这样一句附文不但收束了整个展览关于"悲伤""缺口"的主题,同时还升华了整个展出的立意——悲伤的情绪并不是让我们沉溺其中的枷锁,相反,我们要从中生出希望的力量。可见,一句短短的附文是可以补充正文的意义,甚至升华正文的主题的。

第二,附文的内容不宜罗列过多,往往一句意味深长的话语或者一句交互式的提问就可以起到锦上添花的作用。比如《艺术家们都是怎么玩蛋的?》,这是一篇微信公众号上的推文,在推文的最后有一句附文:"来聊,你最喜欢的鸡蛋艺术品是哪一个?"短短两句话,却可以起到跟读者互动,增加文章流量的功用。众所周知,新媒体文章常常需要吸引大量的关注,而推文的最后往往还有评论区,那么用一个简单的附文向读者发出疑问,吸引读者在评论区留言,与作者、公众号产生良性的互动,无疑可以为公众号带来更多的关注和流量,同时这种与读者的良性互动也能进一步推动公众号内容的生产。

第三节 数字时代艺术写作实践

数字媒介技术的发展对传统艺术写作造成一定程度的冲击。然而,作为一种技术手段的数字媒介难以实现对传统艺术写作的颠覆性改变,艺术写作始终需要人工性参与,不可能实现完全意义上的自动生成。数字时代的艺术写作需要充分发挥数字媒介技术的相对优势,将虚拟现实、自动纠错、人机交互等新手段纳入艺术写作,在持续的探索中不断拓宽人类艺术写作的边界,引导艺术写作在未来走上适宜人类全面发展的良性发展轨道。

詹姆斯·凯瑞的《作为文化的传播:"媒介与社会"论文集》提及"传播与文化的内涵和外延被视为一体"[①],这句话的核心是强调传播行为和文化现象是相互渗透、相互影响的,它们不是孤立存在的,而是在实践中共同构成了人类的社会实践和认知世界。

---

① [美]詹姆斯·凯瑞:《作为文化的传播:"媒介与社会"论文集》(修订版),丁未译,中国人民大学出版社2019年版,第1页。

我们在分析一个文化文本或传播现象时,不仅仅考虑它表面直接传递的信息(外延),还要深入探讨它所反映的深层文化意义(内涵)。每一次的传播行为都可能是文化交流的过程,每个文化产品都是其生产时社会文化状态的映射。根据这种思想,我们从数字时代的视角出发,可以认识到艺术写作为人类提供了重新看待世界的新机会。数字时代的艺术写作探索不局限于传统的文本形式,而是扩展到文字、图片、视频、音频等多元化的表达方式,使受众能够更深入地理解和感知艺术写作所要传达的内容。

这一时代,传播的形式有了全新的转变,它更加个性化、去中心化,并且允许每个人都成为信息的传播者和文化的创造者。艺术写作在微信文案、H5 微场景、App 广告营销以及短视频与直播的实践中展示了其无限的可能性,它们不仅仅是新媒体工具,更是艺术创作与传播的新平台。在这些平台上,艺术写作不断突破传统边界,利用数字技术的力量拓宽了文化的外延,深化了对内涵的探索,为叙事艺术的发展注入了新的活力。这些平台成了艺术家表达创意、传播文化、探索人性与心理的新舞台,同时也为公众提供了参与和体验艺术的新方式。

一、微信文案撰写

在数字时代艺术写作的探索中,微信文案撰写是一个关键领域,它体现了艺术写作的艺术性和技术应用的融合。微信是新媒体传播中广泛使用的社交平台,其中公众号、视频号、朋友圈中的艺术写作不仅需要关注内容的艺术性,还要考虑技术的运用和互动性。

微信文案的艺术性体现在对语言的精准运用和情感表达上。艺术性文案要求作者具备深厚的语言功底,能够在有限的文字中精准表达复杂的思想和情感。此外,微信文案的艺术性还体现在故事性和叙事技巧上,通过吸引人的故事引发读者共鸣,传递更深层次的意义。

在技术应用方面,微信文案撰写需要利用微信平台的特性,如图文结合、视频嵌入和链接分享等。这些技术手段不仅增强了文案的视觉效果和互动性,还提升了内容的传播效果。在互动性方面,微信文案撰写要注重与读者的互动。这包括通过提问、投票、评论等方式激发读者的参与感,使读者从被动接收信息转变为积极参与交流。此外,通过分析读者反馈和数据,作者可以更好地理解受众需求,进一步优化内容创作。

微信文案撰写还需要注意内容的及时性和连续性。由于微信是一个实时更新的平台,因此文案内容要与时俱进,反映最新的社会动态和趋势。同时,考虑到微信公众号的连载性质,文案撰写需要有良好的规划,确保内容的连贯性和深度。微信文案撰写是艺术写作中的一个重要组成部分,在数字时代背景下,这种文案撰写方式对于提高艺术作品的传播力和影响力具有重要意义。

(一)网状关联

微信文案撰写在数字时代艺术写作中扮演了重要的角色。它不仅是信息传播的工具,更是一种文化创作的形式。在写作中应重视以下几个方面:

(1)行业洞察:深入了解相关行业动态和新闻热点,确保内容的时效性和相关度。

（2）知识结构：考虑团队知识结构和专长，利用集体的优势提升文案的专业度。

（3）用户研究：基于对用户需求的研究，了解目标受众，确保文案与用户的兴趣和需求相匹配。

（4）材料整合：组织和整理现有材料，形成系统化的知识体系，以支持内容的深度和广度。

（5）数据分析：通过学习和查看数据，使文案的写作更具目的性、趣味性、实用性和艺术性，确保内容能够有效地吸引和保留用户的注意力。

（6）内容评估：对输出内容进行合理性评估，确保其准确性和吸引力，并决定内容的最终方向。

通过上述方法进行网状关联，可以确保微信文案不仅传达必要的信息，而且以一种有吸引力和艺术性的方式与受众交流。这种方法将技术和艺术结合起来，不仅塑造了独特的文案形象，还促进了内容的有效推广和传播，为艺术写作提供了一种全新的探索路径：在保持信息传播效率的同时，更加注重文化内涵的传达和创新性的展示。在数字时代的大背景下，微信文案的撰写不仅仅关注文本的直接意义，更深入探讨其背后的文化含义。

（二）文案聚焦

微信文案以新媒体形式存在，不同于传统媒体形式，有时不需要一本正经，换句话说可以"不正经"，当然也不能当标题党，故意夸大事实，使标题与内容严重不符合，这将适得其反。在这个基础上，艺术文案内容需要更加精练，语言使用恰当、层次把握准确、思想路线清晰。此外，想要写出用户认可的内容还必须认真了解用户的需求，以换位思考的方式才能写出真诚的语言来打动客户，不断抓住用户的心理需求，"将无形的思想以有形的文字表达出来，将不易察觉的对象以直观的文字凸显出来"①，达到写作内容浏览和分享扩散的目的。

（三）艺术内涵

每一个阅读者或是欣赏艺术作品的个人，都以特有的方式在其能力与教育程度允许的范围内，尽可能地领悟艺术作品中蕴含的智慧。流畅合理的语言艺术能够进一步优化内容的流动性、发展脉络，细化故事文案表达的准确性，展现艺术内涵。

例文解析

情人节快乐，艺术家笔下的花花世界（节选）

FIona

不少当代艺术家们回到了植物世界，描述人和植物以及社会的关联，重现植物在日常生活中的隐喻。

---

① 徐丹丹：《艺术策划与文案写作》，上海交通大学出版社2015年版，第112页。

今天还流行的东西,可能明天就不再那么受欢迎了。与所有市场一样都具备周期性的艺术市场,品味亦在不断流转,当下越来越多的藏家在口味上更注重个人感受,注重艺术与个人价值观之间的对应。回归自然,在四季常青中寻找到了庇护,这同样为植物在艺术世界乃至艺术市场的盛行找到了些许根据。

危机年代艺术还将有哪些转向?依托近几年的市场数据,他们的创作是 2022 年艺术流行趋势的最佳见证。

常玉·长在巴黎的中国花

在常玉的画作中,一跃而出线条和色彩,散发出浓厚的东方情韵。在 20 世纪中国美术史上,常玉是缺席的。在徐悲鸿、林风眠等同样为活跃在 20 世纪的留法画家中,他被誉为"中国式的莫迪利阿尼"。花卉作品也尝尝被常玉用来寄托乡愁,诚如吴冠中所言:"我觉得常玉自己就是盆景,巴黎花圃里的东方盆景。"(图 8-11、图 8-12)

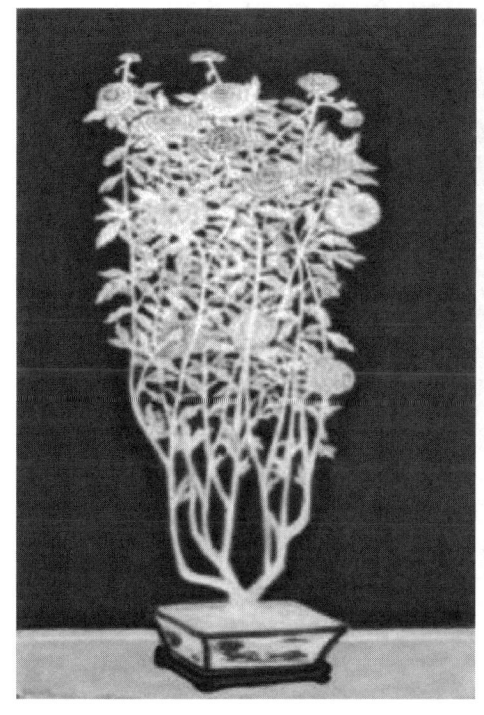 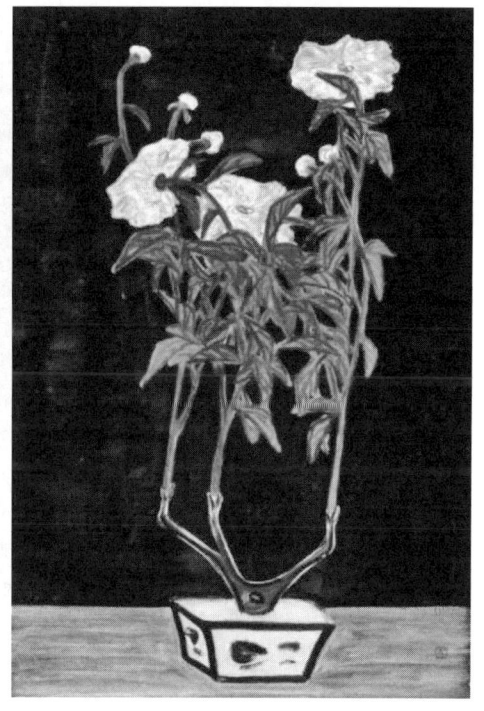

图 8-11 常玉《青花盆中盛开的菊花》油画纤维板　　图 8-12 常玉《青花盆与菊》油画纤维板

许多人熟悉常玉的名字是从令人惊叹的拍卖纪录开始的。常玉大半生颠沛潦倒,恐怕没有想过在身后五十多年,收藏家们无不四处寻觅他的画作。

"常玉的魅力,在于他不唱高调,一看就感觉很亲近。"上世纪 90 年代大量引进常玉画作的大未来林舍画廊负责人林天民如是说。……收藏常玉的画作,已成为华人收藏的品位象征。

周春芽·桃花灿烂

在当代与传统,中国与西方的对峙和交流中,周春芽一直在寻找新鲜的视觉素材和形式构造。相较于中国绘画传统题材中的桃花,周春芽以色彩鲜艳浓烈,浑厚粗犷的笔触和饱满的激情赋予了桃花一种原始的生命力。"我喜欢生命旺盛的东西。春天在成都附近的桃花山看桃花时,那满山遍野的粉红色,流淌着让人血脉偾张的妖冶,让我感到原始生命力量的律动。"

桃花最早出现于1997年,只作陪衬,时至2005年,桃花已成为其创作的重心,亦是他步入中年后日臻成熟的心境写照。"桃花这一主题物象在周春芽的手中已被演绎得'题无剩义'。"漆澜强调。(图8-13)

图8-13 周春芽《轻薄桃花逐水流》布画油画

【解析】例文通过以下几点的合理安排,引发阅读者的思考。

第一,合理安排故事架构。这能够使文章主次有序、段落之间关系缜密,加强故事逻辑性。文章以具有代表性的名称:"常玉·长在巴黎的中国花""周春芽·桃花灿烂"等小标题构建了层次。

第二,突出人物性格塑造。人物性格塑造包括外貌描写、语言描写、神态描写和心理描写。对人物的描写越是细致入微,其形象越深入人心,文章通过艺术写作赋予人物"花"的形象,使人物在读者心中的形象更具立体感,推动了故事中人物与故事发展的融合,促进故事情节的细致化和真实性。因此突出人物性格也就更加突出故事文案所表达的中心思想。

第三,勾勒细微情节。描写微妙的内心感受是文章的灵魂,能激发读者的想象力。艺术中最美的部分总是属于心灵的,是为感官应运而生的,一件艺术作品虽是被艺术家制作出来的,却是在观赏者的想象力中被赋予生命的。

二、H5 艺术写作

H5 是 HTML5 的简称。它的功能与 Flash 相似(用于实现动画和人机交互界面等),但具有比 Flash 更强的兼容性、稳定性及安全性。H5 微场景以创建网络互动营销活动的页面为主,其包含丰富的动画、文字、图片、视频等多种制作形式,可以让用户创作多种风格的内容。H5 在创造惊人的个性化用户体验时,还具有高度的互动性,能够吸引用户的注意力,轻松地产生新的线索和销售量。新媒体艺术写作"是抛弃了深沉、严肃、从容、厚重、高雅的速食食品"①,H5 形式变化离不开文案的呈现,H5 文案虽然简约,但是每一个环节都要精心打造,力求艺术的准确表达。

H5 艺术写作是一种以用户为中心的艺术化表达方式,强调语言的艺术性、叙事的层次性、情感的隐喻性、符号的象征性以及读者的互动性。在这一写作形式中,语言与视觉、情感与逻辑、开放性与统一性彼此交织,共同构建一个沉浸式、多感官、互动化的阅读体验。这种创作理论奠定了 H5 艺术写作在新媒体表达中的独特价值和审美特质。

(一)语言的艺术性

在 H5 艺术写作中,语言艺术不仅要具备诗意美感,还需具有节奏感,使用户在阅读过程中产生情绪上的波动与流动感。短句与对偶结构的运用往往能够增强叙事的连贯性与感染力。

(二)叙事的层次性

叙事结构是 H5 艺术写作的核心之一,其特点是层层递进的叙事路径和多视角的表达方式。通过场景之间的逻辑关联,逐步展开一个完整的叙事链。多重视角的交替使用,可以将叙述者塑造成观察者、行动者或建构者,增加叙事的动态性和复杂性,从而吸引用户的深入体验。

(三)情感的隐喻性

情感表达是 H5 写作中的驱动力。情感表达通常通过隐喻的方式进行,将抽象的情感投射到具体的符号或场景之中。同时,情感呈现具有多样化和层次性,从积极到惆怅,从热情到宁静,多层次情感的融合能够为用户提供丰富的心理体验与共鸣。

(四)符号的象征性

符号意象在 H5 艺术写作中承担了叙事与情感联结的双重功能。H5 艺术写作常通过象征化的意象构建视觉与情感的桥梁,使抽象的主题通过具象化的符号变得更易感知和理解。这种意象往往具有开放性与多义性,便于读者从中找到自身的情感投射。

(五)读者的互动性

H5 艺术写作可以通过开放式的叙述设计,留出想象与补充的空间,使用户能够主动参与到叙事的构建中。这种参与性通过语言的模糊性与情感的普适性实现,从而增

---

① 任丽敏、李庆德:《广告文案写作》,北京大学出版社 2014 年版,第 167 页。

强文本的包容性与吸引力。意境的塑造是其艺术感染力的关键。通过多种元素的融合(如自然、情感、梦幻等),营造复合性的艺术氛围,同时通过核心主题的统一性保持作品的逻辑完整性。这种复合而统一的意境设计,不仅强化了作品的艺术美感,还为用户提供了多维的情感体验。

例文解析

秘 密 花 园

做了一个梦,我有一个秘密花园
藏在繁华城市中的公园群落里
我大口呼吸着绿叶给我的新鲜空气
何其美妙!
那带着翅膀的蝴蝶,是你吗?
我久久不见的朋友
我有一个秘密,想说与你听

图 8-14　秘密花园 H5 微场景

《在丛林》何其美好,我置身热带雨林,万物为我绽放。
《魔镜》我闻着花香,丝毫不胆怯。
《苹果树上》我把你喜欢的东西藏起来,想给你一个惊喜。
《林间》假如有任意门,我便要穿梭,走遍我想到的地方。
《南方公园》植物盛开,枝头有鸟儿在唱歌,那是你喜欢的地方吗?
《幻想》幻想有一座城堡,有万千种植物,有美丽的花儿,有狮子,有老虎。
《花丛深处》你看,有无双眼睛!我躲在鲜花丛里,看着你慢慢走过来,你是在呼唤我吗?
《梦见》做了一个梦,我想着一切美好的东西,虽然梦境很短,我努力记着。
《向山》不远处有一个秘密花园,只要穿过这个迷宫就能看到鸢尾花在绽放。

【解析】 这是新锐插画师周㮣采用 H5 微场景模式(图 8-14)进行的 2022 年线上插画作品首展。此画展是融合艺术写作、视觉、互动和情感的新型跨媒介表达形式。其核心在于通过语言艺术、叙事结构、符号意象、开放式的互动设计和复合统一的意境塑造,为用户创造沉浸式的体验与深层情感共鸣。

1. 语言艺术

在数字时代的 H5 艺术写作中,语言不仅是信息的载体,更是氛围的塑造者。文案通过具象化与比喻的表达,赋予场景鲜明的画面感和情感感染力。例如"我大口呼吸着绿叶给我的新鲜空气",将自然的触觉与嗅觉具象化,使抽象的生命力成为可感知的体验。"那带着翅膀的蝴蝶,是你吗?"语言的设问与呼应形成情绪的波动,营造一种诗意的节奏感。这种语言艺术通过短句与对偶句的节奏设计,让读者在数字化的互动场景中快速代入情感氛围,同时增强叙事的流动性。

2. 叙事结构

H5 艺术写作在画展场景中的叙事结构具有明显的层次性,从现实到幻想,逐步展开叙事链。现实起点:以"繁华城市中的公园群落"建立熟悉的现实感。渐入奇幻:逐步引入"热带雨林""魔镜""任意门"等超现实意象,构建数字化场景中的幻想维度。逐步解锁的叙事逻辑增强了用户的沉浸感,同时引导他们在情感上逐步深入。

每幅画作文案通过叙述者的多重身份切换,增加了叙事的复杂性和层次感。观察者如"我闻着花香,丝毫不胆怯",描绘静态感知;行动者如"我把你喜欢的东西藏起来",带入动态情节;建构者如"假如有任意门,我便要穿梭",直接触发读者的想象空间。多视角的动态表达增强了用户的代入感,使其不再是被动阅读,而是主动探索。

3. 情感表达

"蝴蝶"象征自由、希望与久别重逢的期待;"迷宫"代表探索未知的挑战,隐喻人对复杂世界的追寻;"秘密花园"表达理想化的归属感与对美好的追求。这些隐喻帮助用户通过视觉化的符号将自身情感投射到叙事中,从而产生更深层次的心理共鸣。文案呈现出多样化且递进的情感体验。喜悦与期待,如"植物盛开,枝头有鸟儿在唱歌";童真与惊喜,如"我把你喜欢的东西藏起来";惆怅与回忆,如"虽然梦境很短,我努力记着"。这种层次感使得数字化作品不再单一,而是展现出复杂而真实的情感结构,触发用户的情感波动。

4. 符号意象

"无论什么理由,艺术家和作家都想留下一个符号,创造一个图像,表达某种思想。"①案例中的符号意象同时具备具象与象征性:"绿叶""鸟儿""蝴蝶"等具象符号传递自然的美好与生命力;"城堡""魔镜"等具有幻想和童话意义的符号,增强超现实氛围;"迷宫"等具体情境象征探索的复杂性,深化主题意图。这些意象不仅强化了文本的视觉化表达,还通过数字化媒介赋予用户更多的联想空间和参与感。

5. 读者互动性

开放叙述与留白设计。数字化的 H5 文案注重用户参与,通过开放式叙述为用户提供构建情节的自由:"假如有任意门,我便要穿梭"未定义具体的场景,鼓励用户结合自身想象填补情节空白;"秘密花园"这一模糊的场景概念让每位用户都能将其联想到自己心中的理想世界。这种设计使文本具备普适性,让读者主动代入自己的情感与经历,增强文本的包容性与吸引力。

6. 意境塑造

艺术家用自己的想象力激发了读者想象力。吕克·图伊曼斯认为"每幅画都有一个切入点,它是一个能抓住你的眼睛并将你带入画中的小细节"②。通过细节,H5文案融合多种元素营造艺术氛围,构建出复合的艺术意境:自然意境,绿叶、蝴蝶等元素展现了生命的真实美感;梦幻意境,城堡、迷宫、任意门将读者引入奇幻维度,带来超现实体验;情感意境,深藏的情感表达为整个文本奠定温暖、惆怅与期待的基调。尽管场景和情节变化丰富,但文案始终围绕"秘密花园"展开。开篇引入秘密花园,结尾以梦境收尾,形成逻辑闭环,主题高度统一。这种设计在视觉与逻辑性上展现了高度融合,使作品兼备艺术性与叙事完整性。

数字时代的 H5 艺术写作通过艺术化语言、多维叙事结构、隐喻性情感表达、象征性符号意象和开放式互动设计,将读者引入一个既现实又幻想、既个人化又普遍性的叙事场景。案例通过层次递进的情感与符号化的视觉意象,将沉浸式体验与用户共鸣相结合,展现了 H5 艺术写作在数字化媒介中的独特魅力。作品不仅满足了数字时代用户的情感需求,还以其高度的互动性和艺术感染力,提升了内容传播的深度与广度。

三、App 广告营销

App 广告营销是指在某个应用程序(App)上推广产品时,通过各种渠道和手段来扩大其影响力和覆盖范围,以吸引更多的用户使用该产品。这个过程涉及广告投放、

---

① [美]苏珊娜·赫德森、[美]南希·努南-莫里西:《如何撰写艺术类文章》,潘耀昌等译,上海人民美术出版社 2004 年版,第 1 页。

② [英]威尔·贡培兹:《像艺术家一样思考》,艾欣译,湖南美术出版社 2019 版,第 130 页。

营销推广、用户口碑传播等多个方面,旨在提高产品的知名度和曝光度,从而增加用户数量和活跃度等。

相关艺术写作也随之有它的特殊性:吸引眼球、简洁明了、突出亮点、情感共鸣、行动呼吁和用户导向。文案需要艺术语言吸引用户的注意,同时简洁明了地传达 App 的核心信息和价值,突出其独特卖点并触发用户的情感共鸣。文案包含明确的行动呼吁,鼓励用户立即采取行动,并从用户的角度出发,关注他们的需求、兴趣和价值观。通过测试和优化,确保文案的效果最大化,促成商业化黏性目标。

由于 App 用户基数大,体验感强,在商业广告推广中占有强大的优势。第一,成本低,费用低于电视、报纸广告;第二,持续性,用户下载使用,若内容真实准确必然会持续性使用;第三,快捷性,用户随时通过应用程序查找信息,了解产品,同时获得最快的服务和感受;第四,传播性,能够全面展现产品信息让用户感受产品的详细内容和品牌的魅力,提升品牌形象。

根据以上 App 所具备的特性,在进行 App 广告营销文案写作时,文案的艺术写作必须具备:真实性、时效性、艺术性。广告能否达到产品营销扩散的目的基本上取决于是否深入地了解消费者真正的需求,再就是广告信息内容在以消费需求为撰写文案的基本原则和中心思想的前提下是否进行艺术价值升级。

(一)广告真实性

广告真实性即客观性,是指广告应当如实地介绍商品及服务,不能进行任何形式的虚构和夸大,不得欺骗和诱导消费者。内容的植入和呈现不是为了抢占消费者的注意力而突兀呈现,破坏画面的和谐性。广告是一种劝服消费者的宣传行为,要坚持艺术性和真实性的统一,要正确处理好真实性与艺术性的关系。

(二)广告时效性

广告的时效性即便捷性。广告为用户提供的是有价值有意义的内容,而不是单纯的广告信息,该信息能够为用户提供满足其生活形态、生活方式的信息。广告泰斗大卫·奥格威曾说过:"广告的目的是促进销售,否则不是做广告。"广告必须提高时效性,在有效的时间内向用户传递信息及商品。

(三)广告艺术性

广告的艺术性即传播性。其目标是用户乐于阅读,乐于分享,乐于参与其中,不是单纯的"到我为止"的广告传播,而是每个用户都可能成为扩散点的互动分享式的传播。恰如其分的艺术手段会达到恰到好处的艺术效果,使传播效果倍增,通过语言的艺术描写唤起读者的联想和情绪体验。

总之,在 App 广告营销文案的撰写过程中需正确把握写作要点,提炼文案要素,一切从实际出发,加强艺术写作原动力,并善于与消费者换位思考,广告文案写作的真实性、时效性和艺术性是品牌营销成功的关键。数字时代艺术写作文案已成为加强品牌营销的宣传力度与大众接受品牌程度的助推器,在满足消费者需求、提高品牌营销销量、提升国民经济方面发挥着重要的作用。

四、短视频与直播中的艺术写作

短视频和直播已成为数字时代重要的媒介表现形式。在数字时代,艺术写作应通过丰富的想象力、感官描述和情感表达,营造出独特的氛围和深刻的情感共鸣;使用精彩的画面、优美的语言,打造具有艺术性的视频作品,吸引用户的注意力并产生持久的影响。短视频与直播中的艺术写作是现代传播方式的一种适应和探索,它反映了艺术家和作家开始寻找新的路径,将文字的魅力转化为视听的享受,让艺术作品在数字平台上焕发新的生命力。

(一)用心感受世界的力量

真正的感受来自"心",而非"眼睛"。在短视频和直播的时代,用心去感受的能力显得尤为重要。因为屏幕后的世界容易被表面的光鲜亮丽所迷惑,只有用心,才能穿透表象,触及真实。在艺术写作中,这种用心的力量能够构建出更为丰富和深刻的世界,使观众在短暂的时间内感受到强烈的情感和深邃的思考。

(二)艺术写作在数字平台的多维展现

通过短视频分享自己的感悟,是数字平台艺术写作的一种创新表达方式。在这个平台上,文字不再是唯一的表达形式,声音、图像、视频等多种媒介的结合,为艺术家提供了更多的创作空间和可能性。这种多维度的展现形式,使得艺术作品更加生动,更容易触动人心。同时,它也要求艺术家具备更为丰富的创作能力和技巧,以适应不同媒介的特性。

(三)数字时代下的个人表达与共鸣

在数字时代,每个人都可以是内容的创造者。通过短视频和直播,艺术家和普通人都可以分享自己的故事和感悟,这种表达方式极大地降低了创作和分享的门槛,使得更多人的声音被听见。而这些个人的声音,又在无数次的分享和传播中,与他人产生共鸣,形成了一种强大的社群力量。这种力量,能够促进社会的理解和包容,增加人与人之间的连接和交流。

在这个快速变化的数字时代中,用心去创作,用心去感受,我们就能找到与众不同的精彩世界。在短视频与直播中的艺术写作,不仅是一种创新的表达形式,更是一种深刻的生活态度和哲学思考。这种新形式的艺术写作超越了传统文字的限制,利用声音、图像、视频等多种媒介扩展了感官的表达,使得创作者能够以更全面的方式分享自己的内心世界和独特视角。它鼓励深度挖掘个人的内心感受,将微妙而深刻的情感瞬间通过数字平台传递给观众,这种瞬间感动的力量是其吸引人之处。更重要的是,这种艺术形式打破了创作者与观众之间的界限,通过评论、分享和点赞等互动方式,形成了一种新型的文化交流模式,加深了作品的社会影响力和文化价值。总之,短视频与直播中的艺术写作不仅拓宽了艺术表达的边界,也使艺术与日常生活更加紧密相连,为人们提供了一种全新的展现自我、认识世界的方式,从而在数字化的浪潮中展现出无限的可能性和生命力。

数字时代艺术写作的发展一定程度上表征了未来人类写作的基本趋向。针对数字媒介的反思不能局限于技术本身,更应落脚于艺术写作的主体;不止于作为技术手段的数字媒介对人类造成何种程度的影响,而是作为技术创造主体的人类如何在技术使用过程中不陷入主体性丧失的困境。如何将数字媒介限制为辅助性工具,将人类在数字时代的生命体验纳入艺术写作,是未来艺术写作需要长期思考的问题。

导练平台

一、学习建议

数字时代艺术写作覆盖各个艺术领域,其利用文字书写衔接现实、思想与审美的功能,具有个体实践等属性。学习者需要树立正确的价值观念,明确写作目标,结合艺术实例综合理解,甄别不同类型的基本形态,抓住写作重点,为完成优秀艺术类文章奠定坚实的理论基础。

二、复习思考题

1. 如何理解数字时代艺术写作?
2. 数字时代艺术写作的意识可以从哪些方面来培养?
3. 数字时代艺术写作的特征有哪些?
4. 艺术写作体现在哪些新媒体艺术形态中?如何体现?
5. 数字时代艺术写作的创意可以从哪些维度体现?
6. 在数字时代,艺术写作如何引发受众共情?
7. 阅读《艺术的本质》全文,多维度思考数字时代艺术写作的意义。

三、实践训练

1. 你的朋友最近想开始接触新媒体写作,但由于之前没有相关经验,所以一直没有很好的进展,请你结合第一节的所学知识,为他的新媒体写作之路提出一点建议。
2. 请结合本章内容,以"美育与艺术"为主题撰写微信推广文案,制作 H5 微场景,要求文章内容应具有真实性、艺术性。

 课堂研讨

1. 阅读《改了 108 稿才过审的电影海报,能成为艺术吗?》,以小组为单位讨论该篇推文从哪些层面体现了新媒体艺术写作的创意?

改了 108 稿才过审的电影海报,能成为艺术吗?

拓展链接

1. 释若：《写作公式：新媒体写作从入门到精通》，北京大学出版社 2021 年版。
2. 苏芯：《进击的文案：新媒体写作完全指南》，电子工业出版社 2020 年版。
3. 郑燕芳：《当代传媒基础写作》，中国广播影视出版社 2017 年版。
4. 孟伟：《媒体写作与语言艺术》，中国广播影视出版社 2019 年版。
5. ［英］威尔·贡培兹：《像艺术家一样思考》，艾欣译，湖南美术出版社 2019 年版。
6. 李天道：《文心雕龙审美心理学》，中国书籍出版社 2019 年版。

后 记

以习近平同志为核心的党中央高度重视教材工作,强调教材建设体现国家意志,是国家事权,为教材编写指明了方向,提供了根本遵循。国家教材委员会及教育部加强教材建设管理的统筹规划与顶层设计,出台系列重要文件,提出诸多创新理念。教育部吴岩副部长在不同场合概括的"教学改革改到深处是课程,改到痛处是教师"与"改到实处是教材"等论述,直击要害,精准深刻。这本《大学艺术写作》,就是一群躬耕教学一线的青年教师,以"新文科"建设为背景,以通识教育理念为指向,以理论与实践相结合为原则,坚持守正创新,面向艺术院校大学生(非艺术院校相关专业同样适用)进行的教材编写实践,旨在解决大学生艺术写作课程学习过程中遇到的写作原理、展览写作、访谈写作、推介写作、评论写作、论文写作和数字时代艺术写作等具体问题,为新时代写作类教材体系建设贡献力量。

回首来时路,如果从 2021 年 5 月准备填写《中国写作学会"十四五"重点教材申报书》算起,编写团队已然走过了三年多的一段不短的旅程,其间甘苦,自是如鱼饮水,冷暖自知。感谢中国写作学会,尤其是会长方长安教授的厚爱与栽培,不仅给我们创造有幸参与教材建设项目的机会,而且多次就教材编写进行线上或线下的具体指导,提出了非常宝贵的意见。感谢高等教育出版社编辑的辛勤工作,他们多次召集团队成员就写作大纲进行反复讨论,体现了高度专业的精神。忝列主编,也第一时间打印出全部书稿,在纸质版上校读,从封面开始,就被编辑的专业精神与认真态度深深打动。第一主编田源兄,不仅教学科研能力突出,而且组织沟通能力强,既雷厉风行又谦逊得体,是团队的核心,在本教材编写中付出颇多,谨致谢忱!

再次感谢编写团队所有成员的不懈努力,感谢中国写作学会和高等教育出版社的大力支持,感谢相关教材编者与例文作者的智慧共享。由于水平有限和经验不足,本教材的疏漏与不当之处在所难免,敬候前辈、专家、同行及广大读者朋友批评指正,以便后续修订完善。

凌孟华
2024 年 7 月 19 日大同旅次

郑重声明

高等教育出版社依法对本书享有专有出版权。任何未经许可的复制、销售行为均违反《中华人民共和国著作权法》,其行为人将承担相应的民事责任和行政责任;构成犯罪的,将被依法追究刑事责任。为了维护市场秩序,保护读者的合法权益,避免读者误用盗版书造成不良后果,我社将配合行政执法部门和司法机关对违法犯罪的单位和个人进行严厉打击。社会各界人士如发现上述侵权行为,希望及时举报,我社将奖励举报有功人员。

反盗版举报电话　（010）58581999　58582371
反盗版举报邮箱　dd@hep.com.cn
通信地址　北京市西城区德外大街4号　高等教育出版社知识产权与法律事务部
邮政编码　100120

教学资源服务指南

扫描下方二维码,关注微信公众号"高教社极简通识",学生可学习名校通识课,教师可学习教师培训课程、免费申请课件和样书、观看直播回放等。

 名校通识课

点击导航栏中的"名校通识",点击子菜单中的"课程专栏",即可选择相应课程进行学习。

 教师培训

点击导航栏中的"教师培训",点击子菜单中的"培训课程",即可选择相应课程进行学习。

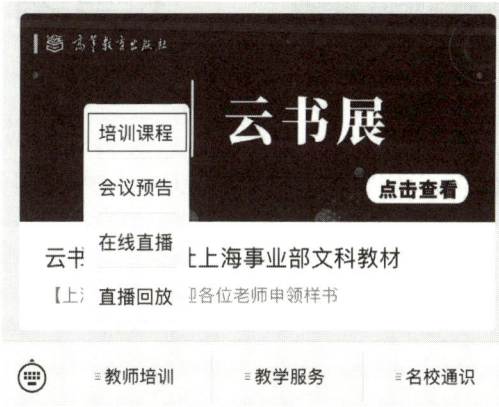

教学资源服务指南

课件申请

点击导航栏中的"教学服务",点击子菜单中的"课件申请",填写相关信息即可申请课件。

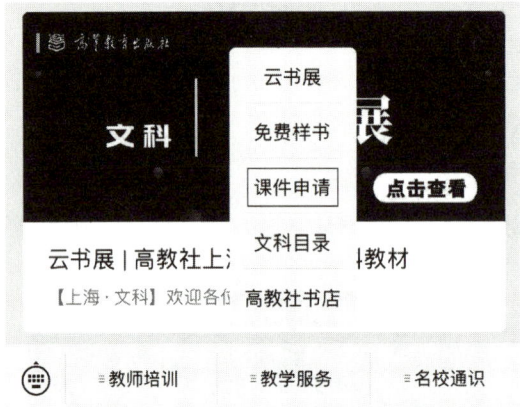

样书申请

点击导航栏中的"教学服务",点击子菜单中的"免费样书",填写相关信息即可免费申请样书。

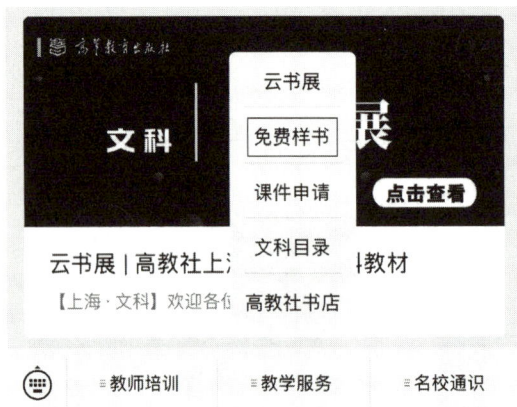